Friedrich Alexander Theodor Kreyssig

Shakespearefragen

Kurze Einführung in das Studium des Dichters

Friedrich Alexander Theodor Kreyssig

Shakespearefragen
Kurze Einführung in das Studium des Dichters

ISBN/EAN: 9783743666733

Hergestellt in Europa, USA, Kanada, Australien, Japan

Cover: Foto ©Thomas Meinert / pixelio.de

Weitere Bücher finden Sie auf **www.hansebooks.com**

Shakespeare-Fragen.

Kurze Einführung

in

das Studium des Dichters.

In

sechs populären Vorträgen

von

Fr. Kreyssig.

Leipzig 1871.
Luckhardt'sche Verlagsbuchhandlung.
(Fr. Luckhardt).

Vorbemerkung.

Seit zehn Jahren hatte der Verfasser an den öffentlichen Verhandlungen der jährlich wachsenden Shakespeare-
Gemeinde sich nur mit der 1864 gedruckten Festrede „über
die volksthümliche Bedeutung des Shakespeare-Studiums"
und mit einem Aufsatz über die neuesten Uebersetzungen und
Deutungen der Sonnette (in den Preußischen Jahrbüchern)
betheiligt, als die Vorarbeiten für eine neue Ausgabe seiner
1858—60 erschienenen „Vorlesungen über Shakespeare rc." ihn
veranlaßten, seinen mittlerweile befestigten und gereiften Anschauungen über den Gegenstand nach alter Gewohnheit in
einer Reihe von populären Vorträgen (in Cassel, während
des Winters 1870—71) Form und offenen, abgerundeten
Ausdruck zu geben. Wenn die Zusammensetzung der Zu-
hörer aus gebildeten Dilettanten und Fachleuten (die ersteren
natürlich in der Mehrzahl), dabei zu Wiederholung von allgemein Bekanntem und gar nicht Streitigem nöthigte, so ließ
sich dieser Nachtheil doch durch knappe Darstellung auf ein
geringstes Maß zurückführen und wurde, wie der Verfasser
glaubt, weit aufgewogen durch die Nöthigung, allgemeinste,
leichte Verständlichkeit, Klarheit und Abrundung zu erstreben
und Persönlichkeiten, Partei- und Schulstreit sorgfältig zu
meiden. Es wurden für den weiteren Hörer- und Leser-
kreis die allgemein anerkannten Ergebnisse der Shakespeare-

Studien so kurz und übersichtlich als möglich gruppirt und
für die schwebenden, eingehend erörterten Streitfragen dadurch allgemein zugängliche Gesichtspunkte gewonnen: und so
entstand denn diese gedrängte Generalbeichte über des
Verfassers Stellung zum Gegenstande, die, während sie alten
Freunden das Losungswort zuruft und mit alten und neuen
Gegnern kurz abrechnet, doch auch dem jungen, an den
Dichter unbefangen herantretenden Geschlechte als Aufforderung
und Anweisung zu eigenem Sehen, Prüfen, Genießen sich
darbieten möchte. Daß alle Detailuntersuchungen und ein-
gehenderen Analysen dabei der neuen Ausgabe der „Vorlesungen" aufgespart werden mußten, liegt in der Natur der
Sache. Es kam hier darauf an, feste und sichere Grund-
linien der Gesammtauffassung zu ziehen und zu allen ästhetisch-sittlichen Hauptfragen Stellung zu nehmen, wobei denn,
wie das bei einem ernstlichen Aussprechen über Shakespeare
nicht zu vermeiden ist, mit des Verfassers eigenem Glaubensbekenntniß nicht hinter dem Berge gehalten wurde: hoffentlich nicht zum Mißvergnügen der Freunde und Gesinnungs-
genossen, und unbekümmert um den Zorn der Gegner, ab-
sonderlich derjenigen, welche mit der Verdächtigung und dem
Ketzergericht über den „pseudo-rationalistischen Materialisten"(!!)
bei der Hand sind, wenn die sachlichen Gründe knapp werden!
Daß die erschütternden Ereignisse des großen Jahres auch
hier nachzittern und manche literarisch-ästhetische Frage mit
ihrem Flammenschein beleuchten, wird ja wohl noch nicht der
Entschuldigung bedürfen.

Frankfurt, September 1871.

Fr. Kreyssig.

Erster Vortrag.

Einleitende Bemerkungen. — Shakespeare's Zeit und Volk in ihren kirchlichen, staatlichen, gesellschaftlichen Verhältnissen. — Blick auf die Entwickelung des mittelalterlichen, speciell des englischen Drama's. Dessen Bedeutung für Shakespeare's Kunstformen.

Es sind jetzt mehr als sechs Jahre vergangen, seit d. V. als Wortführer deutscher Theilnahme für den Ersten der britischen Dichter einer zahlreichen Festversammlung gegenübertrat, in einer der heutigen verwandten und doch wiederum gar sehr verschiedenen Stimmung. Es war am 23. April 1864. Die nationale Politik der preußischen Staatslenker, deren beispiellose Erfolge heute das Staunen der Völker sind, hatte in einer ersten Leistung den Maßstab ihrer Bedeutung gegeben. Düppel war gefallen. In der ersten, jungen Siegesglorie blitzten die Waffen des neuen preußischen Heeres, um dessen Umformung, Größe und Ansprüche seit vier Jahren zunächst in Preußen, dann, in natürlicher Mitleidenschaft, im gesammten Deutschland der Kampf der Geister entbrannt war. Aber noch fehlte Viel daran, daß auch nur die Wohlwollenden Gemäßigten und Einsichtigen überall jenes erste Zeichen einer anhebenden großen Zeit verstanden. Mißtrauen, herzbeklem-

mende Verbitterung hielten am Eingange des Heiligthumes
unserer nationalen Hoffnungen Wacht. Was die Herzen der
deutschen Stämme seit zwanzig Jahren am tiefsten erregt,
über Sonder-Interessen und Gefühle hinaus in gemeinsamem,
glühendem Wunsche geeinigt hatte, die Niederwerfung der
Fremdherrschaft in unsern Nordmarken, schien durch eine
verhängnißvolle Schicksalsfügung bestimmt, uns auf lange
Zeit hin schlimmer als je zu entzweien. Für nicht Wenige
unter uns wurden gerade unsere besten Stammeseigenschaften,
unsere Ehrfurcht vor dem Rechte, unser Festhalten an der
einmal ausgesprochenen Ueberzeugung zur Ursache des Irr-
thums, der uns die anhebende Lösung unseres nationalen
Schicksalsräthsels nicht erkennen und nicht anerkennen ließ.
In diese fieberhaft erregten, zwischen Freude und Verbitterung hin und her geworfenen Tage fiel das dreihundert-
jährige Erinnerungsfest an Shakespeare, den Engländer,
dessen Landsleute auch damals bekanntlich nicht eben bemüht
waren, ihren „deutschen Vettern" die befreundete Weltstellung
der beiden Nationen, begründet wie sie ist, in Gemeinsam-
keit der höchsten Interessen und in innerster Aehnlichkeit des
Charakters und der Bildung, durch ihr augenblickliches Verhalten auch äußerlich zu bequemer und erfreulicher Anschauung
zu bringen. So konnte von einer Feststimmung wie die, welche
nur ein Lustrum früher die deutschen Stämme in jubelndem
Chor zum Preise Schillers vereinigt hatte, die Rede nicht sein.
Weit eher fand die Kritik sich herausgefordert, und schon
ließen, hüben und drüben sich vereinzelt die Stimmen der
neuen Propheten vernehmen, die seitdem nicht müde geworden
sind, den Liebling unserer Jugenderinnerungen, den Vertrauten unseres reifenden Geisteslebens uns in einer „Wirklichkeit" vorzuführen, aus der der ganze nüchterne, herbe,
starre Zug uns anblickte, der gewisse noch nicht ganz überwundene

Gegenströmungen unserer kämpfenden Uebergangszeit kenn=
zeichnet. Unter diesen uns nicht verborgenen Verhältnissen
bedachten wir uns gleichwohl keinen Augenblick, für ein ver=
tieftes und erweitertes Shakespeare=Studium auch in Deutsch=
land eine, über das literarisch=ästhetische Interesse weit hinaus
gehende nationale Bedeutung in Anspruch zu nehmen. Diese
sittliche und ächt volksthümliche Bedeutung aber, wir sahen
und fühlten sie damals und sehen und fühlen sie noch heute
in den beiden für uns unzweifelhaften Hauptfactoren der er=
frischenden und erhebenden Wirkung, deren ein ernstliches Stu=
dium Shakespeare's, wo es nicht geradezu auf Verbildung
oder Unfähigkeit stößt, vollkommen gewiß ist. Wir meinen
dabei in erster Linie den Geist und den Muth der Wahr=
haftigkeit, der tief innerlichen Abwendung von allem gleiß=
nerischen Scheinwesen, von der gemalten und vergoldeten
Lüge, der die gesammte Dichtung Shakespeare's durchdringt;
sodann jenen brausenden Strom urgewaltiger Thatkraft,
männlichster, entschlossenster Anfassung des Lebens, der fast
in jeder Hauptscene, jeder Verwickelung und Lösung uns
schüttelt, und dessen Rückschlag der unbefangene Leser auch
da fühlt, wo Auge und Empfindung des Dichters sich in
schwermüthigem Grübeln in die Nachtseite des Daseins ver=
senkt. Bekanntlich hat das letztverflossene Jahrzehnt unter
anderen wunderlichen Erscheinungen einer unklaren Ueber=
gangszeit auch Shakespeare=Ausleger, und zwar recht vor=
laute, hervortreten lassen, welche gerade in diesen Aufwallungen
einer düsteren, gereizten Stimmung das Wesen des Dichters zu
erkennen glaubten und Shakespeare zum sentimental=melancho=
lischen Träumer, wenn nicht gar zum orthodox=pietistischen
Moralprediger machten, und diese merkwürdige, „zeitgemäße"
Entdeckung unter selbstzufriedenen Ausfällen gegen den
„Pseudorationalismus" und den „Materialismus" der Zeit

in Scene setzten. Es wird von diesen Dingen später noch
hie und da die Rede sein müssen. Hier nur das vorläufige
Bekenntniß, daß der bewußte und überzeugte Gegensatz gegen
diese Richtung, sowie eine heilige Scheu vor der Einsperrung
Shakespeare's in die unfruchtbaren Kategorien einer gelehrt
thuenden, geistlosen System-Künstelei hier das Wort führt.
Shakespeare ist für unsere, durch jedes Jahr weiteren Studiums und reiferer Lebenserfahrung neu gefestigte Ueberzeugung in erster Linie der dichterische Vertreter ächt-germa-
nischer Wahrhaftigkeit, Gedankenkühnheit und schneidiger Thatkraft. Die ganze volle Energie der die Erscheinungswelt mit
mächtigen Organen aufnehmenden und ihr vorurtheilslos, entschlossen auf den Grund blickenden Persönlichkeit kommt in
seinen Schöpfungen zu künstlerischem Ausdruck. Und das ist
unseres Erachtens wenigstens ebenso sehr wie seine wunderbare, allgemein anerkannte Sprachgewalt (um derentwillen
ihn Masson mit glücklich gewähltem Ausdruck schlechthin the
expresser nennt) sein Anspruch auf steigende volksthümliche
Wirkung in der für uns anhebenden Entwickelungs-Epoche,
deren Charakter als der eines männlichen, nüchternen, vielleicht hie und da an Härte streifenden, aber durchaus wahrhaftigen und gesunden Zusammennehmens der das reale
Leben beherrschenden Kräfte schon jetzt bezeichnet werden darf.
Diese Ueberzeugung hat uns denn auch ermuthigt, hier für
ästhetisch-literarische Fragen das Wort zu erbitten*), während doch unserer Aller Seele in athemloser Spannung
den beispiellosen welthistorischen Peripetieen des in Frankreich tobenden Riesenkampfes sich zuwendet, während dort
das Reich der Lüge, des Scheins, der krankhaften Selbst-
überhebung zusammenbricht unter den wuchtigen Schlägen

---

*) Wurde am 11. November 1870 gesprochen.

germanischer Kraft, während die Blüthe unserer Jugend,
stark durch freudig-ernste Unterwerfung unter das Gesetz,
täglich Dinge ausführt, vor denen die stolzesten Ueberlieferungen der Geschichte verbleichen. So gewiß es aber
der Geist ist, der das Leben trägt und führt, so gewiß wendet
jede verstärkte Lebensströmung mit instinctiver Neigung und
schärferem Verständniß den ihr verwandten Kundgebungen
des Geistes sich zu. Es müßte wundersam zugehen, wenn
das neue Deutschland der entschlossenen, siegreichen Thatkraft,
dem dichterischen Großmeister der heißblütigen Lebens-Energie
nicht noch ein ganz anderes Interesse und Verständniß entgegen trüge, als weiland das grübelnde „Volk der Denker".
Und so denken wir denn hier ein Wort über Shakespeare zu
sagen, sicher, damit nicht auszubiegen aus der Geistesströmung
dieses großen Jahres, sondern unterzutauchen in ihre reinsten
und tiefsten Quellen. Freilich wird, was wir hier ausführen
können, sich zu der Größe des Gegenstandes in gar beschei-
denen Maaßen verhalten. Wer es unternimmt, in einigen
Abendstunden über Shakespeare seine Meinung zu sagen,
wird wohl thun, das schwere Gepäck und Rüstzeug des Literar-
historikers und Commentators großentheils daheim zu lassen,
und je entschlossener er den Gegenstand von der rein menschlichen Seite faßt, je freier und unbefangener er seine persönliche Ueberzeugung zum Ausdrucke bringt, um so besser
wird es für ihn für die Sache sein. Nicht Anderer Meinungen registriren, sondern die eigene selbstständig bekennen
und begründen, Erinnerungen beleben und beleuchten, Perspectiven eröffnen, feste und ausgiebige Gesichtspuncte auf-
stellen, den liebevollen Dank für gehabte Genüsse darbringen
und in Andern beleben, zu eigenem Sehen und Denken an-
regen: darauf wird es hier ankommen, weit eher als auf
Wiederholung von bekannten Notizen und Thatsachen. Dabei

soll und wird, nicht nur den Auslegern Shakespeare's, sondern auch dem Dichter selbst gegenüber die unbedingte Freiheit und Unabhängigkeit des Urtheils gewahrt werden, welche die lebendige Seele der Untersuchung ist. Die Aufgabe dieser Vorträge wäre gelöst, wenn es gelänge, von Shakespeare's Erscheinung und Wesen, wie es in Folge jahrelanger, liebevoller Beschäftigung mit dem Dichter und unter dem Einflusse eigener, gereifter Lebenserfahrung in unserer Seele sich abgebildet hat, in großen, aber festen und bestimmten Umrissen eine deutliche Anschauung zu geben, die sich der prüfenden, sachkundigen Kontrole als das ehrlich erarbeitete Besitzthum eines, gewiß nicht unfehlbaren, aber aus wirklicher, innerer Erfahrung und lebendiger Ueberzeugung heraus sprechenden, der geistigen Wahlverwandtschaft mit dem Gegenstande nicht ganz entbehrenden Mannes erwiese. Materielle Zustimmung wäre nur da erwünscht, wo sie aus gleich lebendiger Ueberzeugung hervorginge. Wenn irgendwo, so ist in ästhetischen Dingen die durch eigene Arbeit gewonnene Anschauung, und wäre sie immerhin irrig, mehr werth, als die oberflächlich nachgesprochene Wahrheit, oder das, was einer gerade zu Worte gekommenen Mehrheit dafür gilt. Einzelausführungen und literarische Nachweise, die wir in dieser Generalbeichte über unsere Shakespeare-Anschauungen nicht geben können, bleiben der in der Vorbereitung begriffenen zweiten Ausgabe der „Vorlesungen über Shakespeare, seine Zeit und seine Werke" aufbehalten.

Wir beginnen mit einigen orientirenden Bemerkungen über die Zeit und die Gesellschaft, der wir Shakespeare (oder doch gewiß das, was an ihm sterblich war) verdanken. War diese Zeit wirklich eine so gewaltige, wie enthusiastische Shakespeare-Ausleger sie zu schildern gewohnt sind? Konnte das rein Menschliche in ihren bevorzugten Söhnen sich zu

dem Grabe entwickeln, den das classische, d. h. für alle anderen Zeiten wirksam und verständlich bleibende Kunstwerk
voraussetzt? Und war die Kunst, welche sie vor Shakespeare's Auftreten erzeugt hatte und von der Shakespeare,
in ihr wurzelnd, ausging, überhaupt der Stamm, der die
köstliche Blüthe des Ideal-Schönen erzeugen konnte?

Es fehlt bekanntlich Viel daran, daß diese Fragen heute
so einstimmig bejaht würden, wie die Romantiker, und dann
besonders Gervinus es thaten. Weder das Zeitalter Shakespeare's, hat man eingewendet, habe den Anforderungen einer
freien, gesunden menschlichen Entwickelung in so hervorragen-
dem Grade entsprochen, wie die Enthusiasten gemeint haben,
noch ganz besonders des Dichters persönliche Stellung zu
dieser Zeit und in derselben. Es habe den Besten der
Elisabethischen Epoche die reiche, humane Bildung, die freie
Umschau, die treffliche wissenschaftliche Schulung gefehlt,
deren sich die Dichter anderer Perioden, z. B. speciell unsere
deutschen Classiker erfreuten. Die gerühmte, englische
Freiheit jener Tage erweise sich bei näherer Betrachtung als
ein Zustand arger, religiöser und politischer Zwangsherrschaft.
Die wirkliche Elisabeth sei dem Bilde, welches Schiller
von der eiteln, heuchlerischen, buhlerischen und grausamen
gekrönten Kokette entwirft, im Grunde ähnlicher gewesen,
als der Heldinn der englischen volksthümlichen Ueberlieferung
und Dichtung, — von Jacob I., dem kleinlichpedantischen
Despoten, nun gar nicht zu reden. Und Shakespeare selbst,
weit entfernt, wenigstens auf der Bildungshöhe dieser Zeit
zu stehen, sei sowohl dem besten Theile ihres Wissens,
als namentlich ihren würdigsten, sittlichsten Bestrebungen
fremd geblieben. Weder von philosophisch-theologischer noch
von classisch-ästhetischer Bildung sei Viel in seinen Werken
zu spüren, und für politische Freiheit, für Menschen- und

Volksrechte ergreife er nirgends das Wort. Kein Einziger
der hervorragenden Charaktere, die er geschaffen, sei ein
Held des Gedankens, der geistigen Arbeit, ein Streiter für
das Gemeinwohl und die Menschheit: vielmehr seien sie
alle ausschließlich mit ihren Liebschaften, ihrem Ehrgeiz, ihrer
Eifer- und Rachsucht, ihren nächsten persönlichen Interessen
beschäftigt. Und das sei freilich auch kein Wunder, denn das
große Leben der Zeit, die Schauplätze, auf welchen dieselbe
ihre Geistesschlachten schlug, seien dem Dichter leider ein
fremdes Land geblieben. Mangel an Schulbildung, eine ge-
drückte bürgerliche Stellung, Unbekanntschaft mit dem Weltlauf und den thatsächlichen Lebensverhältnissen hätten seine
Entwickelung gehindert oder verkrüppelt. Die Kunst, welche
er zu seinem Beruf machte, weit entfernt als die köstliche
Blüthe einer reichen Volksentwickelung gelten zu können, sei
vielmehr verachtet gewesen und habe diese Verachtung durch
Rohheit, Ungeschmack, ja Unsittlichkeit nicht selten verdient
Shakespeare's ganz eminente dichterische Darstellungsgabe,
seine mächtige Phantasie, sein glühendes Gefühl, seine un-
vergleichliche Herrschaft über die Sprache namentlich zugegeben*), so fehle ihm doch dafür, was auch der Begabteste

---

*) Masson, in dem interessanten, hübsch geschriebenen Essay über
Shakespeare und Goethe sagt über diesen Punkt sehr bezeichnend: Kein
Mann, der je lebte, sagte so glänzende Dinge über alle Gegenstände;
nie hatte ein Mensch die Fähigkeit, bei jeder Veranlassung eine solche
Fluth der reichsten und tiefsten Rede aufsprudeln zu lassen. Niemand
that es ihm gleich in der Kunst und Kraft, über eine gegebene Situation einen Erguß passender Geistesoffenbarung hinzuströmen. Ueber-
fluß, Leichtigkeit, eine Fülle von Worten, Klängen und Bildern, die,
wäre der arbeitende Geist ein klein wenig minder herrlich, bisweilen
sich in Großrednerei und Schwulst verlieren würde, sind die charakte-
ristischen Zeichen von Shakespeare's Styl, da ist Nichts unterdrückt,
Nichts ausgelassen, Nichts beschränkt." Im Uebrigen gehört Masson

nur von der Gesellschaft empfangen kann: Kenntnisse, viel=
seitige Bildung, feiner Geschmack. Es sei eine verkehrte,
phantastische Uebertreibung, ihn als den typischen Dichter
einer reifen, großen Zeit, wohl gar als den Dichter an und
für sich, als das unerreichbare höchste Kunstideal zu verehren.
Es fehlt nicht viel, daß Goethe's Tasso nicht am Ende noch
über den Hamlet gesetzt würde. Es kommt nicht gerade der
bekannte „betrunkene Wilde" Voltaire's wieder zum Vorschein.
Aber an die Stelle des tiefsinnigen, dichterischen Weisen, der
Herzen und Nieren prüft und aller Geheimnisse der Menschen=
seele kundig ist, tritt der geniale, skrupellose Theater=Dichter,
der dreiste, glückliche „Macher", der geschickte Bearbeiter,
wenn nicht geradezu Plünderer der Chroniken, der Romane,
der Novellen, ja der Dramen seiner Zeitgenossen, der
Schmeichler hochabliger Bon=Vivants, seiner Mäcene, der
Mann, der die Hand auf Alles legte, was ihm dienen
konnte, meisterhafte Effectscenen zu schreiben verstand, an
deren Uebereinstimmung mit dem Gesammt=Plane ihm im
Grunde wenig genug lag, („gebt ihr ein Stück, so gebt es
gleich in Stücken, das Publikum wird es euch doch zer=
pflücken"): mit einem Worte, das gefeierte Ideal unserer
classischen und romantischen Jahrzehnte, der Urtypus dichte=
rischen Vermögens, vor dem selbst die culturhistorisch=morali=
sirende Kritik der dann folgenden gelehrten Uebergangszeit

---

auch zu der wunderlichen neuen Secte von Shakespeare=Verehrern, die
den Dichter von Heinrich IV., Heinrich V., Richard III., Cäsar, Co=
riolan, Macbeth, Othello 2c. wegen einiger nachdenklichen Sonette und
einiger ergreifenden Betrachtungen über menschliche Hinfälligkeit und
Verderbtheit, die sich in einer kleinen Gruppe seiner Dramen finden,
für einen melancholischen, vom thätigen Leben abgewandten Träumer
und Denker, wenn nicht gar für einen asketischen, kirchlich=rechtgläubigen
Moralisten erklären möchten!

die Fahne senkte, er muß die Ueberschwänglichkeiten seiner
Verehrer jetzt damit büßen, daß eine ernüchterte, „realistische"
Auffassung ihn unter dem Beifalle der zur Abwechselung sich
auch einmal wieder zum Worte meldenden Verehrer des
classischen französischen Formalismus allenfalls noch für einen
genialen Tagesschriftsteller einer halbbarbarischen Zeit gelten
läßt, deren allerbeste Seiten ihm ohnehin fremd blieben,
sintemal er sich um classische Gelehrsamkeit nicht viel mehr
gekümmert habe als um die Kirchenreformation und die englische Verfassung. Daß andere Stimmen ihn dafür zum
Kirchenlicht und zum poetischen Verkünder der orthodox-pro-
testantischen Heilsordnung machen, kann uns, die wir uns von
jeher zumeist an seiner fröhlichen, wahrhaftigen Mannhaftigkeit erquickten, für den Eindruck dieser „realistischen" Enthüllungen nur wenig entschädigen, zumal für unsern „Pseudorationalismus" und „Materialismus" (!) dabei mancher liebe-
voll-christliche Fußtritt abfällt. Wir werden uns, auf die
Gefahr hin, deren noch mehrere zu verdienen, schon auf
eigene Hand mit dem „Realismus" auseinandersetzen müssen,
der zudem so schlimm gar nicht ist, wie er sich anstellt, und
den wir in seinen Grenzen ganz gern respectiren. Shakespeare gehört eben zu den Erscheinungen, die eine durchaus
unabhängige, um keinerlei Ueberlieferung und Autorität be-
kümmerte Betrachtung von den verschiedensten Seiten her
nicht nur ertragen, sondern derselben sehr nothwendig bedürfen, da man ihrer Vielseitigkeit von einem einzelnen Be-
obachtungspuncte aus nicht gerecht werden kann. Unbedingt
abzuweisen ist nur der Fanatismus, die fixe Idee des Systems, sei sie ästhetisch, philosophisch, politisch oder theologisch
gefärbt. Der Dichter als solcher spricht immer zum Menschen, nicht zur Secte oder zur Schule, und nur der unbefangene, freimüthige, gegen sich und Andere wahrhafte

Menſch, der frei heraus ſagt, was er fühlt, wird zu ſeiner richtigen Würdigung beitragen können.

So ſei denn hier, den „realiſtiſchen" Bedenken gegenüber, ohne Weiteres zugegeben, ja betont, daß Shakeſpeare's Zeit, Land und Geſellſchaft gewiß weit davon entfernt waren, für ein Ideal menſchlicher Freiheit, Bildung und Glückſeligkeit im Sinne eines Liberalen oder gar eines religiöſen Freidenkers unſerer Tage gelten zu können. Es hat bekanntlich, und das iſt den enthuſiaſtiſchen Verehrern Shakeſpeare's ebenſo wenig verborgen geblieben, wie anderen in engliſcher Geſchichte einigermaßen beleſenen Leuten, es hat keine Epoche ſeitdem wieder gegeben, in der Alt-England ſo nahe daran ſchien, dem Syſtem des feſtländiſchen Abſolutismus zu verfallen, als die Zeiten der Tudors: des ſchlauen, kaltblütigen, ſparſamen Heinrichs VII. (Richmond), des prächtigen, ſinnlichen, gewaltthätigen Heinrichs VIII., der erbittert-fanatiſchen Maria, und ſelbſt der hochſinnigen, aber auch hochfahrenden und leidenſchaftlichen Eliſabeth. Die Bürgerkriege des fünfzehnten Jahrhunderts hatten die Macht der engliſchen Barone nicht weniger gebrochen, als die Politik Ludwigs XI. und Ferdinand des Katholiſchen die des Feudaladels in Frankreich und Spanien. Nicht ohne Grund zählten die Zeitgenoſſen den klugen, feſten Politiker, der auf dem Schlachtfelde von Bosworth die Erbſchaft der beiden Roſen antrat, neben jenen Beherrſchern der beiden anderen europäiſchen Weſtmächte zu den „drei Magiern" des fünfzehnten Jahrhunderts. Die Macht des dritten Standes, der Communen, in England immerhin ſchon feſtgewurzelt, ſo weit es um den Haushalt und die tägliche Lebensordnung der Gemeinde ſich handelte, war von durchgreifender politiſcher Tragweite, von entſcheidendem Einfluß auf die großen Angelegenheiten des Landes doch noch weit entfernt, und konnte der Krone gegenüber die eingetretene Schwächung des hohen Adels noch nicht übertragen. Die Reformation der Kirche, mit ihren tief= greifenden Folgen für Familienleben, Sitte, Denkweise, Wis= senschaft und Kunst, gilt uns heute zu Tage mit gutem Grunde für einen mächtigen Hebel auch der bürgerlichen Frei= heit. Den Zeitgenossen Luthers und Calvins hätte man es in manchem Lande und bei manchen Begebenheiten, zumal in England unter Heinrich VIII., nicht verübeln dürfen, wenn sie ihnen vielmehr als deren bedenklichste Gefährdung erschienen wäre: denn weit entfernt, das unveräußerliche Recht des Gewissens in jedem einzelnen Gliede der Kirche anzuerkennen, gab sie vielmehr zunächst in fast orientalischer Weise die dem Papste entrissene Autorität in die Hände des Königs. Wohl hatte England schon im vierzehnten Jahr= hundert seinen Wiclef, im fünfzehnten seinen Wat Tyler ge= habt; es war die Wiege des reformatorischen Gedankens und hatte das erste Vorspiel der später so zahlreichen Versuche gesehen, denselben auf revolutionärem Wege ins Politische zu übersetzen. Als dann aber die Frucht des Zeitalters in Deutschland zur Reife kam, als Luther gegen Rom auftrat, „weil es ihm weder sicher noch räthlich schien, gegen das Ge= wissen zu thun", da war es doch bekanntlich zunächst weder refor= matorische Gedankenkühnheit noch Glaubenseifer, sondern eine souveräne Laune des in Anna Bowlehn verliebten Königs, welche die englische Kirche von Rom losriß, um — sie dem König=Bischof zu überliefern. Der „reformirende" Monarch ging in seinen formellen Ansprüchen an die Gewissen sogar weiter, als die alte Kirche es in den Tagen ihrer stolzesten Herrschaft für klug erachtet hatte. Nicht die majestätische Ueberlieferung der Jahrhunderte, sondern eine willkürliche Auswahl krausester und widerspruchsvoller Dogmen und Vor= schriften war es, welche die berüchtigten sechs Artikel von

1540, unter Zustimmung des Parlaments, den „freien Britten" fortan zu glauben befahlen. Das Privatgebet im stillen
Kämmerlein wurde auf des Königs Gebetbuch angewiesen.
Zwei Zeugen, welche auf Ketzerei aussagten, konnten den un-
bescholtensten, regelmäßigsten Kirchgänger und Beter der
Strenge des Gesetzes überliefern. Man weiß, wie des theo-
logisirenden König Blaubarts letzte Gemahlin, Katharina
Parr, nur mit Mühe und durch große Klugheit und Be-
sonnenheit den Fallstricken entging, welche Heinrich in seinen
verfänglichen Fragen, im vertraulichen Gespräche ihr legte.
Und nach Heinrichs VIII. Tode wurde das wohl anders,
aber vor der Hand nicht viel besser. Eduard VI. schaffte
die sechs Artikel ab und ließ die Katholiken köpfen. Eduards
Schwester Maria verbrannte dafür möglichst viele Protestanten. Elisabeth verfolgte Katholiken und protestantische
Dissenters mit gleich harten Gesetzen, und ließ nur ihre
bischöfliche Hochkirche gelten. Und das Alles hat, wie man
weiß, bei den „freien Britten" des sechszehnten Jahrhunderts,
wenigstens bei der großen, maßgebenden Mehrzahl des Volkes, keinen nennenswerthen Widerstand gefunden. Auch sonst
sind so ziemlich alle Freiheiten und Bürgschaften, mit welchen Gesetz und Herkommen schon damals den Engländer
schützend umgaben, in nicht wenigen Einzelfällen von den
Tudors straflos verletzt worden. Verhaftungen ohne Angabe
des Grundes, Anwendung der Folter, Ausnahmsgerichte kommen selbst in Elisabeths glänzendsten Tagen vor, um von
den Gewaltacten Heinrichs VIII. und Marias nicht zu sprechen. Die Kirchenzucht wurde strenger gehabt als jemals
in katholischen Ländern, bis zur Führung polizeilicher Register
über den Kirchenbesuch der Privatleute und Erhebung von
beträchtlichen Geldstrafen für Versäumnisse. Mißliebige
Schriftsteller liefen Gefahr, Nase und Ohren zu verlieren

und vom Büttel am Pranger zur Vorsicht gemahnt zu wer=
den. Das Parlament mußte sich gelegentlich Dinge sagen
lassen, wie sie in der Blüthezeit des Bundestages der zahmste
deutsche Landtag nicht zu hören bekam. So 1601 die be=
kannte königliche Botschaft: „Unumschränkte Fürsten, wie die
Monarchen von England, wären eine Art Gottheit auf Erden.
Es wäre vergebens, die Hände der Königinn durch Gesetze
binden zu wollen, weil sie selbige durch ihre lossprechende
Gewalt nach Belieben beseitigen könne." Man weiß, wie un=
mittelbar darauf die Stuarts mit diesen Grundsätzen Ernst
machten, und wie sie darüber zu Falle kamen. Wie kam
es doch nun, daß die Opposition, welche sich von vorne herein,
wenn auch nicht gleich siegreich, gegen sie erhob, vor Elisabeth
kaum den Blick zu erheben wagte? Wie ging es zu, daß
aus den Reihen glänzender, hochgebildeter Cavaliere, ge=
diegener Staatsmänner, tüchtiger Gelehrter, genialer, oft bis
zum Uebermuth lebenslustiger und kecker Dichter und Schrift=
steller, deren Namen in ihren Annalen glänzen, kaum je ein
Wort ernsten Widerspruchs sich gegen solche Machtansprüche
erhob, oder doch, daß die Einzelnen, welche ja einmal, meist
aus rein persönlichen Gründen sich auflehnten (wie Essex), an
der loyalen Haltung der großen Mehrzahl sofort zu Grunde
gingen? Und wie ist die Abwesenheit dessen, was man etwa
liberal-politische Färbung nennen könnte, in der schönen Lite=
ratur der Elisabethischen Epoche, und speciell bei Shakespeare,
mit den üblichen Lobpreisungen jener Tage als einer Zeit
freien, geistigen Aufschwunges vereinbar?

Unseres Erachtens haben wir hier eines der zahllosen
Beispiele vor uns, in denen die Geschichte die Warnung ein=
schärft, lebendige Organismen nicht nach abstracten Formeln
zu beurtheilen. Was die neuere Reaction gegen die Ueber=
schwänglichkeit des Shakespeare=Enthusiasmus über diese

Dinge vorgebracht hat, ist nicht im Stande gewesen, unsere
Ueberzeugung zu ändern, dahin gehend, daß Shakespeare im
Ganzen und Großen nicht etwa trotz seines Zeitalters, son=
dern zu gutem Theile unter dessen höchst förderlichen Ein=
flüssen die gerade seinem Talente und Charakter entsprechende
Wirksamkeit entfalten konnte; daß er seine Zeit und sein Volk,
wenn auch nicht in allen, so doch in sehr wesentlichen Be=
ziehungen voll und glänzend vertritt, und daß es ihm schwer,
wenn nicht unmöglich geworden sein möchte, in mancher vielfach
reicher entwickelten oder tiefer bewegten Epoche, z. B. in dem sein
Alles an die kirchlich=politische Reform setzenden siebzehnten
Jahrhundert, oder in der gegenwärtigen Blüthezeit der ma=
teriellen Arbeit, der historischen und Naturwissenschaften, der
über jede Einzelkraft weit hinaus gewachsenen Massen=Effecte,
die Töne zu finden, die Gestalten zu schaffen, durch die er
am eindringlichsten unser Herz berührt.

Vor Allem: Das eigentliche Element der künstlerisch
gestaltenden Kraft, die es durchaus mit organischem, in leicht
zu überblickende und zu durchschauende Formen gekleidetem
Leben zu thun hat, sind ebenso wenig die Zeiten titanischer
Kämpfe, als Epochen träger, stagnirender Ruhe. Der schaf=
fende Künstler bedarf, wie der theilnehmend genießende Kunst=
freund, des freien, unbefangenen Blickes ebenso wie der warmen,
lebendigen Theilnahme an den Dingen. Jene ästhetische Stim=
mung, in der, um mit Schiller zu sprechen, „der Spieltrieb" seine
Wunder wirkt, sie pflegt nur an den Ufern des in gemäßigtem
Behagen dahinfluthenden Lebensstromes zu gedeihen. Nicht
die Tropen noch die Pole, sondern die gemäßigten Zonen
sind die Heimath des Schönen; nicht der glühende, gewitter=
reiche Hochsommer noch der starrende Winter des Völker=
lebens, sondern die schwellende, dem Sommer vorangehende
Frühlingszeit, und wohl auch die milden, heiteren Tage des

beginnenden Herbstes lassen die schönsten Kunstblüthen erstehen.
Solche Herbstblüthen sind u. a. Horaz und Virgil. Unter
den Frühlingsblumen im Dichtergarten der Menschheit möchte
nach Homer wohl Shakespeare, wenn nicht die formenreinste
und idealste, so doch gewiß die farbenprächtigste und am
kräftigsten duftende sein. Daß aber eine Frühlingsepoche,
die solche Blumen sich erschließen läßt, im Leben eines Volkes
möglich werde, das hängt wenig oder gar nicht von der
Form der Regierung ab, auch nicht von der politischen Bildung und Gesinnung des Volkes, selbst nicht einmal von der
moralischen Trefflichkeit der Regierenden und ihrer einzelnen
Handlungen. Viel wichtiger ist jene Gesundheit und normale Thätigkeit des Gesellschaftsorganismus, die in einer
instinctiven Uebereinstimmung der maßgebenden Factoren sich
ausspricht: das in der Luft liegende, Alles beherrschende und
durchdringende Gefühl, daß es vorwärts geht, daß in wesentlichen Dingen auf diese oder jene Weise das Gute und Nö-
thige geschieht, daß die Entwickelung, um es kurz zu sagen,
sich im aufsteigenden Knoten bewegt. Es will uns bedünken,
als müßte es heute in Deutschland schon um ein gutes
Stück leichter sein, das zu begreifen, als in der Zeit der
Conflicte und der Paragraphen-Auslegung. Elisabeths Zeitalter aber besteht vor dem ruhigen historischen Urtheil wie
wenig andere die hier angedeutete Probe.

Denn, um der staatlichen Zustände zuerst zu gedenken,
so sind vor Allem die hochfahrenden Proclamationen und Edicte
der Tudors, der ganze Kanzleistyl der Zeit, nicht nach heuti-
gem Maßstabe zu messen. Jeder Anspruch, im öffentlichen
wie im Privatleben, erhält seine praktische Bedeutung nicht
sowohl durch die formelle Anerkennung, die er findet, oder
durch die Unumwundenheit, mit der er sich ausspricht, als
durch die zwingende Gewalt, welche dem Fordernden zur

Seite steht und die er geltend zu machen geneigt und gewohnt ist. Und diese zwingende Gewalt fehlte den despotischen Gelüsten der Tudors fast immer und überall, wo ernstliche Interessen weiter Kreise in Frage kamen. Sie hatten
eben kein, oder so gut als kein stehendes, nur von ihnen ab-
hängiges Heer, wie es damals in Frankreich und in der
spanisch-österreichischen Monarchie schon in ganz respectabeln
Anfängen bestand. Wie man weiß, hatte es einen verhängnißvollen Augenblick gegeben, in welchem die Landesvertretung,
so viel an ihr lag, die Schlinge sich um den Hals legte, da
das Parlament (1540) bei Auslieferung des Kirchenvermögens
an den „reformirenden" König sich die Unterhaltung eines
stehenden Heeres von 40,000 Mann zu Fuß und 3000 Reitern
versprechen ließ. Zum Glück machte aber die Prachtliebe
und Unwirthschaftlichkeit des Königs gut, was die Vorsicht
der Gemeinen versäumt hatte. Die Klostergüter gingen in
glänzendem Hofhalt und freigebigen Spenden an Günstlinge
darauf, und mit der Armee blieb es beim Alten. Nach wie
vor mußte die englische Krone, wenn sie Krieg führen wollte,
sich an die Loyalität ihrer Unterthanen wenden. Man weiß,
wie Elisabeth in der Krisis von 1588, als die spanische Armada zu bekämpfen war, die Londoner City um 15 Schiffe
und 5000 Mann ersuchte und wie der Lord-Mayor und der
Gemeinderath die Königinn zwei Tage später „demüthigst" um
Annahme von 30 Schiffen und 10,000 Mann ersuchte, „als
eines Zeichens ihrer vollkommenen Liebe und Unterwürfigkeit"
— wozu denn Mac-Aulay bemerkt: „Leute, die solche Zeichen
von Unterwürfigkeit geben konnten, waren nicht ungestraft
schlecht zu regieren". Elisabeth ließ ihre despotischen Launen
oft hart genug an ihren Hofleuten, Beamten und Günstlingen
aus. Dem Volk, den großen, wohl gefestigten Corporationen
des Landes gegenüber war ihr Verfahren in wichtigen An-

gelegenheiten ebenso besonnen und rücksichtsvoll, wie ihre Pro=
clamationen hochfahrend und herrisch. Jenes Parlament von
1601, dem sie die neue Lehre von der „irdischen Gottheit",
genannt Königinn von England, anzuhören gab, erlaubte sich
noch keinen formellen Widerspruch gegen diese Theorie, wie
später die Parlamente Karls I. Nichtsdestoweniger ging es
entschlossen mit Untersuchung der concreten Mißbräuche vor,
namentlich gegen die Handelsmonopole, zu deren Verleihung
an Günstlinge die Schwäche der alternden Königin sich seit
einigen Jahren mehr als billig herbeigelassen hatte, und
eine ernste Vorstellung und Bitte hatte sofortige Abhülfe zur
Folge, nebst „herzlichem Dank an ihre treuen Gemeinen,
die ihrer Einsicht zu Hülfe gekommen".

Und freilich war diese Einsicht selten in dem Falle, solcher
Hülfe ernstlich zu bedürfen. Sicher und kühn wußte die Re=
gierung der Königin in den schweren Welthändeln der Zeit,
so weit es um große und entscheidende Fragen sich handelte
fast immer das Rechte zu treffen. Während Religions= und
Verfassungskämpfe das Festland zerrissen, während der Kirchen=
streit in Deutschland der nationalen und staatlichen Einheit
den Rest gab, in Frankreich die letzten Grundlagen verfas=
sungsmäßiger Freiheit zerstörte, während Spanien seine Hülfs=
quellen im Kampfe für ein fanatisches System erschöpfte,
wurde England, unaufhaltsam wachsend an Wohlstand und
Macht, die Hoffnung der Bedrängten, das Juwel und die
feste Burg der protestantisch=germanischen Cultur. Elisabeths
Zollgesetze und ihre wohlberechnete Gastfreundlichkeit gegen
Fremde, zumal deutsche und niederländische Geschäftsleute,
Künstler, Handwerker machten England zur Erbinn des han=
seatischen Handels und des deutsch=niederländischen Gewerb=
fleißes; glückliche Seezüge gegen Spanien hoben das Kraft=
gefühl, den Unternehmungsgeist, öffneten der englischen Flagge

das atlantische Meer („die spanische See") und die jenseits
desselben sich immer weiter ausdehnende neu entdeckte Welt.
London, mit fast einer halben Million Einwohner, erhob sich
zur weitaus größten und blühendsten europäischen Stadt.
Eine öffentliche Sicherheit, wie damals noch kein anderes
Land sie genoß, ließ auch den Landbau sich freudigst ent=
wickeln. Die letzten Spuren der Leibeigenschaft verschwanden
in England zur nämlichen Zeit, da die Katastrophen des
großen Bauernkrieges den deutschen, arbeitenden Landmann
unter das härteste Joch beugten, das er noch jemals getragen.
Shakespeare hatte in der That das Glück, einem Volke an=
zugehören, welches seine heran reifende Kraft zum erstenmal
auf der ihm von der Natur angewiesenen Bahn, von Jahr=
hunderte lang ertragenen Hindernissen und Ablenkungen end=
lich befreit, siegeskräftig regte. Die Thrannei der Tudors
hochfahrend und hart wie sie sein mochte, traf im Verhältnisse
nur Wenige, meist Solche, die, von Ehrgeiz oder Gewinnsucht
getrieben, sich ihr freiwillig preisgaben. Die Vortheile einer
starken, verständigen, nationalen Regierung kamen dem ganzen
Volke zu Gute. Es ist auf Elisabeths England anwendbar,
was Johnson von der dramatischen Kunst seiner Zeit sagt:
„Es glich einem edeln Renner, der den Zaum und den len=
kenden Knaben willig erträgt, um leichter das Ziel zu erreichen.

Aber der geistige Druck? die Kirchenzucht? die rohe
Behandlung mißliebiger Schriftsteller? die Rechtlosigkeit gerade
der darstellenden Künstler, zu denen Shakespeare gehörte?
Haben solche Zustände nicht von jeher theils Fanatiker, theils
feige Schmeichler erzeugt? Und ist der Dichter Heinrichs VIII.,
des Sommernachtstraums, der Sonnette von dem Vorwurfe
freizusprechen, daß er diesen unerfreulichen Zeitströmungen
gelegentlich nachgab, so gut wie Horaz, Virgil, Boileau und
Racine?

Ueber diesen letzten Punct wird später besonders zu sprechen sein. Hier zunächst eine Bemerkung über die religiöse Atmosphäre der Elisabethischen Zeit, die wir für gerechte Beurtheilung und Verständniß Shakespeare's nothwendig erachten.

Es scheint uns nämlich die Vermuthung kaum zu gewagt, daß Shakespeare's Dichtungen ihre unverwüstliche Jugendkraft kaum so vollständig bewahrt haben, vielmehr so gut wie Miltons erhabene Schöpfungen längst auf einen „Achtungserfolg" in engeren Kreisen beschränkt sein würden, wenn die englische Reformation ein Menschenalter früher jene entscheidende Wendung zu theokratisch-republikanischem Freiheitstreben genommen hätte, der sie im siebzehnten Jahrhundert ihre blutigen Triumphe verdankte, und deren Nachwirkungen noch heute, im Guten und Bösen, zu großem Theile die Physiognomie der englischen Gesellschaft bestimmen.

Das beginnende sechszehnte Jahrhundert fand bekanntlich die öffentliche Meinung Englands gegen die Mißbräuche der verweltlichten, gewinn- und herrschsüchtigen Kirche nicht weniger feindlich gestimmt, als die der andern germanischen, und selbst der meisten romanischen und slavischen Länder: sonst hätte Heinrich VIII. es denn auch wohl bleiben lassen müssen, um eines schönen Weibes willen dem Papst den Gehorsam aufzukündigen und das Kirchengut an sich zu reißen. Wenige Monate, ehe Luther seine Sätze in Wittenberg anschlug, perhorrescirte ein englischer Bischof öffentlich die Londoner Geschwornen wegen ihres notorischen Priesterhasses: „Wenn Abel ein Priester wäre, würden sie ihn als Mörder Kains verurtheilen." Solche Stimmung herrschte längst in vielen und einflußreichen englischen Kreisen. Aber man faßte die Sache im Allgemeinen noch mehr vom weltlich-praktischen, als vom philosophisch-theologischen Standpuncte auf. Die Interessen-

frage ging, dem angelsächsisch = normännischen Volkscharakter
entsprechend, dem Principienstreite vorauf. Es geht ein Zug
derben, kühlen Humors durch jene lange Reihe von poeti=
schen und prosaischen Kundgebungen, in welchen von des
alten Chaucers Schwänken an bis zu den tendenziösen Inter=
luden der Reformationszeit Alt=England den Römlingen seine
Meinung sagte. Lange faßte man die Sache mit dem Ver=
stande an, von der weltlichen Seite, ehe endlich der refor=
matorische Gedanke auch das kühle angelsächsische Blut ernst=
lich erhitzte und dem Volke in das Gewissen schlug. Um die
Mitte des sechszehnten Jahrhunderts schrieb Cardinal Ben=
tivoglio, päpstlicher Legat in London, nach Rom: er rechne
in England etwa ein Dreißigstel eifrige Katholiken, vier Fünftel
des Volkes aber halte er für so gesonnen, daß sie ohne Wider=
stand den katholischen oder den protestantischen Gottesdienst be=
suchen würden, wie eben die Regierung es wünsche. Den Rest
hätten die eifrigen Protestanten gebildet. Es war das übrigens
nicht etwa frivole Irreligiosität, sondern eine gewisse Gleichgültig=
keit gegen die geheimnißvollen und langweiligen Subtilitäten der
zeitgenössischen Theologie. Man hielt sich im Allgemeinen ein=
fach und unbefangen an die Grundlehren des Christenthums,
welche allen Kirchen und Confessionen gemeinsam sind, ohne sich
über die Mysterien der „Unterscheidungslehren" den Kopf zu
zerbrechen; und wenn die bürgerliche Gesellschaft ihren ge=
wohnten guten Gang ging und die Ansprüche der Geistlich=
keit dem Lande nicht geradezu gefährlich wurden, nahm man
königliche Verordnungen über Kirchgang, Ceremonieen, Ge=
betbücher eben als Acte der obrigkeitlichen Gewalt hin, die
zur hergebrachten Ordnung gehörten und um die es einen
ernstlichen Kampf auf alle Fälle kaum lohnte. Erst als
Spanien das Banner der päpstlichen Religion gegen Eng=
land erhob, als man in den Streitern Roms auf allen Meeren,

in den Niederlanden, in Irland den Landesfeind zu bekämpfen hatte, nahm der Ruf No Popery seinen düstern, leidenschaftlichen Charakter an, und dann dauerte es noch fast ein volles Menschenalter, bis die religiösen Fragen an sich den Engländern Herzenssache wurden, und in den Mittelpunct des nationalen Bewußtseins bestimmend und umgestaltend vordrangen.

Das mag man nun, je nach Gemüthsanlage und religiöser Ueberzeugung, loben oder bedauern: soviel ist unschwer zu erkennen, daß eine solche Stimmung der Geister dem dramatischen Dichter zu Gute kommen mußte, in dessen Art es wesentlich liegt, die ganze Mannigfaltigkeit des Lebens auf sich einwirken zu lassen, das Menschliche in allen wechselnden Formen und Hüllen zu erkennen, und es darzustellen, nicht wie ein Sachwalter mit leidenschaftlicher Parteinahme, sondern mit der Würde und Ruhe des Richters. Wie hat man sich über Shakespeare's gelassen große Auffassung religiöser und kirchlicher Dinge den Kopf zerbrochen! Wie hat man den Dichter, bei dem frivole Mißachtung kirchlicher Dinge eben so wenig vorkommt, als irgend eine leidenschaftliche Theilnahme für das herrschende System, wohl gar zum heimlichen Katholiken gemacht! Und doch liegt die Erklärung jener im sechszehnten Jahrhundert allerdings auffallenden Verbindung von religiöser Gesinnung, oder doch ganz gewiß kirchlichem Anstande und dogmatischem Indifferentismus nahe genug. Sie tritt bei Shakespeare nur großartiger, in reineren Verhältnissen und Umrissen auf, als bei seinen weniger glücklich begabten Zeitgenossen; aber sie ist weit entfernt, ihm ausschließlich anzugehören. Solche Stimmungen waren nicht unnatürlich in einem Lande, dessen kirchliche Bewegung zur Zeit die Tiefen des Volksgeistes noch nicht erfaßt hatte, während ein brausendes, reiches Leben auf allen Gebieten der materiellen

und der geistigen Arbeit so wie des geselligen Lebensgenusses
das Interesse in andere Bahnen lenkte, und der geistigen
Kraft mit einer Fülle von Anregungen und Hülfsmitteln
entgegen kam.

Es tritt hier die Frage des vielerörterten „Natura-
lismus" Shakespeare's an uns heran. Bekanntlich ist jeder
Fortschritt, den die Shakespeare-Studien machen, ein Grund
mehr, sie in der Hauptsache verneinend zu beantworten, insofern sie nämlich darauf hinausginge, den Dichter von den
natürlichen Gesetzen menschlicher Entwickelung, von dem
Gesetze der Nachahmung und des Lernens, loszulösen und
aus ihm ein vom Himmel gefallenes Urgenie, ein Natur-
product höherer Ordnung zu machen. Was wir von den uns
in der Zeit nahestehenden großen Dichtern unseres Volks im
Einzelnen, Schritt für Schritt, nachweisen können, nämlich
die vielfache Bedingtheit auch des größten Talents, auch des
Genies, durch die Formen und den Bildungsschatz seiner
Zeit: das tritt auch in Bezug auf Shakespeare nur deutlicher
hervor, je mehr sich die Quellen durch den [nicht genug zu
schätzenden, opferfreudigen Fleiß der englischen Sammler und
Forscher erschließen, und einen genauen Einblick in das
geistige und gesellige Leben der Elisabethischen Epoche gestatten. Shakespeare hat so gut wie andere Sterbliche sehen,
lesen, nachahmen müssen, ehe er selbstständig schaffen lernte.
Wenn er in seiner Vollkraft und in seinen glücklichen Weihe-
stunden eine Kühnheit und Tiefe des Gedankens, eine Reinheit der Anschauung und vor Allem eine Fülle des dichterischen Gestaltens erreichte, welche die überschwänglichsten Kundgebungen seiner Bewunderer zu rechtfertigen scheint, so wurzelt
er dafür in seinen Anfängen sehr tief und fest in dem Boden der
englischen Ueberlieferungen seiner Zeit, und deren eigenthümliche Lebens- und Kunstformen haben selbst seinen besten Werken

immer noch einen nicht unbeträchtlichen, so zu sagen sterb=
lichen Theil beigemischt. Die meisten Mißverständnisse und
Widersprüche, welche uns in der Auffassung des Dichters be=
gegnen (so weit sie nicht nur subjectiver Natur, Ausdruck
von Parteimeinungen, persönlichen Stimmungen oder der
bloßen Originalitäts= und Widerspruchs=Lust sind), haben in
der mangelhaften Kenntniß oder Beachtung jener verschie=
denen Elemente ihren Grund. Eine gründliche und unpar=
teiische Würdigung Shakespeare's ist darum nur auf histo=
rischem Wege möglich: auf einem Wege, den freilich Niemand
für den Andern gehen kann und dessen mühsame Windungen
außerhalb der Grenzen eines kurzen populären Vertrages
liegen. Aber einige Andeutungen zu geben und leitende Ge=
sichtspunkte aufzustellen wird auch hier versucht werden dürfen.

So sei denn daran erinnert, daß Shakespeare, als er
gegen Ende der achtziger Jahre nach London ging, in ein reich
entwickeltes Geistesleben eintrat, in welchem neben der ernsten
Wissenschaft und neben vielgestaltigen Schöpfungen der epi=
schen und zumal der lyrischen Dichtkunst, eine leidenschaftliche
Vorliebe für die Genüsse dramatischer Vorstellungen und eine
derselben entgegenkommende massenhafte Production auf diesem
Gebiete in den Vordergrund tritt. Zum großen Theile
trugen diese Kunstwerke so zu sagen noch die Eierschalen an
sich, Erinnerungen an die naturwüchsige, formlose Kunst
des Mittelalters, an welche sie anknüpften. Jenes Ammer=
gauer Passionsspiel, das noch im vorigen Sommer Neu=
gierige von weit und breit in dem entlegenen baierischen
Alpenthale versammelte, ist der letzte noch lebendige, wenn
auch außerordentlich modernisirte, so doch noch erkennbare
Ausläufer einer Kunstgattung, welche, gewürzt durch derbe
Scherzscenen im Styl unserer Jahrmarkts= und Puppen=
theater, drei Jahrhunderte lang dem dramatischen Unterhal=

tnngsbedürfnisse unserer Vorfahren genügte. Wie das Theater der Hellenen war das des christlichen Mittelalters eine Tochter des Cultus, ein nach und nach überkräftig entwickelter, dann vom Stamme ganz gelöster Zweig des um sinnliche Anschaulichkeit bemühten Gottesdienstes; wie jenes rang es seine Kunstform langsam und mühevoll von der des Epos und der des Liedes, diesen Urformen des dichterischen Schaffens los. Es ist ein weiter Weg von dem byzantinischen Priester, der das Evangelium oder die Heiligenlegende vortrug, während die des Lesens unkundigen Gläubigen zuhörend sich an dem entsprechenden Bilde auf der Rückseite des Buches ergötzten, bis zu Shakespeares Hamlet und Julius Cäsar. Und doch läßt sich auf diesem Wege jede Etappe mit Sicherheit verfolgen. Zuerst einfache, nachahmende Schaustellungen während des Gottesdienstes, zur Stärkung der Andacht: das Grab Christi, die Kreuzigung, die Krippe mit den anbetenden Magiern, wie wir sie hie und da in den Kirchen des alten Cultus noch heute sehen; dann Scenen aus Legenden, Martyrien der Heiligen, zusammenhängende Darstellungen aus der heiligen Geschichte, erst in den Kirchen, dann neben denselben auf den Kirchhöfen, endlich in profanen Localitäten oder auf besonders aufgeführten Gerüsten, auf öffentlichen Straßen und Plätzen. Die Ausführenden ursprünglich Geistliche, dann feste Genossenschaften von Frommen, Laien, Pilgern; häufig, zumal in England, auch die Zünfte der Handwerker, später die Gilden der Advocatenschreiber. Die begleitenden Worte, Erzählung und Dialog, sind zuerst einfach; die des Evangeliums oder der Legende, dann freie, weitschweifige Ausführungen des Textes, untermischt mit Liedern. Sehr früh zeigen sich heitere Einlagen, derbe Scherzscenen, wie das Abwechselungsbedürfniß und die frische Lebenslust jugendkräftiger Völker sie verlangte, die Kirche in ihrer Weisheit und

Menschenkenntniß gern gestattete. Endlich, am Ende des
vierzehnten Jahrhunderts und im Verlaufe des funfzehnten,
bezeichnete die Liebhaberei für endlose, lehrhafte dramatische
Allegorieen (Moralitäten) den ersten, massenhaften Einbruch
des kritischen, abstracten Gedankens in die Phantasie= und
Gemüthswelt der volksthümlichen Religionsauffassung. Das
ist im Ganzen und Großen die dem ganzen christlichen
Abendlande gemeinsame Entwickelung des mittelalterlichen
Dramas, in „Mysterien", Miracle-Plays, Farces, Sotties,
Moralitäten und Fastnachtsspielen. In dem durch die Nor=
mannen französirten England fanden diese Belustigungen schon
im 12. Jahrhundert Eingang, wie sich aus Kloster=Rechnungen
nachweisen läßt, wenn auch die Stücke der drei großen uns erhal=
tenen Sammlungen, die Miracle-Plays von Chester und
Coventry, sowie die Townsley=Mysterien wohl über das Ende
des 14. Jahrhunderts, die Geburtszeit der englischen Literatur=
sprache, nicht hinausgehen. In ächt angelsächsisch=niederdeutscher
Schalkhaftigkeit und Gutmüthigkeit, wenn auch oft derb genug,
ist das komische Element in ihnen, gerade wie in Shakespeare's
Dramen und Tragödien, mitten unter den ernsten Scenen
vertreten. Es ist bezeichnend und ächt deutsch, daß der Teu=
fel, der Vater des Bösen, durchaus von dieser Seite, als
„dummer Teufel" gefaßt wird. („Euer Leben lang seid wahr,
und lacht des Teufels!") So wird auch, ganz wie bei Hans
Sachs, auf „Kains und seiner Rotte" Kosten gelacht, nicht
minder über die würfelnden, trinkenden, fluchenden Kriegs=
knechte am Fuße des Kreuzes, so wie über den Schöpsendieb
unter den Hirten auf dem Felde zu Bethlehem, in der hei=
ligen Nacht. Am lustigsten aber geht es, wie billig, bei
Vater Noah her, dem christlichen Bacchus. Sein Hauswesen,
wie das anderer, weniger berühmter Zechbrüder, ist gerade
kein Ehrenspiegel für Eheleute. Als er in die Arche steigen

will, läßt sich die Gattinn durch die hereinbrechende Sündfluth in ihrem Kramen und Schwatzen nicht stören, und der Erzvater muß das Grundthema von Petruccio's Ehephilosophie theoretisch und praktisch ausführen, um die Abreise durchzusetzen. Im Stalle zu Bethlehem wird das Christkindlein ganz harmlos mit Kirschen, Aepfeln, einem Balle, einem Nußhaken, ja mit einem Paar getragener Hosen beschenkt, und während die Engel gloria in excelsis singen, schmausen die Hirten nach gut englischer Sitte Lancashire-Kuchen und Halton-Ale. Und wie hier der derbe, volksthümliche Humor, so macht in den englischen Moralitäten des funfzehnten Jahrhunderts die scharfe, grübelnde Charakterzeichnung des englischen Nationaldrama's ihre ersten Vorstudien. Nichts Trockeneres und Abstoßenderes bekanntlich, nach dem heutigen Maßstabe gemessen, als die wenig variirende Grundanlage dieser scholastischen Stücke: Veranschaulichung der christlichen Heilsordnung, Glaubens- und Sittenlehre (nicht mehr der heiligen Geschichte) ist die Aufgabe, welche die Dichter sich stellen. Wir sind in jenes Zeitalter des Grübelns, des Denkens eingetreten, an dessen Ausgange die Reformation auf uns wartet. Die „Natur" (um doch ein Beispiel anzuführen) beginnt in der nach ihr genannten „Moralität" von Medwell mit einer schwungvollen Schilderung ihrer eigenen Herrlichkeit. Dann übergiebt sie den jugendlichen „Menschen", der „Vernunft" und der „Sinnlichkeit". Die letztere siegt, mit Hülfe der „Welt". „Unschuld" und „Vernunft" werden zur Hölle geschickt. „Stolz" tritt als Führer des „Menschen" an ihre Stelle. Bald sehen wir seinen Zögling von den „sieben Todsünden" umgeben, die sich aber nach Kräften unter erschlichene ehrliche Namen verstecken. Sie kämpfen mit der „Vernunft", bis das „Alter" herein tritt und äußerlich Frieden stiftet. Nun aber brechen

„Geiz" und „Neid" mit neuen Gefahren, bis endlich „Glaube"
und „Standhaftigkeit" den „Menschen" retten, und ein
wackeres Liedchen (a goodly ballad) aller Mitspielenden das
Stück fröhlich beendigt. So gaben die ästhetisch angeregten
Literaten des fünfzehnten Jahrhunderts, meistens angehende
Advocaten und Richter, unsern Auscultatoren und Referen-
darien vergleichbar, ihre Gelehrsamkeit, ihren Witz, und ihre
rechtgläubigen Grundsätze zum Besten. Aber es blieb nicht
bei diesen steifen Schulexercitien. Einmal angeregt, ging der
Geist der prüfenden und kritischen Menschenbeobachtung bald
einen Schritt weiter. Am Ende des funfzehnten, am Anfange des sechszehnten Jahrhunderts beginnt man die Kreise
der Darstellung enger und enger zu ziehen, wobei sie denn
an Deutlichkeit und Farbe gewinnen, was an Ausdeh-
nung verloren geht. Einzelne, individuell gefärbte Fehler
und Gebrechen treten an die Stelle der kanonischen Todsünden, und die Träger derselben entwickeln sich allmählich
zu wirklichen, dem zeitgenössischen Leben nachgebildeten Personen. Der Stutzer, der Wucherer, der Schlemmer, der
Heuchler werden auf die Bühne gebracht an Stelle der alle-
gorischen Gestalten der Eitelkeit, des Geizes, der Ueppigkeit.
Dann treten, schon in der ersten Hälfte des sechszehnten
Jahrhunderts, in der Zeit Heinrichs VIII. bestimmte, mit
ihren Eigennamen bezeichnete Personen für diese Gattungs-
Typen auf, und damit sind die rohen Anfänge der Charakterkomödie gegeben: freilich vorerst noch ohne zusammenhängende, folgerichtig durchgeführte Handlung, mehr einzelne,
lustige und charakteristische Scenen, lose an einander gereiht,
als vollständige Stücke. Die „Interludes" von John Heywood,
dem seiner Zeit viel bewunderter Hofkünstler, Dichter, Mu-
siker, Geschichten=Erzähler Heinrichs VIII. vertreten diesen
wesentlichen Fortschritt. Es sind dramatische Scherze, ur-

sprünglich zur Ausfüllung von Pausen bei Hoffestlichkeiten
bestimmt, nicht ohne Witz, oft mit recht derber Satire ge=
würzt. Heywood war guter Katholik und ging deswegen
später außer Landes. Das hinderte ihn aber nicht, (z. B.
in dem Zwischenspiel vom Ablaßkrämer, dem Mönch, dem
Pfarrer und Nachbar Pratte) unter den Reliquien mit denen
der Ablaßkrämer den Leuten das Geld abnimmt, u. a. die
große Zehe der heiligen Dreifaltigkeit aufzuführen, sowie den
„Kinnbacken von Allerheiligen“ oder „das französische Sommer=
hütchen der heiligen Jungfrau“.

Dies waren, in ihren Grundzügen, die nationalen Ele=
mente, mit welchen das englische Drama in jene wunderbare
Umbildungs= und Entwickelungszeit eintrat, welche, zwischen
den funfziger und achtziger Jahren des sechszehnten Jahr=
hunderts, dem Auftreten Shakespeare’s unmittelbar voran=
ging. Wie in Frankreich und in Deutschland ergoß sich,
stärker und stärker, der Strom der classischen Bildung über
Schule und Leben, zunächst freilich der höheren Stände. Das
Latein=Sprechen und Griechisch=Lesen ward selbst in der
vornehmen Damenwelt Mode. Man erinnert sich, wie des
gelehrten Roger Asham treffliche Schülerinnen, Jane Gray,
die „neuntägige Königin“ und Elisabeth selbst mit glänzendem
Beispiele vorangingen. Jane Gray kannte den Urtext des
neuen Testaments besser als die Geistlichen, welche während
ihres Processes mit ihr zu disputiren pflegten, und Elisabeth
fand noch in späteren Jahren Unterhaltung daran, des
Plutarch Schrift von der Neugier ins Englische zu über=
setzen. Das Latein, und zwar das der Classiker, von der
Aristokratie geschätzt und geübt, drang von den Universitäten
bis in die gewöhnlichen Stadtschulen vor. Die Phantasie und
das Gedächtniß der Gebildeten und derer, die dafür gelten
wollten, füllten sich mit Vorstellungen und Redewendungen,

die man den alten Dichtern entnahm. Seit Heinrichs VII.
Zeit ging es bei keinem Feste mehr ohne allerlei classisch=
mythologische Schaustellungen und Mummereien ab. Die
olympischen Göttergestalten und das Heer der von ihnen
beherrschten Dämonen gewannen den Vortritt vor den frostig=
sinnreichen Allegoricen und den Schalksnarren, an denen das
ausgehende Mittelalter seine Freude hatte. England folgte
hierin dem unwiderstehlichen Zuge, welcher seit der zweiten
Hälfte des funfzehnten Jahrhunderts in von Jahrzehnt zu
Jahrzehnt sich steigernder Kraft das westliche Europa bewegte.
Dabei aber bewährte es, selbst vor Italien und Frankreich,
und ganz besonders vor Deutschland, die verhältnißmäßige
Stärke und Reife seines nationalen Geistes durch eine
bemerkenswerthe Selbstständigkeit, welche es mitten in dieser
Fluth fremdländischer Bildungselemente zu bewahren ver=
stand. Während Deutschland lateinisch sprach, lateinisch schrieb,
lateinisch zu dichten sich mühte, und darüber, trotz Luthers
glänzendem Beispiele, die Pflege der heimischen Sprache und
Kunst für lange hin als Nebensache behandelte, wußte man
in England schon am Ende des sechzehnten Jahrhunderts
durch zahlreiche und zu gutem Theile treffliche Uebersetzungen
den Alten jene volksthümliche Bildungskraft abzugewinnen,
welche sie für uns erst durch die Arbeiten des achtzehnten
Jahrhunderts erhielten. England hatte schon zu Shakespeare's
Zeit seine, formell bis heute mustergültige Homerübersetzung,
die von Chapman. Als Shakespeare seine Römerdramen schrieb,
stand ihm der vortreffliche englische Plutarch von North
(Frankreich hatte freilich auch schon seinen Amyot) zu Ge=
bote. Unter den alten Dramatikern waren es Plautus, Terenz,
dann der rhetorisch=sentimentale Euripides und der schwung=
voll=declamirende Seneca, welche man, als der modernen
Auffassung am leichtesten zugänglich, zuerst übertrug und eifrig

studirte. Es konnte dann auch nicht fehlen, daß Versuche einer mechanischen Nachahmung der Alten, wie sie in Frankreich schon in der zweiten Hälfte des sechszehnten Jahrhunderts das volksthümliche, mittelalterliche Drama verdrängten, auch in England auftraten. Schon im Jahre 1561 gab Sir Thomas Sackville (später Lord Buckhurst genannt), in seinem Ferrex und Porrex (oder Gorboduc) das erste englische Muster einer in einheitlicher Handlung sich bewegenden, von allen komischen Einschiebseln befreiten und in dem gleichmäßigen Tone pathetischen Vortrages gehaltenen „regelmäßigen Tragödie", „voll von Staatsgesprächen und schönen Phrasen, bis zu Seneca's Höhe sich aufschwingend, auch „von trefflicher Moral", wie Philipp Sidney in seiner „Vertheidigung der Dichtkunst" nicht ohne Grund von ihr rühmt. Aber die fremde Pflanze schlug in dem altenglischen Boden keine rechte Wurzel; sie blieb eine angestaunte Zierblume in dem Treibhause der aristokratischen Bildung. Die urgermanische, durch den normännisch=französischen Zusatz nicht sich selbst entfremdete, sondern nur schneller und vielseitiger entwickelte Art des Volks verlangte wahres Gefühl, Aufregung, Handlung, buntes, wirkliches Leben, und ließ sich von der Schulgelehrsamkeit Nichts weismachen, was ihrer Art zu sehen und zu empfinden widersprochen hätte. So ließ man sich in England durch das Beispiel und die Zucht der Alten wohl, bis auf einen gewissen Punct, zu Maaß und Ordnung verweisen. Man lernte eine einigermaßen übersichtliche Handlung schätzen, zu massenhafte und fremdartige Einschiebsel vermeiden; man gab der Sprache Würde, und namentlich pathetischen Schwung, von letzterem oft genug nur zuviel. Aber die freie Bewegung, die energische Charakteristik, an der man seine Freude hatte, mochte man für bequemere Uebersichtlichkeit und gleichmäßigen Anstand nicht daransetzen; der abmessende

und wägende Verstand gewann in poetischen Dingen über
Leidenschaft und Phantasie nicht die Herrschaft, die er unter
den Auspicien der französischen Akademie und des französischen
Hofes auf dem Festlande so lange und so langweilig geübt
hat. Getragen von einer steigenden, fast leidenschaftlichen
Vorliebe des Publikums für die Genüsse der Schaubühne
(wir kommen auf diesen Punct noch zu sprechen), erhob sich
unmittelbar vor Shakespeare's Auftreten eine ganze Reihe
frischer Talente, verwegene poetische Waghälse, zumeist auch
im Leben wilde, übermüthige Gesellen, deren Schöpfungen
zwar die besseren Arbeiten Shakespeare's niemals, auch nicht
annähernd, erreichen, in denen aber alle eigenthümlichen
Grundzüge von Shakespeare's Manier, alle Formen der
Shakespeare'schen Darstellungsweise sich bereits in einer Fülle
und Vollständigkeit entwickelt finden, welche bei jedem Fort=
schritte, den die Kenntniß dieser Literatur macht, überraschender
hervortritt. Da sind unter den Tragikern neben Greene
und Peele vor Allem Kyd, der Verfasser der „spanischen
Tragödie" und Christopher Marlowe, der Dichter des
Tamerlan, des Juden von Malta, des Faust, die Erfinder
furchtbarer Gräuelscenen, die Virtuosen schwungvoller, feuriger
und oft genug hochtrabend schwülstiger Declamation, ver=
wandter mit Shakespeare's Anfängen, als es idealistischen
Gläubigen der Lehre von dem über Zeit und Menschen frei
einherschwebenden Genius bequem sein kann. Es pulsirt ein
mächtiges, ursprüngliches, seiner selbst frohes und gewisses
Leben in diesen Dichtungen. Aber es geht durch sie auch
oft genug ein unheimlicher, roher Zug, eine Freude an
Blutvergießen und Gewaltthat; die Leidenschaft tobt mit der
fesselosen Wildheit des Elementes, die Kraft ringt mit der Kraft,
der unbarmherzige „Kampf um's Dasein" wird in Scene ge=
setzt; rücksichtslose Selbstsucht setzt aus Ehrgeiz, Liebe, Rache

die Handlung in Bewegung. Man muß sich daran erinnern, um nicht verstimmt zu werden, daß die Dichter für ein Geschlecht schrieben, welches, im Vollgefühl ungebrochener Lebensfülle, und ohne Zweifel an seinem Rechte und seiner Kraft, einem unversöhnlichen, rücksichtslosen Feinde, dem an Weltherrschaft gewöhnten Rom und seinen Verbündeten sich gegenüber wußte, und welchem die Verfeinerung unserer Sitten, die Milde unserer Gesetze fremd waren. Noch waren die Scheiterhaufen der katholischen Maria nicht lange erloschen; noch war die Erinnerung an den tragischen Untergang von vier Königinnen (Anna Bowleyn, Katharina Howard, Jane Gray, Maria Stuart) im Volke lebendig. Wie viel edles Blut war auf den Richtplätzen des Tower geflossen! Peinvolle Hinrichtungen, Verstümmelungen, öffentliche Züchtigungen, eine wahre Andacht der Rache und der Freude am Leiden des Sünders waren der theologisch beeinflußten Justiz des sechszehnten Jahrhunderts in allen Ländern, und nicht am wenigsten in England, nur zu geläufig. Dazu kam die Aufregung des furchtbaren und langwierigen Kampfes gegen Spanien, das Beispiel eines tödtlich gehaßten Feindes, die Gewaltthätigkeiten eines seeräuberischen Parteigängerkrieges auf allen Meeren. Einem Geschlechte, dem solche Dinge Alltägliches waren, konnte man auch auf der Bühne Scenen vorführen, welche beinahe so grausig waren wie das, was uns, den humanen Kindern des neunzehnten Jahrhunderts, täglich unsere Zeitungen erzählen*). Da überfällt, um ein Beispiel anzuführen, in der „spanischen Tragödie" der eifersüchtige Liebhaber seinen glücklichen Nebenbuhler im schönsten Moment eines Schäferstündchens, hängt ihn an einen Baum und ersticht ihn dann bedächtig und mit Wollust. Ein pein-

---

*) Während des Winterfeldzuges von 1870 geschrieben.

3

lich Befragter beißt sich die Zunge ab, verschluckt sie, um einem Geständnisse zu entgehen, und bringt dann mit einem Federmesser zwei Könige und sich selbst ums Leben. Den vor den Augen der Zuschauer hingeschlachteten Opfern der tragischen Muse dictirt die gespenstige Gestalt der „Rache", mit der Pein und dem Tode des Körpers noch nicht zu= friedengestellt, eine Reihe von Höllenstrafen für ihre Seelen. In dem „König Kambhjes" von Preston wird der falsche Smerdis auf offener Scene geschunden. Aber all das ist im Grunde nicht ärger als die Scene des Titus Andronicus, in der die an Händen und Füßen verstümmelte Lavinia das Blut=Becken hält, während ihr Vater die beiden Prinzen, an denen sie gerächt werden soll, kunstgerecht abzuschlachten sich anschickt. In den Stücken Marlowe's geht es bekannt= lich oft noch maßloser zu. Eine reiche und kühne, aber oft ins Ueberschwängliche ausartende Sprache entspricht solcher Ueberspannung des Gefühls und der Handlung, in den Jugendarbeiten Shakespeare's und bei seinen Vorgängern. Das sind nun Alles gewiß Fehler, arge Fehler, aber es sind jene Fehler der überschwellenden Kraft, die der Blüthe und Reife der Kunst vorausgehen, wie die Frühlingsstürme dem Sommer. Sie verhalten sich zu Shakespeare's unsterblichen Leistungen, wie die Geschmacklosigkeiten unserer Sturm= und Drang= periode zu den Meisterwerken unseres classischen Jahrzehnts — und schon neben ihnen fehlt es nicht an trefflichen Zügen feiner und energischer Charakterzeichnung, die Shakespeare's Leistungen auf diesem Gebiete wenigstens anzukündigen scheinen. Daneben gewann das Lustspiel unter Einwirkung der clas= sischen Studien an künstlerischer Form, ohne seinen nationalen, stark realistischen Charakter einen Augenblick aufzugeben. Die ersten Versuche, wie Udalls „Ralph Royster Doyster" und Bille's „Frau Gyrtons Nadel" bestreiten die Kosten der

Unterhaltung noch mit allerderbsten Späßen, einer über die
Scherzscenen der „Zwischenspiele" kaum hinaus wachsenden
Handlung und einer Sprache, an welche bei Shakespeare
etwa nur die Gärtner=Scenen in Heinrich IV. erinnern.
Aber bei „Lily", dem vielbewunderten Lehrer und Meister
des gezierten, höfischen Salontones unter Elisabeth, finden
sich bereits ganz wesentliche Züge der Shakespeare'schen Komödie
entwickelt: der pointirte Dialog, die stacheligen Wortspiele,
die reiche und wahre Charakterzeichnung. Man wird nament=
lich „Alexander und Kampaspe", selbst nach „Was ihr wollt"
mit Vergnügen lesen*). Ein mächtiger Zug zur Satire,
häufig in köstlichem, ursprünglichem Humor aufsprudelnd, ging,
wie man weiß, durch das ganze sechszehnte Jahrhundert,
und in Kunst und Sitte der englischen Gesellschaft gelangte
er aus leicht erkennbaren Ursachen zu ganz besonders reichem
und wirksamem Ausdruck. Es war nicht mehr der derbe,
aber harmlose Spaß, den sich das Mittelalter gegen seine
Würdenträger erlaubte. Die Zeit war reformatorisch, in ihren
Extremen revolutionär geworden, und bald thaten es die Ver=
theidiger der überlieferten Zustände an Leidenschaft den An=
greifern zuvor. Der Spott steigerte sich oft genug zum
grimmigen Hohn, die Satire war die Einleitung zum Kampf
auf Leben und Tod. Aber auch dabei blieb England vor
seinen festländischen Stammgenossen und Nachbarn noch lange
bevorzugt. In Deutschland wurde der Volkshumor durch
die Blutströme der Bauernkriege für lange Zeit gedämpft.
Frankreich verlernte den harmlosen Spaß unter der Herrschaft
der Meuchelmörder und Giftmischer, welche die Bartholo=
mäus=Nacht in seine Geschichte einzeichnete. So schlimm

---

*) Vergl. meine „Vorlesungen über Shakespeare 2c." Theil 3.
pag. 23—34.

konnte es in England nicht kommen, wenigstens nicht, so lange
Elisabeth lebte. Wenn die Köpfe ehrgeiziger Barone lose
genug auf den Schultern saßen, so waren dafür die Rechts-
verhältnisse des Bürgers, des Bauers, der großen Mehrzahl
des Volkes, im Ganzen gesund und gesichert, und den Kirchen-
zwang fühlte man, wie oben ausgeführt, nicht eben tief, weil die
religiöse Bewegung überhaupt noch nicht den Kern des Volkslebens ergriffen hatte. So entging die Satire vor der Hand
noch der Gefahr der Verbitterung, unter deren eisigem Hauche
bald nach Shakespeare's Zeit auch in England die Blüthe
der nationalen Dichtung verdarb. Man war vergleichsweise
wohlhabend, man fühlte sich stark und sicher, fand eine Freude
am Leben. Der wild aufregende Kampf der Zeit ging noch
mehr nach Außen, gegen den Spanier, gegen Rom, als nach
Innen. Noch blühte und duftete der bunte Kranz guter,
lustiger Festfreude, mit welchem altgermanische Volkssitte,
von der Kirche klüglich geduldet, während der Jahrhunderte
des Mittelalters das gesammte Leben durchflochten hatte.
Noch tanzte das Landvolk um den Maibaum, dessen Schmuck
Robin Hood, Mariana, die Maikönigin, und in ihrem Ge-
folge Bruder Puck, Little John, mit dem Dragon und dem
Hobby Horse aus dem Walde holten. Noch galt es nicht
für Sünde, am Sylvester- oder Epiphanias-Abend oder am
Faschings-Dienstag lustige Mummerei zu treiben. Noch lebte
ferner lebendig und frisch, aber ohne zu schrecken, der uralte,
poetische Aberglaube des Sachsenstammes. Elfen, Hexen,
Gespenster und Elementargeister standen dem Dichter zu Gebote als fertige, Jedermann verständliche Typen von unfehl-
barer Wirkung, zu freier künstlerischer Verwendung. Der
Ritter warf den Kaufmann nicht mehr auf der Landstraße
nieder und hatte nicht mehr die Macht, den Bauer zu plagen.
Aber Einfluß im Staate und in der Gesellschaft, mannhafte

Würde und phantastischen Glanz der Erscheinung hatte sich
der Adel bewahrt. Das Leben, mächtig bewegt, aber zunächst
mehr durch reale Interessen als durch die Gewalt des abstracten Gedankens, gab der Entfaltung der Persönlichkeit
weiten Spielraum; und die Persönlichkeit, in ihrer endlos
mannigfaltigen Offenbarung, ist das eigentliche Gebiet des
dramatischen Dichters, nicht das Schattenreich der Gedanken.
Das mögen jene Beurtheiler bedenken, die es Shakespeare
als einen Mangel anrechnen, daß seine Helden durchweg von
Leidenschaften und Interessen bewegt werden, nicht Principien
vertreten, daß er keinen Posa und — keinen Uriel Akosta
gezeichnet hat. Den reichen Schätzen des Alterthums standen
Shakespeare's Zeitgenossen gegenüber, ich möchte beinahe sagen
wie das glückliche Kind der Weihnachtsbescheerung: bewundernd,
unbefangen genießend, aber durchaus nicht kritisch sondernd
und sichtend, für den Dichter soviel baarer Gewinn, wie
für den Historiker, den Philosophen, den Politiker bedenklich
Mit einem Worte: Shakespeare's Zeit, Land, Volk war mit
nichten das Ideal einer wohlgeordneten Gesellschaft auf der
Höhe der Civilisation; sie zeigt schroffe Ecken und dunkle
Schlagschatten genug. Aber sie war reich an Leben und
Kraft, aufstrebend, ein Tummelplatz starker Persönlichkeiten
und Leidenschaften, überschüttet von bedeutenden, naiv auf-
genommenen und zunächst instinctiv genossenen und verarbeiteten
Anregungen mannigfacher Art. Ihre Dichtkunst war maßlos, zwischen Rohheit und Affectation schwankend, aber voll
enthusiastischen Selbstvertrauens, und bei allem äußerlichen Auf-
putz fremdländischer Gelehrsamkeit im innersten Kern durchaus
volksthümlich und darum der Entwickelung fähig. So waren
die Elemente vorhanden, die der Funken des Genies gestalten
konnte und gestaltet hat, wenn auch keineswegs zu harmonischen,
durchsichtig einheitlichen Kunstwerken, so doch zu den reichsten,

am tiefsten angelegten, gewaltigsten und rührendsten dichterischen Abbildern menschlichen Strebens, Leidens und Genießens, welche die Welt jemals gesehen. Was wir von dem äußerlichen und innerlichen Verlauf dieses Dichterlebens wissen und von den besonderen Bedingungen, unter denen sich seine Entwickelung in Kunst und Gesellschaft vollzog, davon soll demnächst die Rede sein.

Zweiter Vortrag.

Shakespeare's Leben. — Seine Abstammung, Jugend, Erziehung, Familienverhältnisse. — Die Bühnenzustände, unter denen er wirkte. — Seine Erfolge. — Was wir von seinem Gemüthsleben wissen. — Die Sonnette und ihre Deutung.

———

In großen Zügen versuchte der erste dieser Vorträge die religiösen, politischen, gesellschaftlichen, literarischen Zustände zu zeichnen, inmitten deren Shakespeare sich entwickeln und wirken sollte. Es darf nun nicht unterlassen werden, auf die persönliche Seite dieser Entwickelung, wenn der Ausdruck erlaubt ist, einen Blick zu werfen, ehe wir es unternehmen, in der Welt seines geistigen Schaffens uns zurecht zu finden. William Shakespeare, der strebende, irrende, kämpfende, genießende Mensch, soll uns so nahe treten, als die auf uns gekommene, kritisch gesichtete Ueberlieferung es gestattet. Freilich ist jenes „so nahe“ bekanntlich als eine sehr ernstliche Einschränkung zu nehmen.

Seit die Literaturgeschichte unter uns Deutschen, und zum besten Theile durch uns Deutsche eine Wissenschaft wurde, gelten die Werke der Dichter uns nicht mehr als

selbstständige, nach einem absoluten Maßstabe zu messende
Größen, sondern als die Blüthen, welche eine bestimmte
Phase des Culturlebens in bestimmten Persönlichkeiten hervor=
trieb, und für deren tieferes Verständniß und vollen Genuß
deshalb die Kenntniß und richtige Erwägung dieser beiden
Factoren wenigstens ebenso nothwendig ist, als ein von ähn=
lichen Erzeugnissen anderer Zeiten und von allgemeiner Be=
trachtung und Erwägung der Natur menschlichen Empfindens
abgeleitetes Grundgesetz des dichterisch Schönen. Dem ent=
sprechend haben wir neben der ästhetischen und der cultur=
historischen die biographische Seite der Literaturgeschichte mit
besonderer Vorliebe entwickelt. Wenn ein Menschenwerk unserer
Betrachtung werth scheint, ruhen wir nicht, bis der Werk=
meister uns Rede steht. Er muß hervor aus allen Verstecken,
in welchen seine Bescheidenheit oder andere Gründe ihn
flüchten ließen. Wir müssen erfahren wie er aussah, wie er
erzogen wurde, wie er lebte, nicht nur was er las und
studirte, sondern auch was er aß und trank, was, und ganz
besonders wen er liebte und haßte. Was er dem Freunde, der
Geliebten vertraute, die Literaturgeschichte muß es erfahren.
Seine Frau wird ihre Ehe= und Wirthschaftsgeheimnisse ver=
gebens vor dem Blick des Biographen verhüllen. Seine Kinder,
seine Freunde, seine Vorgesetzten, Nachbarn, Verleger werden
erbarmungslos in den Kreis dieser Nachforschungen gezogen, bis
wir Zeugen geworden sind seines ganzen Dichtens und Trachtens,
seine Gedanken im Entstehen belauschen und am Ende viel
genauer wissen als er selbst, was er beabsichtigte, indem er
dies Thema wählte, diesen Vers schrieb, welcher Stimmungen
Spiegel, welcher Kräfte Werkzeug er war. Wie diese Methode
auf die Zeitgenossen unserer classischen Epoche angewandt ist
und wird, dafür zeugen die Kataloge unserer Messen und
Bibliotheken. Es ist dabei viel Staub aufgewirbelt, viel

Papier verdorben, viel Klatsch herumgetragen, viel Ueber=
flüssiges und Unnützes gesagt und geschrieben, aber
auch über Vieles treffliche, fruchtbare Einsicht verbreitet
worden. Es hat sich neben philisterhafter, wenn nicht gerade=
zu scheelsüchtiger Anekdotenkrämerei auch eine Vertrautheit
der Gebildeten mit den Helden unserer Geistessiege entwickelt,
die ein gewaltiges Element unseres nationalen Zusammen=
hanges und unserer Kraft geworden ist, und die im fernern
Lauf der Zeiten hoffentlich das Ihrige thun wird, um uns
vor dem Zurücksinken in Barbarei und Schwäche bewahren
zu helfen. Es fehlt nun bekanntlich sehr viel, daß diese
national=deutsche Wißbegierde durch beglaubigte Mittheilungen,
welche sich auf Shakespeare, den größten Dichtergenius der
germanischen Race beziehen, auch nur annähernd so befriedigt
würde, wie in der Geschichte etwa unserer oder der neuern
englischen hervorragenden Dichter. Die Nachrichten sind,
trotz des rühmlichsten, ausdauerndsten Fleißes der englischen
Forscher, unvollständig und dürftig, und die unerschöpflichen
Hypothesen der Ausleger (neuerdings scheinen die englischen
noch kühner und phantastischer zu werden, als die deutschen)
haben diesem Uebelstande nicht abhelfen können. Dem „Mythus
von Shakespeare" steht noch immer keine auch nur annähernd
vollständige Lebensgeschichte gegenüber, und wie man weiß,
hat ein vielgenannter Dilettant der Shakespeare=Kritik von
diesem Mangel sogar Veranlassung genommen, unsere Ver=
ehrung des Dichters überhaupt der Uebertreibung zu zeihen,
und ihr die „kühle Gleichgültigkeit" seiner Zeitgenossen als
die richtigere Stimmung entgegen zu halten. Große Gelehrte
der Zeit Shakespeare's, so erinnert man uns, erwähnen den
Dichter gar nicht in ihren Schriften; die Königinn Elisabeth,
pedantisch, eitel und herzlos wie sie nun einmal war, zog
gelehrte Poetaster ihm vor; König Jacob verweigerte ihm

das von den Dichtern eifrig erstrebte Amt des master of
the revels (des königlichen Festordners), die nächste Generation
vergaß ihn beinahe und die älteste Lebensbeschreibung, die
wir von ihm besitzen, erschien 1709, beinahe 100 Jahre nach
seinem Tode, und entnahm ihren Stoff weit weniger ächten
Actenstücken, als unverbürgter, anekdotischer Ueberlieferung.
Erst die neuere, namentlich die englische Forschung hat einen
festen Boden von einigermaßen beglaubigten Thatsachen zu
schaffen gesucht, und es ist auch dabei wenig genug heraus-
gekommen. Begründen diese Umstände nun in der That
einen Zweifel an der Bedeutsamkeit Shakespeare's für seine
Zeitgenossen, an der durchschlagenden Wirkung seiner Dichtung,
so lange er lebte? Die Frage wäre ohne Bedenken zu be-
jahen, wenn es gestattet wäre, den Maßstab unserer literarischen Vielgeschäftigkeit und Industrie an das sechszehnte
Jahrhundert anzulegen. So aber lebte Shakespeare, wenn
auch gewiß in einem Zeitalter mannigfachster und schöpferischer
geistiger Arbeit, so doch kaum unter den ersten Anfängen
jener geschäftlichen Entwickelung des geistigen Verkehrs, die
heut zu Tage mit fast beängstigender Massenarbeit den Stoff
der Erkenntniß aus allen Weiten herbeiführt, und in alle
Höhen und Tiefen der Gesellschaft verbreitet. Es war ein
Zeitalter der Reformatoren, der Entdecker, der Staatsmänner,
Krieger, Dichter, nicht der Zeitungsschreiber und Ency-
clopädisten. Der schöpferische, enthusiastische Gedanke erhob
sich mit vulcanischer Gewalt aus den Tiefen des Volkslebens,
aber die Kritik, die historische Kenntniß, der Geist des Sam-
melns, Vergleichens, Urtheilens, war noch in der Kindheit.
Man hatte den Staat und die Kirche neu einzurichten, eine
neue Welt zu entdecken und zu erobern, die ästhetischen
Schätze des Alterthums zu heben und zugänglich zu machen;
man ergötzte sich an neu entstehenden Kunstwerken, welche

mit denen der Alten rühmlichst wetteiferten. Man tauchte tiefer in die Geheimnisse des Lebens, wurde mit seinen Schmerzen und Freuden vertrauter. Aber man hatte im Ganzen so wenig Geschick als Neigung, um, so zu sagen, das Inventarium dieser ungeheuern Arbeit zu führen. Die neue Bildung entbehrte noch der breiten, massenhaften Unterlage einer zum Gemeingute von Millionen gewordenen Erkenntniß und Geistesübung, welche den eigenthümlichen, in den Ge= sammtergebnissen so großartigen, und in den hervorragenden Einzelerscheinungen vielfach so nüchternen und gedrückten Charakter der neuen Cultur bedingt. Dazu begann in Shakespeare's letzten Lebensjahren, und vollzog sich in den vier ersten Jahrzehnten nach seinem Tode, wie man weiß, eine schwere und gründliche Umbildung der englischen Gesell= schaft. Mächtiger Aufschwung des politischen Rechts= und Freiheits=Instincts, sittliche Sammlung und Festigung und materieller Fortschritt wurde, theuer genug, wenn auch vielleicht nicht zu theuer, bezahlt mit starrer Einseitigkeit des Fühlens und Denkens, mit Herzenshärtigkeit und geistlichem Hochmuth, mit Abwendung von freier, schöner Menschlichkeit; die Kunst ward gemein, das Leben ward nüchtern. Die Schatten, welche sich über Shakespeare's letzten Dichtungen schon sicht= lich zusammenziehen, dehnten sich für lange Zeit dunkel nachtend über Englands Gesellschaft aus. Shakespeare's nächste Nachkommen hatten Dringenderes zu thun, als das Andenken von Komödiendichtern zu sichern und zu feiern. Während in einem Theile der Gesellschaft die Lebensfreude in Gemein= heit und Ueppigkeit, die Anhänglichkeit an die Formen und Ueberlieferungen Alt=Englands in starren, cavaliermäßigen Trotz gegen den Geist des Jahrhunderts ausartete, ging das Streben der besten Kräfte dahin, die alte Kirche zu zerstören, die alte Sitte zu vernichten, aus dem fröhlichen, ritterlichen

Volke Elisabeths ein Volk von politischen, frommen, festen, klugen Geschäftsleuten zu machen. Ueberdies darf nicht übersehen werden, daß Shakespeare offenbar nicht zu jener Art von Künstlern gehört hat, welche durch die Excentricität ihres Lebens der Nüchternheit ihrer Werke nachzuhelfen bemüht ist. Sein Leben, auf dem Grunde eines durchaus gesunden, ächten germanischen Charakters consequent entwickelt, hat sicher den Freunden mehr Grund zur Freude, als der Menge zum Klatsch und zur Verwunderung gegeben. Wir finden sogar Spuren, welche mit Wahrscheinlichkeit darauf hinweisen, daß seine ländlichen Neigungen und seine wirthschaftlichen Talente bei gewissen „Genies" seiner Zeit Anstoß erregten. Und so ist denn seine Person wohl von vorn herein für das große Publikum bescheiden hinter seine Werke zurückgetreten, zugänglich nur für nähere Freunde, und einer behaglichen, unabhängigen Zurückgezogenheit vor den Aufregungen der großen Gesellschaft den Vorzug gebend; und seine Lebensgeschichte ist, trotz aller Anstrengungen, welche liebevollster Forschergeist ihr seit einem Jahrhundert zugewandt hat*), bis jetzt über die Bedeutung eines aus der bunten Zauberwelt seiner Dichtung hie und da auftauchenden Hintergrundes kaum hinausgekommen. Doch auch so besitzt sie eine Anziehungskraft, die mit der wachsenden Wirksamkeit der Shakespeare'schen Dichtung immer noch zunimmt.

William Shakespeare ist einem in der englischen Grafschaft Warwickshire, recht in der Mitte des Landes, seit dem vierzehnten Jahrhunderte nachweisbar angesessenen bürgerlichen Geschlechte entsprossen. Seine Vorfahren lagen

---

*) Cf. J. O. Halliwell, the life of W. Sh. 1848.
J. P. Collier, life of Sh. 1854.
A. Dyce, some account etc. 1864.

theils städtischen Gewerben ob, theils waren sie kleinere
Pächter und Grundbesitzer. Nach einer Ueberlieferung hatte
ein Vorfahr des Dichters im Jahre 1485 bei Bosworth
gegen Richard III. mitgefochten und war dafür von Heinrich VII.
mit einem Wappen bedacht worden, welches Shakespeare's,
des Dichters, Vater sich später erneuern ließ. Es steht damit keineswegs im Widerspruch, daß wir Shakespeare's Groß-
vater als Pächter in Snitterfield auf den Gütern des Sir
Robert Arden finden, denn schon im 14. und 15. Jahrhunderte
bildete die Yeomanry, der freie ländliche Mittelstand, die
eigentliche Kraft der englischen Heere. Des Dichters Vater,
John Shakespeare, ließ sich 1551 als Handschuhmacher zu
Stratford am Avon nieder. Er blieb aber dabei als Land-
wirth thätig und machte später aus diesem Betrieb sein
Hauptgeschäft, seitdem seine Verheirathung mit Mary Arden,
der jüngsten Tochter seines frühern Gutsherrn, ihm ein
Paar ländliche Grundstücke eingebracht hatte (1557). Mit
dieser seiner landwirthschaftlichen Thätigkeit hängt es denn
auch wohl zusammen, daß er gelegentlich als Wollhändler
und als Fleischer bezeichnet wird. In Stratford war er,
in seiner guten Zeit, ein hochansehnlicher Mann, den man,
obwohl ihm die Kenntniß der Schreibkunst fehlte, nach und
nach zum Geschworenen, Constabler, Stadtkämmerer, Ober-
amtmann und ersten Rathsherrn machte.

Ihm wurde, als ältester Sohn unter acht Kindern
(3 Mädchen und 5 Knaben), im April 1564 William Shakespeare geboren. Daß es gerade der 23. gewesen, ist eine
Hypothese, auf das Kirchenbuch gegründet, welches die Taufe
am 26. verzeichnet, und auf die zeitgenössische Sitte, welche
die Taufe am 3. Tage nach der Geburt vorschrieb, und
die beiläufig unzähligen Kindern das Leben gekostet hat.

William genoß den Unterricht der in Stratford für
Bürgersöhne bestehenden lateinischen Freischule, aber wohl
nur bis zu seinem 14. Jahre, da durch uns unbekannte
Umstände seines Vaters Vermögen und gesellschaftliche Stellung
seit 1578 stark erschüttert waren. Wir wissen von einer
in diesem Jahre vorgenommenen Landverpfändung, von einem
im nächsten Jahre nachgesuchten und bewilligten Armensteuer=
Erlaß, und 1587 soll es gar bis zur Schuldhaft gekommen
sein. Als im Jahre 1592 eine königliche Commission das
Land nach „Recusanten", heimlichen Widersachern der könig=
lichen, bischöflichen Kirche durchsuchte, mußte John Shake=
speare sich wegen gewohnheitsmäßigen Fortbleibens aus dem
öffentlichen Gottesdienste verantworten. Er entschuldigte sich
mit Furcht vor seinen Gläubigern, und es möchte dieser
Grund wohl besser mit der Wahrheit bestehen, als die neuer=
lich aufgetauchten französischen Phantasien*), die ihn wegen
dieser Kirchenschen zum heimlichen Katholiken machen wollen,
wie er für einen ebenso ungenießbaren als anmaßenden
deutschen Professor ein anticipirter, orthodoxer Alt=Hegelianer,
und für einen andern gar ein Glaubenszeuge des neu=pro=
testantischen Confessionalismus ist. Hat man doch auch
Goethe neuerdings, und zwar wegen — seines Faust, zum
Kirchenlichte gestempelt!

Mit jenen schlimmen Familienverhältnissen mögen denn
auch die bekannten Anekdoten zusammenhängen, die den jungen
William bald als Fleischerjungen, der „in a tragical manner"
Kälber schlachtete, bald zum Schulmeister oder Schreiber
machen. Er wird eben seinem Vater in der Wirthschaft, im
Hause, in Geschäften geholfen und dabei mit der eigen=

---

*) Shakespeare, von F. Rio. Aus dem Französischen von
Karl Zell.

thümlichen Schärfe und Lebendigkeit seiner unübertroffenen
Beobachtungsgabe sich die Formen verschiedenster Lebensverhältnisse und Hantierungen angeeignet haben, in die er
hineinpfuschte oder denen er sonst nahe trat. Die einzige
beglaubigte Thatsache aus dieser Zeit seines Lebens ist
leider von verhängnißvoller Bedeutung. Am 28. November 1582, also achtzehn Jahre sieben Monate alt, wurde er,
kraft bischöflicher Licenz nach nur einmaligem Aufgebot, mit
der 27jährigen Anna Hathaway, der Tochter eines Pächters
getraut, die ihm dann im Mai 1583 seine Lieblingstochter
Susanna gebar und ihn nachher noch, im Jahre 1585, mit
Zwillingen, Hamnet und Judith, beschenkte. Ob in diese
Zeit auch seine oft wiedererzählte Wilddieberei im Park des
Sir Thomas Lucy fällt, und sein nichts weniger als seines
Spottgedicht auf diesen Würdenträger, dessen Abbild oder
Karrikatur man in dem unglückseligen Friedensrichter Schaal
(in „Heinrich IV." und in den „lustigen Weibern") vermuthet?
Und ob Furcht vor der Rache des Beleidigten den jungen
Uebelthäter im Jahre 1586 aus der Heimath nach London
trieb? Wenn jenes Gedicht ächt ist, welches den Herrn
Friedensrichter als „lausige Vogelscheuche" tractirt, und ihn
wegen seines leichtsinnigen Trachtens nach „Hirschgeweihen
und Hörnern" verhöhnt, so mochte dem jungen Auter einige
Vorsicht immerhin räthlich scheinen. Auch läßt sich kaum
annehmen, daß die Geburt der Zwillinge ihm seine ohnehin
wohl wenig genußreiche Stellung in den ärmlichen Verhältnissen der Familie angenehmer machte. Sicher ist, daß sein
Titus Andronicus schon 1587 in London ein gekanntes und
gern gesehenes Stück war, und daß er also wohl spätestens
1586, vier Jahre nach seiner Verheirathung, im 23. Jahre
seines Alters sich in die Künstlerlaufbahn gewagt haben muß.
Unser Schiller zählte ebensoviel Jahre, als er, das Manuscript

des Fiesco, seines Andronicus in der Tasche, bei Nacht und
Nebel von Stuttgart nach Mannheim entfloh. Es scheint
aber, daß Shakespeare's Prüfungsjahre nicht so lange dauerten
als Schillers. Der englische Dramatiker, ein ächter Sohn
seines praktischen Volkes, hat offenbar nie zu der Secte der
Schiller'schen Poeten gehört, deren Auge „am Angesichte des
Zeus hängt" und „deren Ohr sich an den Melodien des
Himmels ergötzt", während hinter ihrem Rücken die Erde
getheilt wird. Die Natur hatte ihm, wie unserm Goethe,
neben der „Lust am Fabulieren" auch „das ernste Führen des
Lebens" gegeben, und der ernste Goethe'sche Satz, daß zu
der Kunst, wenn sie gedeihen soll, auch das Handwerk mit
dem goldenen Boden gehört, scheint ihm von vorne herein
nicht zweifelhaft gewesen zu sein. Wir sehen ihn in auffallend
kurzer Zeit in den neuen Verhältnissen die Stelle eines
ganzen, auch der äußeren Welt gewachsenen Mannes erobern*).

------

*) Für Masson, in seinem übrigens reizend geschriebenen Essay
„Shakespeare und Goethe" ist der Dichter Heinrichs IV., freilich auch
Hamlets, mehr ein „nachdenklicher, speculativer und in seinen einsamen
Stunden niedergeschlagener und melancholischer Mann" als „ein Mann
von thatkräftigen, festen, weltlichen Anlagen". Nicht nur Hamlet, sondern sogar der von Shakespeare so bitter und unbarmherzig verspottete
Jacques, in „Wie es Euch gefällt" wird dafür als Beweis angeführt.
Aber was wollen vereinzelte Anfälle, ja selbst Epochen der Schwermuth
und Verstimmung, die in Shakespeare's Dichtung ja unverkennbar
hervortreten, gegen ein klug, fest und glücklich geführtes Leben und
gegen die wunderbare, plastische Fülle und Farbenpracht beweisen, mit
der die ganze Breite des Lebens in Shakespeare's Dichtung sich ab-
bildet? Wer die Welt mit solchen Augen sah und so zu schildern
wußte, ('the greatest expresser that ever lived'), der mochte trübe
und nachdenkliche Stunden haben, aber war gewiß kein Träumer.
Sagt doch Masson selbst, in demselben Aufsatze und in wunderlichem
Gegensatz gegen seine ersten Ausführungen, sehr richtig und schön: „Er

Es war ein bedeutungsschwerer Moment, in dem Sha=
kespeare in die Fluth des Londoner Lebens tauchte. Die
Regierung Elisabeths näherte sich ihrer Krisis. Was seit
beinahe dreißig Jahren eben so ängstlich vermieden als sicher
vorausgesehen war, der offene Entscheidungskampf gegen
Rom und Spanien, das zog plötzlich an Englands Horizont
herauf wie ein heranstürmendes Unwetter. Schritt um Schritt
hatten sich seit Jahren die Gegensätze gespannt, die Gemüther
verbittert. Den Kerker, in welchem Maria Stuart die Stunde
der Freiheit und der Rache ersehnte, umschlichen, ungeschreckt
durch das Verderben ihrer Vorgänger, die abenteuernden
Parteigänger Roms. Zwei Jahre waren vergangen, seit zu
Delft die Kugel Gerards den großen Oranier meuchlerisch
traf, eines nur, seit Antwerpen, das große Bollwerk der
Protestanten in den südlichen Niederlanden, den Waffen
Alexanders von Parma erlag, nicht gerettet durch die von
Elisabeths Günstling Laicester zu spät herangeführte englische
Hülfe. Philipp holte zu dem lange vorbereiteten entscheiden=
den Schlage aus. Seine Häfen füllten sich mit den
Galionen der Armada, in den Niederlanden sammelte sich
die Blüthe des abenteuernden Kriegsvolks aus aller Herren
Länder unter seinen Fahnen. Ein Zittern ging durch die

_____

(Shakespeare) führte ein so volles und scharfes Leben und wurde durch
Natur, Gesellschaft und das Unsichtbare nach so vielen Seiten gezogen,
daß ihm die Literatur, abgesehen von den Augenblicken selbst, in denen
sie ihn beschäftigte, als eine bloße Bagatelle, als das phantastische Echo
von nicht einem Zehntel des Lebens erscheinen mußte. Kein Schau=
spiel schien ihm soviel werth, als ein einziger Blick auf die
Themse oder auf die im Walde weidenden Hirsche, kein
Sonnett der Thräne werth, der es die Unsterblichkeit sichern
sollte". — Wir kommen am Schlusse unserer Betrachtung übrigens noch
auf diese Dinge zurück.

4

protestantische Welt. Aber in England war es ein Zittern des Zorns, nicht der Furcht. Hoch auf bäumte sich das Selbstgefühl des erstarkenden Volkes. Die Besten aller Parteien, selbst viele hochangesehene Katholiken, ergriffen für die Königinn die Waffen, seit ihre Sache augenscheinlich die Sache Englands war. Es erhob sich eine stolze Hochfluth des Patriotismus, wild und gewaltsam, aber majestätisch, wie sie in den historischen Dramen jener Jahre ihre Wellen schlägt. Die Kunst spiegelte das Leben wieder, ein reiches, gewaltiges, wenn auch oft genug trübes und stürmisches Leben. Schon hatte ein Stand darstellender Künstler sich heraus- gebildet und den früher die Bühne beherrschenden Dilettan- ten der Zünfte und der juristischen Corporationen den Rang abgelaufen, wenn auch nicht ohne heftiges Widerstreben des solideren Bürgerstandes. Man kennt jene viel angeführten Verordnungen der Gemeindebehörden, welche, von der Geistlich- keit angestiftet, „wandernden Schurken", das Handwerk zu legen suchten (1572, 1575), sie den Bärenführern, ja den Vaga- bunden gleichstellten. Es war die beginnende Opposition des puritanischen Gedankens (die puritanische Secte erhob sich erst später) gegen die überschäumende Lebenslust des Jahr- hunderts, und auf feinere Naturen, wie Shakespeare's, mochte sie zu Zeiten verstimmend genug wirken: hat sie doch in seine Sonnette die bekannten düstern Schatten geworfen. Aber wann haben denn kirchliche und polizeiliche Verordnungen, und wenn immerhin von einer Partei getragen, gegen eine wirklich starke und lebendige Neigung der Zeit jemals aufkommen können? Mochte man die strolling players immerhin mit den Strafen des Vagabundirens bedrohen. Dafür rechnete der hohe Abel, rechnete die Königin selbst es sich zur Ehre, Künstlertruppen in ihren Diensten zu haben, sie mit ihren Namen zu decken, ihren Kunstbetrieb in und außerhalb Londons gegen Belästi=

gung sicher zu stellen. Schon 1574 verschaffte Graf Leicester
den Künstlern, die seinen Namen führten, ein königliches
Patent für das ganze Reich, mit Ausnahme der City von
London. Zwischen den Jahren 1599 und 1611 bildeten sich
dreizehn Schauspielertruppen unter adeligem Schutz. Elisabeth
besoldete deren vier, die „Knaben von St. Paul", die von
Westminster, die „der Kapelle" und die „von Windsor".
Die tüchtigsten Künstler, 12 an der Zahl, erhielten unter
dem Namen the Queens players verhältnißmäßig hohen Ge-
halt. Auch die Abneigung der Commune, des Bürgerstandes
war keineswegs so allgemein, wie das Beispiel der Londoner
City vermuthen lassen könnte. In dem kleinen Straford spielten
zwischen 1569 und 1587 24 Gesellschaften, meist mit Unter-
stützung und immer mit ausdrücklicher Erlaubniß der Gemeinde-
behörde; von Borough, Oxford, York, Coventry, Chester,
Covenham und anderen Orten liegen ähnliche zuverläßige
Nachrichten über Duldung, resp. Begünstigung der scenischen
Kunst vor,*) und, was bei dem Allen die Hauptsache war,
die Künstler fanden überall den festen, goldenen Boden ihrer
Thätigkeit und Lebensstellung in einer lebendigen, oft geradezu
leidenschaftlichen Theilnahme des Volks. Auch diesen, für
Shakespeare's Wirken so entscheidenden Punkt hat die neuere
Kritik verdächtigen und anzweifeln wollen. · Shakespeare ein
Nationaldichter? hat man uns zugerufen. Aber für wen
schrieb er denn? Wer ging in sein Theater? „Im Parterre
drängten sich Inhaber von Freibillets, Claqueurs, außerdem
rohes, niederes Volk, Bediente, Handwerksburschen 2c. Die
erste Gallerie gehörte den (maskirten) Anstandspersonen, der

---

* Cf. W. Kelly, Notices illustrative of the drama and other
popular amusements, chiefly in the 16th. and 17th. Century.
London 1865.

neugierigen Minderheit des guten Bürger= und Beamten=
standes, auch wohl leichtfertigen Damen; Soldaten, Matrosen,
Dirnen füllten die zweite Gallerie, und auf der Bühne selbst,
längs der Coulissen saßen die Hauptpersonen, für die man
eigentlich spielte, die geistreiche, lustige, lüderliche, hochadelige
Jugend, die Cavaliere vom Hofe. Der Jurist aber, der
solide Geschäftsmann, der Gelehrte (um von dem Geistlichen
nicht erst zu reden), kurz, der Kern des Mittelstandes und
des Volks hielt sich fern von diesen Lustbarkeiten, welche die
Bessern schon damals für sündhaft zu halten begannen. Das
sei denn das Publicum jener bewunderten Stücke gewesen, und
ihm hätten sie auch gefallen können, mit ihrer überkräftigen
Handlung, ihrem hochfahrenden Pathos, ihren gesuchten Wort=
witzen, ihren überderben Possen und Zoten." Solchen Bedenken
gegenüber wird es einer besonnenen Betrachtung und Kennt=
niß Shakespeare's nun gewiß nicht einfallen dürfen, auf die
romantischen Ueberschwänglichkeiten zurückzukommen, welche
Shakespeare's Bühne äußerlich und innerlich unserer zeit=
genössischen Kunst als Muster hinstellen möchten. Wie genug=
sam bekannt, trug sie noch deutlich manche Züge ihrer rohen
Vorbilder, jener von Gallerien umgebenen Höfe der großen
Gasthäuser, in welchen man zu Heinrich VIII. Zeit zu spielen
gewohnt war. Nur im Winter benutzte man ganz bedeckte,
künstlich erleuchtete Räume, wie das Black=Friars=Theater der
Shakespeare'schen Gesellschaft. Im Sommer mußte sich das
Parterrepublicum selbst in dem von Shakespeare und Bur=
badge 1595 eröffneten berühmten Globe=Theater noch unter
freiem Himmel einrichten. Nur die Logen und die Bühne
mit ihren Nebenräumen waren bedeckt. Der Vorhang ging
nicht in die Höhe, wie bei uns, auch nicht hinab, wie bei den Alten,
sondern er theilte sich in der Mitte. Den ganzen Zauber
der Scenerie, gemalte Coulissen, Verwandlungen kannte man

sehr gut, aber man bediente sich seiner in den öffentlichen
Theatern nicht, sondern überließ ihn den „Zwischenspielen"
und „Masken" der Hoffeste, die in dieser Beziehung schon
in den ersten Jahrzehnten Elisabeths mit unsern Bühnen
wetteiferten. Meistens zeigte einfach eine Inschrift auf
schwarzem Brette den Ort an, welchen sich die Zuschauer zu
denken hatten. Bei Trauerspielen deuteten schwarze Teppiche
auf den Ernst der Handlung; sonst schmückten rothe oder
bunte Draperien die Bühne, bei Festvorstellungen auch wohl
Fußteppiche statt der sonst gestreuten Binsen. Die vielerwähnte
altanartige Verrichtung, in der Mitte der Hinterwand, zu
beiden Seiten durch Treppen mit der Bühne verbunden,
leistete die mannigfaltigsten Dienste als Haus, Balcon,
Mauer, Thurm, Berg, Schiff, je nach Bedürfniß, so wie ihr
innerer Raum, unter Umständen durch Vorhänge verdeckt,
als Zimmer, Alkoven, Höhle, Gefängniß zu dienen hatte,
oder auch als Schaubühne, wenn, wie mehrfach bei Shakespeare, ein Stück im Stücke zu spielen war. Da unten
stellte Hamlet „seine Mausefalle" auf, da verherrlichten die
athenischen Handwerksleute die Hochzeit des Theseus durch
ihre tragische Kunst, da wurde Desdemona erwürgt, wurde
Imogen von Arviragus und Bellarius zu Grabe getragen,
tödtete sich Romeo an Julia's Sarge. Von oben herab aber
hielt Julia ihre berühmte Zwiesprache mit dem Geliebten,
von eben da trotzten die Bürger von Angers den Königen
von England und Frankreich, zeigte sich Richard Glocester
zwischen zwei Bischöfen, „den Tugendpfeilern für sein christlich
Haupt", dem Londoner Volke, stürzte sich Prinz Arthur hinab,
um, die Freiheit suchend, den Tod zu finden. Wenn es bekanntlich schon damals nicht an feingebildeten Kennern fehlte,
die diese scenischen Freiheiten störend und lächerlich fanden
(wie der classische Sidney, in der oft citirten Stelle seiner

„Apologie der Dichtung"*), so hieße es heute gewiß dem Shake-
speare-Cultus zu weit treiben, wollte man diese Einfachheit
als das Ideal scenischer Anordnung preisen (wie es denn in
der Hitze des Gefechts wohl geschehen ist), und ihre Wieder-
herstellung als Radicalmittel für unsere unter Flitter und
Augenverblendniß vereitelnde Schauspielkunst empfehlen. Eben-
sogut könnte man uns aus den glänzenden Sälen unserer
Casinos und Kaffeehäuser in die dunkeln, engen Trinkstübchen
unserer Großväter, oder aus den Salons unserer Dampfer
in die Schiffshütte der alten Marktschiffe verweisen. Wir
haben einmal vom Baum der Erkenntniß gekostet und das
läßt sich nicht rückgängig machen. Aber damit fallen die
Uebelstände nicht fort, gegen die, unserm an blendende Augen-
weide gewöhnten Publicum gegenüber, Kunst und Künstler
nur zu oft zu kämpfen haben. Wenn Shakespeare seinen
Zuschauern keine Sonnenaufgänge, Seestürme, Schlittschuh-
bahnen, keine Mondscheinlandschaften, keine baumumschatteten
Waldseen, keinen Wolfsschluchtspectakel auf der Bühne zeigen
konnte, so verdarb ihm auch kein versagendes Gewehr, kein
zu spät fallender Adler, keine wackelnde Felswand, keine ver-
schobene Decoration die poetische Wirkung irgend einer Scene.

---

* „In den meisten Stücken hat man Asien auf einer und Afrika
auf der andern Seite, und dazu so viele Nebenreiche, daß der Spieler
immer erst sagen muß, wo er sich befindet. Es kommen drei Frauen
und sammeln Blumen — dann müssen wir die Bühne für einen Garten
halten. Sogleich hören wir von einem Schiffbruch auf demselben Platze:
wir sind also zu tadeln, wenn wir ihn nicht für einen Felsen im Meere
nehmen. Es erscheint auf ihm ein furchtbares Ungeheuer mit Dampf
und Flammen — dann sind die Zuschauer genöthigt, ihn für eine
Höhle zu halten. Inzwischen stürzen zwei Armeen herein, dargestellt
durch vier Männer mit Schwert und Schild: und wer wäre dann so
ungebildet, in diesem Platze nicht ein Schlachtfeld zu sehen?"

Wohl mußte er seine Zuschauer ermahnen, „mit den Gedanken, die Mängel der Bühne zu ergänzen, einen Mann in zehntausend Theile zu zerlegen, eingebildete Heereskraft zu schaffen, mit ihrem Sinne die Könige der Bühne zu schmücken". Stattlich, zum Theil wirklich luxuriös, ging es auf seiner Bühne nur in Ansehung der Costüme her, in die man bedeutende Summen steckte. Aber es läßt sich, ohne in schönfärberische Ueberschwänglichkeit zu verfallen, mit höchster Wahrscheinlichkeit vermuthen, daß die englische Bühne während seiner Blüthezeit für jene äußeren Mängel durch die beiden Haupterfordernisse tüchtiger dramatischer Leistungen entschädigt wurde: durch geschickte, gründlich durchgebildete Spieler und durch eine frische Empfänglichkeit der noch nicht in dem Grade wie heute zerstreuten und blasirten Zuschauer. Immerhin mochten die furchtbaren Gewalthandlungen, der überpathetische Schwung und Schwulst der Sprache, von dem ja selbst Shakespeare's Jugendwerke noch nicht frei sind, mittelmäßige Talente zum „Coulissenreißer" verführen, wohl mochte Mancher, um „den Gründlingen des Parterre" zu gefallen, „den Tyrannen übertyrannen", wohl hielten sich die Hanswurstspäße der Clowns keineswegs immer innerhalb der Grenzen des Aesthetischen und Sinnigen, auch bei Shakespeare nicht, wohl merkt man an den viel gerügten zotigen Witzen selbst mancher Shakespeare'schen Stücke, daß Knaben und Jünglinge die Damenrollen spielten (heute haben wir die entgegengesetzte Verkehrung der Geschlechter zu beklagen), und daß die ehrbaren Damen das Theater nur in Masken besuchten. (Jetzt hören sie dafür in Balltoilette Offenbach'sche Operetten an. Das ist der Fortschritt). Aber bei alledem sind Shakespeare's, der doch ein praktischer Bühnenkenner und selbst Schauspieler war, sämmtliche Stücke ganz offenbar nicht für Coulissenreißer geschrieben, sondern durchaus, bis in die

Nebenrollen hinein, für denkende und zwar sehr gründlich
denkende Künstler. Man gehe doch hin und sehe, was aus
unsern Bühnen-Virtuosen, unsern großen „Machern" zu werden
pflegt, wenn ihr Vorwitz sich an Shakespeare'sche Rollen wagt.
Man erinnere sich (und das wird ja keinem heutigen Theater=
besucher schwer werden), man erinnere sich, welche Wirkung die
stereotypen Bewegungen, die gezierte Declamation, das schluchzende
Pathos einer heute sehr verbreiteten Bühnenpraxis hervorbringen,
sobald das reiche, scharf bestimmte Einzelleben Shakespeare'scher
Charaktere in diese Streckbetten und unter diese uniformen
Masken gezwängt wird: und man wird sich der Vermuthung
nicht entziehen können, daß die berühmte Schauspielerpredigt
Hamlets doch wohl schwerlich ganz und gar eine Predigt in
der Wüste sein mochte, namentlich jene Ermahnung, „die
Geberde dem Wort und das Wort der Geberde anzupassen,
und nie die Bescheidenheit der Natur zu überschreiten", so
wie die Erinnerung, „nicht durch Einschiebsel und Virtuosen=
stückchen alberne Zuschauer zum Lachen zu bringen, wenn
irgend ein nothwendiger Punkt des Stückes zu erwägen ist".
Nützlich erwies sich auch gewiß, wie mehrfach mit Recht
hervorgehoben ist, die durch Elisabeth eingeführte und von
Jacob fortgesetzte Gewohnheit, schon begabte Knaben nicht
nur zu Musik und Gesang, sondern auch zur darstellenden
Kunst ausdrücklich und sorgfältig zu erziehen. Und wenn
die jungen Leute in Frauenkleidern zu Anbringung manches
derben Spaßes Anlaß geben mochten, so entfernten sie dafür
von Shakespeare's Bühne eine weit schlimmere Gefahr und
Störung: die Speculation auf den rein sinnlichen, körperlichen
Reiz der Schauspielerinnen. Es sind uns bei manchen be=
rufenen Obscönitäten Shakespeare's die dramatischen Scherze
eingefallen, an denen sich heute wohl Studenten, Turner,
Liedertafeln gelegentlich zu erlustigen pflegen. Es geht dabei

auch nicht immer ästhetisch, aber in Deutschland, so weit unsere
Erfahrung reicht, Gott sei Dank, so leicht nicht unsittlich zu,
und es wäre gut, wenn von manchen hochfeinen Unterhal=
tungen der „allerbesten Gesellschaft" sich immer dasselbe sagen
ließe. Damit soll nun natürlich nicht etwa die Zote ver=
theidigt werden, weil sie hie und da bei Shakespeare vor=
kommt; es soll auch nicht Heinrich IV., Viel Lärmen um Nichts,
Maß für Maß ꝛc. als Lectüre für höhere Töchterclassen
empfohlen werden. Aber der (hier nur beiläufig zu erwähnende)
Umstand, daß im ganzen Shakespiere, vielleicht eine Stelle
von Troilus und Cressida ausgenommen, keine einzige lüsterne
und verführerische Scene vorkommt, wirft doch auch auf die
Bühnenzustände jener Blüthezeit ein Licht, das freilich schon
gegen das Ende von Shakespeare's Laufbahn und bald nach
seinem Tode durch arge Schatten verdunkelt wurde. Und
was endlich das von Rümelin und Andern so sehr verachtete
Publicum des Shakespeare'schen Theaters angeht, so spricht
der Umstand, daß das höhere bürgerliche Philisterium aus
Furcht vor pietistischem Klatsch nur in Masken zu erscheinen
pflegte, lange nicht so sehr gegen die Volksthümlichkeit der
Bühne, als die große, sich schnell mehrende Zahl der Theater
und vor Allem ihre sehr guten Geschäftserfolge für dieselbe
Zeugniß ablegen. Wohl ging es, zumal in den Sommer=
theatern, bisweilen bunt genug her. Das offene Parterre
war sicherlich keine Schule feinen Anstandes. Da wurden
Häringe, Käse, Bier herumgereicht, da warf man sich mit
Aepfeln und Orangen; selbst von einem gewissen, nicht eben
nach Rosenöl duftenden Bottich sprechen die Zeitgenossen
gelegentlich, wenn auch mit ernstem Tadel. Auch die jungen
Cavaliere auf der Bühne nahmen sich manche, bei uns nicht
mehr geduldete Freiheit heraus, machten gelegentlich ihre
übermüthigen Witze über Spieler und Publicum, (man ver=

gleiche das Betragen der Hofleute bei den Rüpelaufführungen
im Sommernachtstraum und in Liebes Leid und Lust), und
machten sich wohl einmal auch nicht viel aus einem lustigen
Orangen = Bombardement gegen die Lehrjungen, Lakaien,
Arbeiter im Parterre. Aber was dies bunte, mitunter ungeberdige Publicum dem Dichter dennoch entgegenbrachte,
ist durch seine Sitten und ruhiges Stillsitzen nicht zu
ersetzen: wir meinen frische, jugendliche Empfänglichkeit und
ein alle Stände umfassendes, im geeigneten Augenblick zur
Flamme der Begeisterung aufschlagendes Nationalgefühl (wie
pulsirt das in Shakespeare's Historien!): und daß es auch an
Zuschauern nicht fehlen konnte, welche dem Dichter in das
Labyrinth seiner tiefsten Gedankenwelt folgten, für welche
sittliche und geistige Fragen höchster Tragweite keineswegs
langweilig waren und welche es nicht zu mühsam fanden,
einer fein verschlungenen Charakteristik zu folgen, daran sollten
doch Stücke wie Hamlet, Maß für Maß und ähnliche jeden
Zweifel benehmen.

In diesem bunten, brausenden Treiben suchte also der
jugendliche Dichter, der zweiundzwanzigjährige Gemahl einer
dreißigjährigen Frau und Vater dreier Kinder, eine Laufbahn
für seine Kraft und vielleicht Vergessen mancher nüchternen
Sorge, die ihn daheim bedrückte. Welche Schule hatte er
durchzumachen? Welcher Art sind seine Erfolge gewesen?

Ueber die spät aufgetauchten und schlecht verbürgten
Anekdoten, die ihn zum Pferdehalter vor den Thüren des
Schauspielhauses, oder zum Ruferjungen an der Bühne
machen, sind heute nicht mehr viel Worte zu verlieren. Es
stehen ihnen die Thatsachen gegenüber, daß das Trauerspiel
Titus Andronicus, wie oben bemerkt, schon 1587 bekannt und
beliebt war, daß Greene 1592 in seinem berufenen Sünden-
bekenntnisse (a groatworth of wit etc.) Shakespeare schon

den Hans-Factotum der Bühne, den glücklichen und übermüthigen Nebenbuhler aller älteren Meister nennt, und daß
der hocharistokratische Spenser ihn 1594 unter Englands ersten
Dichtern anführt, während die Widmungen von Venus und Adonis und von Tarquin und Lucrecia aus den Jahren 1593 und
1594 ihn erst als Schützling, dann als dankbaren Freund
des hochgestellten Lord Southampton bezeichnen. Auch die
Landsmannschaft und Freundschaft mit dem berühmten Bur-
badge, dem ersten Spieler von Leicesters Truppe, fällt für
Shakespeare's Erfolge ins Gewicht, so wie das actenmäßig
bezeugte schnelle Anwachsen seines Wohlstandes. Im Jahre
1597 kaufte er für 60 Pfund eines der schönsten Häuser in
Stratford. Sein Vater, der noch 1592 sein Ausbleiben aus
der Kirche aus Furcht vor Gläubigern entschuldigt hatte
kam 1596 um Herstellung seines adeligen Wappens ein und
führte 1597 einen Proceß um Herausgabe eines früher ver-
pfändeten Grundstücks, war also, höchst wahrscheinlich durch
Beihülfe seines ebenso rechtschaffenen als glücklichen Sohnes,
wieder ein wohlhabender Mann. Dann wissen wir actenmäßig,
daß William Shakespeare in den Jahren 1602 und 1603 ver-
schiedene Grundstücke kaufte, 1605 einen Zehnten, 1613 ein
Haus in der Nähe von Blackfriars in London, daß man ihn
vielfach um Darlehen anging, daß er 1609 in Southwark
die höchste Armensteuer zahlte. Und eben so wenig wie das
Geld, hat ihm Ehre und Ansehen unter den Zeitgenossen
gefehlt. Immerhin mag die realistische Kritik daran erinnern,
daß der gelehrteste Engländer seiner Epoche, Francis Bacon,
seinen Namen nicht zu kennen scheint, (die phantastische Kritik
hat daraus den Schluß gezogen, daß Shakespeare nur ein
Pseudonym für Bacon ist) und daß man um seinen Tod nicht
gerade viel Aufhebens gemacht hat. Sie hat insoweit Recht,
als an eine Berühmtheit, wie die unseres Goethe, oder auch

nur Schillers und Klopstocks, an eine Stellung im Mittelpunkte der zeitgenössischen Gedankenarbeit hier offenbar nicht
zu denken ist. Die Dichtkunst nahm in den vielbewegten
Jahrzehnten der Regierung Elisabeths überhaupt nicht einen
so hervorragenden Platz ein wie bei uns in dem friedlichen
Vierteljahrhundert nach dem siebenjährigen Kriege, und selbst
innerhalb ihres eigenen Gebietes gaben die literarischen Wortführer und die ihnen folgende feinere Gesellschaft der ge-
künstelten, italianisirenden Lyrik und Epik den Vorzug, während
die Theilnahme der Massen allerdings dem Drama gehörte.
Dennoch fehlt es nicht an vollwichtigen Zeugnissen Mit-
lebender für die Anerkennung, ja Bewunderung, welche Shakespeare, vor seinen meisten Kunstgenossen darin bevorzugt,
selbst in jenen ausschließlichen Kreisen genoß. Neben Southampton begünstigten ihn Lord Pembroke (William Herbert)
und dessen Bruder Montgomery; im Jahre 1598 wird er
in der berühmten Stelle von Mere's „Palladis Tamia" als
Lyriker und Dramatiker gefeiert; das Privilegium, welches
Jacob im Jahre 1603 seiner Truppe in ehrenvollster Weise
ertheilte, nennt Shakespeare an zweiter Stelle; die Ueberlieferungen von Gunstbezeigungen Elisabeths, von einem
königlichen Dankschreiben Jakobs I., auf Veranlassung des Macbeth, von Shakespeare's vertrautem Umgange mit Londons
bester Gesellschaft im Mermaid-Club enthalten sicherlich,
wenn auch im Einzelnen ausgeschmückt, einen Kern von Wahrheit; und bekannt ist der Ton wahrer Ueberzeugung, in welchem
der gelehrte Ben Jonson, obwohl einer ganz entgegengesetzten
Richtung angehörend, sieben Jahre nach Shakespeare's Tode,
dessen Ruhm verkündete. So haben wir denn vollgegründete
Ursache, uns Shakespeare's Laufbahn als eine auch äußerlich
vom Schicksal begünstigte, wenn auch nicht gerade privilegirte
und von Schmerzen und Enttäuschungen befreite zu denken.

Daß es bei dieser mächtigen Natur, bei dieser Fülle des
sinnlichen Schauens und Gestaltens, also auch Empfindens,
ohne Kämpfe und Rückschläge nicht abgehen konnte, würde
selbstverständlich sein, auch wenn die bekannten Gefühlsaus-
brüche in den Sonnetten, die tief schwermüthige und bis zur
Bitterkeit kritische Lebensauffassung eines Theils der Dramen,
nicht dafür Zeugniß ablegten. Mag eine wohlwollende und
nur das actenmäßig Verbürgte anerkennende Kritik die Läster-
Chronik der biographischen Shakespeare-Ueberlieferung in die
Rumpelkammer werfen, z. B. die Anekdote von der hübschen
Frau, die er seinem Genossen Burbage wegfing, oder die
von dem Schauspieler Davenant später selbstgefällig umher
getragenen Anspielungen auf Shakespeare's Besuche beim
Ochsenwirth Davenant in Oxford und bei dessen liebenswürdiger Gattinn. Mag mit Recht hervorgehoben werden,
daß Shakespeare auch in der Sonnenhöhe seiner Künstlerlaufbahn sein stilles Heimathsstädtchen, seine Familie und Jugend-
freunde niemals vernachlässigte, daß er alljährlich Stratford
besuchte, sein Vermögen dort anlegte, sich vielleicht schon um
1604 ganz dorthin zurückzog, um, dem Schauspielerberuf ent-
sagend, nur noch als Dichter und Theaterunternehmer zu
leben. Mag man die wunderliche Bestimmung seines Testaments (das Vermögen für Tochter und Schwiegersohn, das
zweitbeste Bett für seine Wittwe) damit erklären, daß die
lebenslängliche Nutznießung des Lehngutes sich nach englischem
Rechte für die letztere von selbst verstand. Mag man, und
dies gewiß mit dem allergrößten Rechte, auf die milde, klare,
objective Auffassung menschlicher Dinge hinweisen, die aus
so vielen Shakespeare'schen Dichtungen (wenn auch nicht aus
allen) uns anweht, und auf die zweifellose, tiefe Sittlichkeit
seiner im Gewissen wurzelnden Weltanschauung: ein leiden-
schaftsloses, philiströses Tugendmuster, etwa im Sinne der

neudeutschen und englischen Frauenromane, wird Shakespeare
darum doch nicht. Es ist ein wunderliches Schauspiel, wie
unter dem Drucke unserer kalt=realistischen, nüchternen Zeitatmo=
sphäre selbst liebevolle und verständige Beurtheiler sich abmühen,
nach dieser Richtung hin ein Unmögliches und sehr Ueber=
flüssiges zu leisten: als ob es möglich wäre, Romeo und Julia
zu schreiben und die große Passion nur aus einer kleinstädtisch=
ehrbaren Ehe mit einer acht Jahre älteren Frau zu kennen,
und als ob der Gluthstrom, der durch Venus und Adonis
und durch viele der Sonnette sich ergießt, seinen Ursprung
in dem klügelnden Witz und in der künstlich und willkürlich
erregten Phantasie eines nur zum Zeitvertreib spielenden
oder gar auf fremdes Commando arbeitenden Verskünstlers
gehabt haben könnte.

Wir stehen hier vor dem dunkelsten und vielbestrittensten
Problem der Shakespeareliteratur, vor der Erklärung der
Sonnette. Bekanntlich werden diese seltsamen Gedichte, als
„Shakespeare's Zuckersonnette unter seinen Freunden" schon
1598 bei Aufzählung der Shakespeare'schen Werke von Meres
erwähnt. Einige derselben, mit andern Gedichten vermischt,
brachte ein Jahr später der Nachdrucker Jaggard freibeute=
rischer Weise auf den Büchermarkt. Die ganze uns vor=
liegende Sammlung aber gab der Buchdrucker Thomas Torpe
im Jahre 1609 heraus (gleichfalls ohne Zuthun des Dichters),
mit einer wunderlich verschränkten Widmung an einen Mr.
W. H. the only begetter, den einzigen „Erzeuger" oder
auch „Herbeischaffer" dieser Gedichte. Wer ist dieser „Begetter"
nur gewesen? Die Frage ist von entscheidender Wichtigkeit
für die ganze Shakespeare=Gemeinde. Denn die Gedichte
sind zu großem Theil an einen Freund, einen vornehmen,
schönen, jungen Freund gerichtet. Sie feiern ihn in allen
Tönen (unter welchen für unser Gefühl auch gar seltsame

vorkommen), sie erheben die Stimme als schmeichelnde Tadler
seiner Gleichgültigkeit gegen Frauenliebe, dann als Beschützer
und Ermunterer seiner endlich erwachten Neigung; sie legen
ihm das Herz des Dichters zu Füßen in wunderlichen, oft
für unsere Art zu empfinden, kaum begreiflichen Ausdrücken,
bis zur Preisgebung dessen, was unser Gefühl für einen
Kernpunkt männlicher Ehre zu halten gewohnt ist (es wird
dem Freunde verziehen, daß er die Geliebte des Dichters
verführte); sie schildern eine Reihe von mannigfachen Wand-
lungen im Verlauf dieser Freundschaft, von kleinen Eifer-
süchteleien bis zu völliger Erkaltung, auf welche dann wieder
jubelnde Versöhnung folgt. Die Stimmungen des Dichters
wechseln zwischen Demuth und Selbstgefühl, Schwermuth
und Entzücken; dazwischen treten die ernstesten, tiefsinnigsten
Betrachtungen über den Verlauf und Zusammenhang menschlicher Dinge auf: und das Alles ist in eine Sprache gekleidet,
die, so fremdartig sie hie und da uns anmuthet, durch
Ueberfülle der Bilder und gesucht scharfsinnige Pointen, dennoch im Ganzen an Feuer, Wohllaut, sinnlicher Kraft eben
nur mit dem Allerbesten verglichen werden darf, was wir
sonst von Shakespeare selbst besitzen. Wer nun den Glücklichen herausbringen könnte, an den diese Ergüsse gerichtet
wurden? Wer dann Kunde gewänne von seinem Charakter,
seinen Beziehungen zu Shakespeare? Ihm würden sich die
Sonnette sofort in ein unschätzbares Tagebuch Shakespeare's
verwandeln, in einen zuverlässigen Schlüssel zu dem Herzen
und Geist des Dichters, nahezu jenen Briefwechseln vergleichbar, die uns in die innersten Vorgänge unserer classischen
Dichterwelt sichere Blicke thun lassen. Solcher Kunde hat
denn die von Jahr zu Jahr wachsende Gemeinde der Shake-
speare-Gelehrten, Erklärer, Liebhaber, Enthusiasten auf jede
Weise, mit möglichen und unmöglichen Mitteln, ausdauernd

nachgetrachtet. Den erſten großen Schlag führte Armitage
Brown, indem er 1837, die Sonnette als autobiographical
poems bezeichnend, das W. H. der Widmung auf William
Herbert, Graf Pembroke deutete, den in der Folioausgabe
der Werke genannten Gönner des Dichters. Dieſe Deutung
tonnte nicht durchdringen, denn, wenn man ſelbſt zugeben
wollte, daß ein Lord von ſeinem Schützling geringen Standes
aus Discretion mit dem einfachen Mr. W. H. bezeichnet ſein
tönnte, ſo war Pembroke doch erſt 1580 geboren, alſo 16 Jahre
jünger als Shakeſpeare, und im Jahre 1598, in welchem
Meres der Sonnette, als allgemein betannter und berühmter
Dichtungen, ſchon gedenkt, erſt 18 Jahr alt; und es ſcheint
geradezu undenkbar, daß Shakeſpeare Verhältniſſe, wie die
in den Sonnetten erwähnten, mit einem Knaben verhandelt
hätte, und wäre derſelbe immerhin ein angehender Lord geweſen. Alſo eine andere Deutung. Aus dem W. H. mußte
ein H. W. werden, das will ſagen: Henry Wriothefely, Graf
Southampton, der Gönner des Dichters, an welchen die
enthuſiaſtiſchen Widmungen von Venus und Adonis und von
Tarquin und Lucrecia ſich wenden. Das läßt ſich ſchon eher
hören. Southampton, 1573 geboren, war hur 9 Jahre
jünger als Shakeſpeare. Er kam um 1590 von der Uni-
verſität Oxford nach London, wird von den Zeitgenoſſen als
leidenſchaftlicher Theaterfreund mehrfach erwähnt, ſoll dem
Dichter einmal 1000 Pfund zu einem Hauskauf geſchenkt
haben, war in den Jahren, als Shakeſpeare ihm näher getreten
war (nämlich 1593—94), über zwanzig Jahre alt, mithin,
bei frühzeitig genoſſener Bildung und bedeutenden Anlagen,
ſeinen Verſtändniſſes und leidenſchaftlichen Gefühls ſehr wohl
fähig, und nach Allem, was über ſein Leben zuverläſſig berichtet wird, von feurigem Temperment, hochſinnig, tühn
bis zu tollkühner Unbeſonnenheit, von glänzendſter Bildung,

der richtige Mäcen für die jungen, aufstrebenden Dichter der Zeit, und von diesen, wie außer Shakespeare auch z. B. von Marlowe und von Florio eifrig umworben und gefeiert. Seine Liebes- und Heirathsgeschichte gehört zu den romantischen Episoden, an denen die Zeit der „jungfräulichen Königinn" so reich ist, und es fehlte wenig, so hätte sie einen ebenso tragischen Ausgang genommen, wie viele andere. Man weiß, daß Elisabeth die Huldigungen ihres Adels wie eine Art Hoheitsrecht in Anspruch nahm, und deshalb ihre Hofdamen mit eifersüchtigem Argwohn bewachte. Southampton, im Vollgefühl der Jugend und Kraft um die Ungnade der alternden Monarchinn wenig bekümmert, glaubte sich über diese königliche Laune wegsetzen zu können und machte des Lord Essex schöner Base, Elisabeth Vernon, unter den Augen der Königinn den Hof. Es traf ihn dafür zunächst eine Art ehrenvoller Verweisung, während welcher er durch verwegene Kriegsthaten zur See sich statt des Dankes seiner Herrinn nur Tadel für seine unbesonnene Hitze zuzog. An den Hof zurückgekehrt compromittirte er sich durch jähzornige Händel (schlug u. a. den dienstthuenden Officier Willoughby, der ihn bedeutete, sein Spiel mit Raleigh zu beenden) und ging dann, am 8. Februar 1598, mit dem englischen Gesandten Cecil nach Paris. Schon im November desselben Jahres (also zur Zeit, als Meres die Sonnette erwähnte) ist er wieder in London, verbindet sich mit seiner Geliebten durch heimliche Ehe, die ihm ein Paar Monate Gefängniß einträgt, geht dann mit Essex nach Irland und wird endlich, 1601 als Theilnehmer an dessen Aufstande, zu ewigem Gefängniß verurtheilt. Damit scheinen seine Sturm- und Drangjahre ihren Abschluß gefunden zu haben. Er stieg unter Jakob seit 1603 von Stufe zu Stufe, (wurde Commandeur der Insel Wight, Jagdmeister, Lordlieutenant von Hampshire,

Forstmeister von New-Forest, endlich 1619 Geheimrath im
Kabinet), ohne sich durch des Königs Gunst zur Billigung
einer verfassungswidrigen Politik hinreißen zu lassen, und
fand im Jahre 1624 als Führer eines englischen, zur Unter-
stützung der Protestanten nach Holland geschickten Regiments,
51 Jahre alt, ein rühmliches Ende. An ihn haben sich dann
die Combinationen der Sonnett-Erklärer bis jetzt mit Vorliebe gehalten, da sie bei ihrer Hypothese wenigstens nicht
auf Unmöglichkeiten stießen, es sei denn, daß sie in ihrer
Deutungswuth die Unmöglichkeiten bei den Haaren herbei-
zogen und hinein interpretirten, wie der vor fünf Jahren
aufgetretene, von Gelbcke, in der Einleitung zur Uebersetzung
der Sonnette, als Eröffner des Buches mit sieben Siegeln
enthusiastisch gepriesene Gerald .Massey.*) Dieser merkwürdige Literatur- und Menschenkenner hat nämlich herausgebracht, daß Southampton seinem Dichter den Auftrag gab,
sein, des gnädigen Herrn Liebesverhältniß zu Elisabeth Vernon
in einer fortlaufenden Reihe von Sonnetten zu feiern, daß
er Shakespeare deshalb zum Vertrauten aller intimen Wechselfälle dieser Leidenschaft gemacht, aller verliebten Entzückungen,
leidenschaftlichen Aufwallungen ꝛc., daß die Dame das
Gleiche gethan(!!), daß diese anmuthige doppelte Liebes-
beichte ad hoc durch die Abwesenheit der Betheiligten von
London nicht unterbrochen worden sei, daß Shakespeare seine
poetischen Krankenberichte und Recepte in ein Album eingetragen habe, welches zwischen den Patienten hin und her
ging und durch die Zaubermacht der Dichtung denn auch endlich
die Heilung herbeiführte! Selbiges Album sei dann (vielleicht

---

* Shakespeare's Sonnets never before interpreted: his pri-
vate friends identified: together with a recovered likeness of himself. London 1866.

als Geschenk?!) in die Hände des 18jährigen William Herbert,
Lord Pembroke gerathen; und als dieser junge Tausendsasa
sich später in die 17 Jahre ältere Lady Rich verliebte (die
galante, liebenswürdige, abenteuerliche englische „Herzoginn von
Longueville" dieser Zeit), habe Shakespeare, einmal in der
Uebung, sein poetisches Liebesprotokoll gehorsamst für die neue
Firma fortgeführt, und so seien denn jene bitter sarkastischen
Sonnette entstanden, in denen die Dame als ein Ausbund
aller Häßlichkeit und Nichtsnutzigkeit und dennoch als eine
unwiderstehliche Hexe auftritt. Unter solche Narrenpossen
mischt die Erklärerwuth Shakespeare's Namen, als solche
sinnlos-unmögliche Exercitien erscheinen ihr diese Gedichte,
und solche Einfälle werden von deutschen Literatoren und
Poeten mit Entzücken begrüßt! Noch Originelleres leistete
Herr Barnstorff vor einigen Jahren, indem er in dem myste-
riösen Mr. W. H. keinen Geringeren als Mr. William Himself
entdeckte; jener „Freund" aber in den Sonnetten, der durchaus heirathen soll, damit die Welt sein Abbild behalte, der
gelegentlich zwischen Shakespeare und andern Bewerbern
schwankte, der dem Dichter sein häßliches, pikantes Schätz-
chen abspenstig machte, sei Niemand anders als — des Dichters
Genius, seine eigene, innerste Persönlichkeit, die auf Herrn
Barnstorff drei Jahrhunderte lang warten mußte, um sich
endlich verstanden zu sehen.*) Und bald darauf (1865) brachte
der Engländer John Heraud**) vollends heraus, daß Shakespeare's Sonnette, wie seiner Meinung nach die von Dante

---

* Wir haben über diese Dinge im Jahre 1864 in den Preußischen
Jahrbüchern ausführlich gehandelt, und dürfen hier wohl auf diese Arbeit,
sowie auf Bodenstedt's Einleitung zu seiner vortrefflichen Uebersetzung
der Sonnette verweisen.
** Shakespeare. His inner life intimated in his works. By
John A. Heraud.

und Petrarca, politisch=religiöse Bekenntnisse sind, in alle=
gorische Liebesschwärmereien und Galanterien gekleidet. Shake=
speare sei ein entschiedener, ja extremer Protestant gewesen,
(also das Gegentheil von dem Krypto=Katholiken, den der
Franzose Rio in ihm entdeckt hat), auch darin den Zeitgenossen
weit voraus. Die Ermahnungen zum Heirathen seien ganz
einfach — Proteste gegen den katholischen Coelibat; der ideale,
gefeierte Freund sei ursprünglich der platonische Logos, der
sich dann aber in der Hitze des Gefechts in den Messias
verwandelt (und absolut heirathen soll!!), das braune, ver=
führerische, schlechte Weib sei die Kirche, „the black, but
comely bride of Solomon". Beide verlangen Shakespeare's,
ihres Dichters, Hingebung, sein „weiblicher böser Geist" und
sein „besserer Engel". So stellte Shakespeare dem abgötti=
schen Marien=Cultus symbolisch die reine Verehrung des
Wortes Gottes (das puritanische Bibelchristenthum) entgegen,
welches zu begründen die Aufgabe seines Zeitalters war! —
In ähnlichem Sinne wird jedes zur Verherrlichung der Liebe
und Ehe in den Dramen von irgendwem gesprochene Wort
gegen Mönche und Nonnen gedeutet, und der lebensfrohe
Dramatiker, welcher in der typischen Gestalt Malvolio's dem
puritanisch=philiströsen Tugendstolz den Spiegel vorhielt, dessen
Kunst von den zelotischen Kopfhängern seiner Zeit nach Kräften
angefeindet wurde, dessen Dichtung ein fortlaufender Protest
gegen Heuchelei und ödes, selbstgefälliges Scheinwesen ist,
wird — zum anticipirten Puritaner gemacht! Es spiegelt
sich eben die Welt in Shakespeare's Dichtung, und jedem
Beschauer tritt denn auch bald genug sein eigenes Bildniß
entgegen. — Auf solche Fieberanfälle der Kritik (und es sind
hier nur einige eclatante Beispiele angeführt) durfte dann
auch das kalte Sturzbad nicht ausbleiben. Es ist der Shake=
speare=Gemeinde von dem trefflichen, hochverdienten Delius

in Bonn applicirt worden (wenn auch vielleicht ein wenig zu
reichlich) der in Ausführung einer schon von Alexander Dyce
ausgesprochenen Ansicht die ganze Sonnetten-Sammlung für
eine Reihe vollkommen freier Gedichte erklärte, ohne alle
Beziehung auf bestimmte Personen oder Ereignisse, also auch
ohne Bedeutung für Shakespeare's Lebensgeschichte, abgefaßt
in dem italianisirenden, galanten und hyperbolischen Style
der damaligen aristokratischen Poesie, angelegt auf geistreiche,
geniale Durchführung des althergebrachten, unerschöpflichen
Thema's dieser Gattung, Liebe und Freundschaft, in einer
Reihe origineller und pikanter, aber durchaus frei erfundener
Situationen. Der nähere, im Jahrbuch der deutschen Shake-
speare-Gesellschaft versuchte Nachweis hebt sehr fein und
scharfsinnig die innere Wahlverwandtschaft hervor, zwischen den
hier entwickelten Gedankenreihen und denen anderer Jugend-
dichtungen Shakespeare's. Die „schwarze und doch so anziehende
Schöne" erinnert Delius an die Scherze über die schwarze
Rosalinde in „Liebes Leid und Lust". Das Thema der stand-
haften, opferfreudigen und endlich triumphirenden Zuneigung
zu einem wetterwendischen und unwürdigen Freunde wird in
in den Veronesern variirt; Venus und Adonis, sowie Romeo's
Klagen über Rosaliens Hartherzigkeit lassen in glühenden
Weisen das Lied von der vergänglichen, für nicht zögernden
Genuß geschaffenen Schönheit ertönen. — Man sieht, es
wird schier bedenklich, auf diesem viel bestrittenen Schlachtfelde eine eigene Stellung zwischen den Kämpfern zu nehmen,
und dennoch kommt Niemand, der sich mit Shakespeare ernstlich beschäftigt, darüber hinweg. Die meinige, wie ich sie
in dem erwähnten Aufsatze vor sieben Jahren ausführlich
dargelegt habe, ist durch das, was ich später über den Gegenstand gehört, gelesen und ernstlich geprüft, nicht modificirt
worden. Fester als je bin ich überzeugt (und ich stehe damit

keineswegs allein da), daß die Gluth, die Innigkeit, der Tiefsinn eines nicht geringen Theils der Sonnette durchaus auf
Gelegenheitsgedichte im höchsten, dem bekannten Goethe'schen
Sinne des Wortes, auf dichterische Gestaltung des selbst
Geschauten, Empfundenen hinweist. Man schreibt wohl
schwerlich auf Commando oder als artiges, frommtän-
delndes Exercitium Verse wie diese:

„Wenn Glück und Menschen ihre Gunst versagen,
Bewein' ich still für mich mein schlimm Geschick,
Zum trüben Himmel send' ich meine Klagen,
Betrachte mich und fluche meinem Glück.

Möcht' reich an Hoffnung sein, wie ach! so Viele,
Ihr Antlitz haben, ihrer Freunde Zahl,
Dort jenes Mannes Kunst und Jenes Ziele;
Was mich zumeist gefreut, wird mir zur Qual.

Doch wenn mich so die Selbstverachtung beuget,
Gedenk' ich Dein — da, wie vom Dämmerschooß
Der Erde morgens auf die Lerche steiget,
Singt Hymnen an des Himmels Thor mein Loos.

Denn Deiner Lieb' Erinnerung bringt mir Schätze,
Daß ich mein Loos hoch über Alles setze.*)

---

* Es ist das 29ste Sonnett, nach der gewöhnlichen Ordnung
gezählt.

When in disgrace with fortune and mens eyes,
I all alone beweep my outcast state etc.

Die Uebersetzung ist von Gelbcke mit einer kleinen Aenderung,
die wir uns am Anfange des 10ten Verses erlaubt haben. Wir
nehmen gern Veranlassung, die Tüchtigkeit dieser, in der trefflichen
„Bibliothek ausländischer Klassiker" des bibliographischen Instituts zu
Hildburghausen (Nr. 52) veröffentlichten Leistung anzuerkennen, die sich
neben den bekannten, ausgezeichneten Arbeiten Bodenstedts und Jor-
dans wohl sehen lassen kann. Um so wunderlicher erscheint Gelbcke's

Wer kennt ihn nicht, diesen Erguß tiefen Seelenschmerzes
des unter Verkennung und Vorurtheil noch leidenden, stre=
benden Künstlers, aufgelöst in einen Jubelruf der Freude,
bei dem Gedanken an die Glück gewährende und verheißende Liebe
des mächtigen Freundes! Eine wahre Atmosphäre der Aufrichtig=
keit, des ächten Gefühls weht durch eine ganze Reihe der Sonnette,
die in treuer Liebe lobend, dankend, aber auch warnend, kla=
gend, ja geradezu strafend jenes Verhältniß behandeln; und
auch die Selbstanklagen der an einen unwürdigen Gegenstand
sich wegwerfenden Leidenschaft reden nur zu sehr die Sprache
des nicht nur vorgestellten, sondern wirklich empfundenen
Schmerzes. Freilich sind die Sonnette nicht alle der Art.
Es finden sich in andern Nummern auch genug geschraubte
Complimente und überfeine, kaum entwirrbare Gedanken=
verschränkungen. Wir müssen uns z. B. belehren lassen,
daß des Freundes Auge ein Fenster für Shakespeare's Brust
ist, welches der Sonnenstrahl in Lust durchlugt, um auf des
Freundes, in Shakespeare's Brust ruhenden Zügen zu weilen.
Die Trennung wird besungen, weil sie Anlaß giebt, den Ge=
liebten zu feiern. Der Freund wird mit Juwelen, mit Fest=
tagen, mit Adonis, mit Helena in einem Athem verglichen;
alle Dichter, welche je die Schönheit besangen, sollen das in
prophetischer Vorausahnung des noch nicht geborenen Freundes
gethan haben 2c. Wenn solche Wendungen nicht Kunststück=

Passion für die grotesken Einfälle der Massey'schen Sonnette-Erklärung.
So führt z. B. das vorstehende Sonnett bei ihm (Nr. 45) die Auf=
schrift: „Graf Southampton an Elisabeth Vernon" und wir sollen
also glauben, daß ein junger, reicher, glänzender, hochbegabter Cavalier
aus purer Verliebtheit „anderer Leute Antlitz und Ziele beneidete",
seinen „ausgestoßenen Stand" (outcast state) bejammerte, sich selbst
verachtete! Da seiner Leidenschaft doch bekanntlich Nichts entgegen
stand, als eine Laune der Königinn.

chen sind, im Sonnettenstyl der Zeit, der Daniel, der Dray=
ton virtuosenhaft kaltblütig ausgeklügelt, so sehen sie doch
solchen Kunststücken ähnlich wie ein Ei dem andern. Und
endlich macht sich für unser Gefühl eine dritte Reihe von
Gedichten bemerkbar, die mit persönlichen Beziehungen nur
lose verknüpft, in selbstständiger, tiefsinniger Erwägung sitt=
licher Fragen ihren Schwerpunkt finden. Sie scheinen durch=
weg einer ernsten Krisis in des Dichters Entwickelung anzu=
gehören. Shakespeare's Blick versenkt sich in düsterer Ent=
schlossenheit in die unerbittlichen Widersprüche des Lebens
und erforscht schonungslos die traurige Kehrseite der Dinge.
Aus der Fülle des Genusses schreckt ihn der Gedanke an die
Vergänglichkeit des Geliebten auf. Er vergleicht sich mit
dem entblätterten Herbst, mit der ins Nachtdunkel dahin=
gleitenden Dämmerung, mit dem verglimmenden Feuerbrand
auf der Asche der Jugend. Die gewissermaaßen contra=
punctische Behandlung des Thema's (die sich beiläufig oft
wiederholt), läßt den Gedanken an bestimmte, persönliche Ver=
anlassungen kaum aufkommen, legt aber den an eine tief ge=
fühlte, von der Phantasie nach allen Richtungen hin durch=
arbeitete Verstimmung des Dichters um so näher. Im
67sten Sonnett weht es, in den an den Freund gerichteten
Todesmahnungen uns an, wie ein Wiederhall von Hamlets
Kirchhofsphantasie. Und noch düsterere Bilder kommen dem
Dichter, wenn er sich in das geschäftige Treiben der die
Oberfläche des Lebens füllenden Menschenwelt vertieft. Seine
Seele betrachtet mit bitterm Mißtrauen dies ganze wimmelnde,
geschäftige Leben. Er spricht „von der Pestluft der Gegen=
wart"; er sieht das Verdienst bettelarm, das Nichts mit
Reichthum ausgestattet, die reinste Treue in des Meineids
Arm, die Kunst im Zungenzaume der Beamten, die Weis=
heit in der Vormundschaft der Thoren. Man glaubt Hamlet

oder Timon mit dem Leben hadern zu hören. Immer und
immer wieder spricht der eigentliche Grund- und Familienzug
des Dichters, seine unbestechliche Wahrheitsliebe, sein Ekel
vor Schein und Trug in ergreifenden Worten sich aus. Es
ist von der „guten, alten Zeit" die Rede, da die Schönheit
noch lebte und starb wie die Blume, da man den Todten
nicht die goldnen Flechten nahm, um sie auf fremdem Haupte
ein zweites Scheinleben führen zu lassen; und der Preis ächter,
uneigennütziger Liebe und Treue im 123sten, 124sten, 125sten
Sonnett, trägt so recht die Marke des innigsten, trautesten
Herzensergusses. Mit einem Worte: Wenn ein Theil der
Sonnette, wie überhaupt die Jugendarbeiten Shakespeare's,
ihn als Meister, auch der wunderlichen und gemachten Formen
zeigen, in welchen seine Zeitgenossen sich gefielen, wenn diese
offenbar als poetische Uebungen, Geistesspiele im Geschmack
des Tages sich kennzeichnen, ganz wie Delius es ausführt,
so geben wiederum andere in der nicht mißzuverstehenden
Sprache der Wahrheit und der lebendigen, ächten Empfindung
Zeugniß von jener Gelassenheit und Hoheit des Sinnes,
jener Liebe und Treue, Milde und Wahrheit, in deren Lob die
wenigen zeitgenössischen Zeugnisse über Shakspaere's Charakter
übereinstimmen. Wenn einzelne unzweideutig und aufrichtig Verirrungen und Kämpfe eingestehen, denen am Ende keine reich und
sinnlich kräftig angelegte Künstlernatur entgeht, so dienen andere
wieder, wahrscheinlich durch Jahre von jenen getrennt, oder doch in
ganz andern Stimmungen entstanden, der ganzen Tiefe und
Kraft des gereiften, männlichen Gedankens. Sie zeigen uns
ein poetisches Tagebuch, nicht fremder Leute, sondern des
Dichters selbst, die innere Seite eines zwar reich und bewegt,
aber auch sehr schnell verlaufenden, in riesiger Arbeit sich
verzehrenden Lebens. Den Namen des Mr. W. H., und
damit die Bedeutung der persönlichen Anspielungen zu erfahren,

wird der bloßen Conjectur, wenn nicht ein unverhoffter glücklicher Fund ihr zu Hülfe kommt, nicht gelingen: doch wird damit für uns der wahre Werth des ganzen vorliegenden Schatzes, seine Bedeutung für die Kenntniß von Shakespeare's Art zu denken und zu empfinden nicht, oder nur wenig berührt, wie es ja denn auch sehr möglich ist, daß für einen guten Theil der Sonnette die Delius'schen Hypothese, welche dieselben als ein graziöses, poetisches Spiel ohne tiefere Bedeutung auffaßt, vollkommen zutrifft. Der schwere Ernst, das Wühlen in den schmerzlichen Vorstellungen der Vergänglichkeit, wie ein großer Theil der vorzugsweise tief und wahr empfundenen Sonnette es zeigt, wird bei dem noch auf der Höhe des Lebens stehenden Dichter, (Shakespeare war 1598, als Meres die Sonnette schon kannte, erst 34 Jahre alt), weniger auffallend erscheinen, wenn wir die erschreckend intensive Thätigkeit erwägen, in welcher dieses Künstlerleben sich entfaltete und — ausgab. Shakespeare hat in höchstens 24 Jahren 36 Stücke geschaffen, dazu die Gedichte und Sonnette, und die letztern, nebst etwa 15 Dramen wurden während des ersten Jahrzehntes nach der Ankunft in London vollendet. Dabei setzte er, nach den Bekenntnissen der Sonnette zu urtheilen, mit Widerstreben seine Person auf der Bühne ein, in deren materieller Führung und Verwaltung er außerdem thätig war. Es darf ferner nicht übersehen werden, daß auf den hohen, fröhlichen, patriotischen Aufschwung der achtziger Jahre, dessen Nachwirkung in seinen Historien so mächtig lebt, gar bald, schon in der letzten Zeit Elisabeths, ein peinlicher Rückschlag des öffentlichen Geistes folgte, daß die hohen Kreise, welchen der Dichter am nächsten stand, dabei in schmerzliche Mitleidenschaft geriethen, und daß das letzte Jahrzehnt seines Wirkens, unter Jakob I. schon ganz entschieden für England eine Periode der Zersetzung und

damit auch zunächst des Verfalles eröffnete: des Verfalles der
Sitte, der Kunst, der Religion, der bürgerlichen Freiheit.
Daß diese Verhältnisse ihre düsteren Schatten in Shakespeare's
Dichtung warfen, und daß er wohl auch unter dem Drucke
persönlicher, körperlicher Erschöpfung verhältnißmäßig früh von
schwermüthigen Stimmungen heimgesucht wurde, ist nicht zu
verkennen. Von seinen letzten Jahren wissen wir nur, daß er
sie, von der Bühne, zuletzt, etwa seit 1612 auch von der
Kunst abgewandt, im Genuß wohlerworbenen Wohlstandes
in seiner alten, kleinen Vaterstadt, unter Verwandten, Freunden,
Mitbürgern verlebte, vergessend und — bald auch von Vielen
vergessen. Nicht einmal an eine Ausgabe seiner Werke hat er
bekanntlich gedacht. Wahrscheinlich plötzlich, ohne vorange-
gangene Krankheit (wenigstens schweigt darüber das Tagebuch
seines Schwiegersohnes, des Arztes Dr. Hall), ereilte ihn der
Tod am 23sten April 1616, nach Vollendung des 52sten
Lebensjahres. Seine Familie erlosch 1670 mit seiner Enkelinn,
Elisabeth, der Tochter von Susanna Hall. Die nächsten
Generationen haben ihn nicht gerade so vollständig vergessen,
wie man unter dem Eindruck des jährlich wachsenden Shakespeare-Enthusiasmus neuester Zeit wohl geglaubt und gesagt hat, denn es erschienen in England zwischen 1623 und
1685 vier Ausgaben seiner Werke, denen das 18te Jahr-
hundert deren 14 folgen ließ. Dennoch ließ materialistische Ver-
wilderung auf der einen, harter Parteigeist auf der anderen
Seite während der religiös-politischen Kämpfe des 17ten
Jahrhunderts den rein menschlichen, wahrhaftigen und freien
Geist der Shakespeare'schen Muse nicht zu voller Wirkung
gelangen. Selbst Milton widerrief als Mann seine jugendliche Shakespearebegeisterung, machte dem unglücklichen
Könige Karl 1. die Liebe zu dem Dichter Hamlets und
Lears zu schwerem Vorwurf, und opferte die Spätfrüchte

seines Genius, (Samson) auf dem Altare des französirenden Classicismus. Es bedurfte eines neuen Lebenstriebes der germanischen Welt, um nach den Unwettern des theologischen Paroxysmus und nach dem starren Winter der ihnen folgenden ästhetischen Fremdherrschaft, in der zweiten Hälfte des achtzehnten Jahrhunderts die Wunderblume der Shakespeare'schen Dichtung sich neu entfalten zu lassen. Wenn Deutschland dabei seinen redlichen Antheil liebevoll hingebender Arbeit geleistet hat, so hat ihm sein großer Adoptivsohn dafür reich und überreich gelohnt. Shakespeare ist uns eine Leuchte geworden auf dem Wege zur Natur und zur Wahrheit, ein Brunnen der Kraft und der Erquickung, (freilich so Manchem auch ein Stein des Anstoßes und ein Anlaß zu Offenbarung angeborener oder anerzogener Thorheit), und so Gott will, wird er sich immerdar als eines der vielen geistigen Bande bewähren, die sich fest und fester zwischen den beiden großen Zweigen der germanischen Familie herüber und hinüber schlingen und die, unberührt von vorübergehenden Verstimmungen und Mißverständnissen, den Stürmen der Zeit hoffentlich Trotz bieten werden. Seit Wieland, Lessing, Goethe, Shakespeare für uns neu entdeckten (nicht etwa für England, wie man in patriotischer Ueberschwänglichkeit wohl behauptet hat), ist das Versenken in seine Dichtung uns gleichbedeutend geworden mit dem Versenken in bedeutungsvolle Entwickelungsphasen unseres eigenen Lebens, mit einer Einkehr in die innersten Tiefen unseres geistigen und sittlichen Bewußtseins. Möge es gelingen, in den Erwägungen, welche wir dem unerschöpflichen Gegenstande demnächst zu widmen gedenken, diesem Worte wenigstens annähernd gerecht zu werden.

Dritter Vortrag.

Die englischen Historien und die Römerdramen.

———

Eine ausführliche und vollständige Analyse aller einzel=
nen Shakespeare'schen Dramen liegt hier nicht im Plane. Wir
haben sie an anderm Orte versucht, gedenken sie nächstens
in verbesserter Gestalt zu erneuern und werden uns hier
gelegentlich auf ihre Ergebnisse beziehen dürfen. Was hier
beabsichtigt wird, ist Weniger und Mehr. Wir möchten es
unternehmen, auf die eigenthümlichen Züge der Shakespeare=
schen Dramatik in Gesammtbetrachtung der großen, in ihr
hervortretenden Gruppen und Richtungen hinzuweisen, die=
selben ästhetisch, ethisch und culturgeschichtlich zu würdigen,
neben dem Einseitigen, Begränzten und darum dem Veralten
ausgesetzten das rein Menschliche, Unvergängliche in ihnen
hervortreten zu lassen, und so für die schließlich zu versuchende
Darlegung von Shakespeare's Weltanschauung und Denkweise
eine verständliche Grundlage zu gewinnen. Einzelne Werke
und einzelne Züge derselben werden soweit berücksichtigt werden,
als sie direct diesen Zwecken dienen. Wenn wir die eng=
lischen Historien voranstellen, so sollen diese merkwürdigen,

vielbewunderten und vielbestrittenen Dichtungen dadurch keines=
weges in ein Rangverhältniß zu den Tragödien, den Lustspielen
und Dramen gesetzt werden. Wohl aber sind wir der An=
sicht, daß sie als die eigenthümlichsten Schöpfungen Shakespeare's,
zu einem eingehenden Studium seiner Art und Kunst den
bequemsten Zugang gewähren.

Man hat die Frage aufgeworfen und in verschiedenem
Sinne beantwortet, ob die Geschichte der Völker und Staaten
sich überhaupt für dramatische Behandlung eigne. Das
Drama stellt sich keine geringere Aufgabe, als in dem eng
eingerahmten Spiegel einer einzigen, dichterisch nachgeahmten
Handlung die treibenden Grundkräfte menschlichen Wesens
und Schicksals anschaulich zu zeigen und uns dadurch zu
erfreuen und zu erbauen. Aeußerlich ganz individuell, in der
Einzelerscheinung aufgehend, muß es seine innern Impulse
von dem Gesammtgeist unserer Gattung empfangen, der sich
in der Seele des Einzelnen mit der Kraft des sympathetischen
Instincts verkörpert. Fehlt ihm das Erstere, die individuelle
Bestimmtheit, so wird es uns Sentenzen=Schachteln, Phrasen=
Gefäße geben, statt lebendiger Menschen; ist auf der andern
Seite der Zusammenhang zwischen der Seele des Dichters
und der seines Volkes und aller Völker schwach und getrübt,
so werden leicht phantastische Wesen auf der Bühne erscheinen
oder Karrikaturen, welche ferner stehende Kreise, und nun
vollends die Nachwelt, nicht mehr verstehen. Solche Spiele
der subjectiven Willkür sind aber in jeder andern Darstellungs=
form weniger unerträglich, als in der dramatischen, welche
nicht nur des Wortes, sondern des ganzen lebendigen Menschen
sich als ihres Materials bedient. So verlangt denn das
Drama durchsichtige Klarheit der bewegenden Kräfte bei
lebendiger Fülle der individuellen Gestaltung, übersichtliche
Einfachheit des Grundplans bei spannender, bunter Ver=

wickelung der Ausführung. Es spricht nicht zu dem einsamen Leser, sondern zu der bunten, versammelten Menge; es darf auf die günstige Stunde und Stimmung nicht warten, sondern es muß sie sich machen. Alle einladend, soll es Allen Genießbares, Verständiges bieten, darf dem Einfachsten nicht unzugänglich, dem Erfahrensten nicht schal erscheinen, muß dem schlichtesten, vom Instincte der Durchschnittsbildung beherrschten Leben der Zeit die eine Hand reichen und danach trachten, die andere von den Trägern und Führern der Cultur und von der späten Nachwelt nicht zurückgewiesen zu sehen. — Ist nun die scenische Darstellung eines geschicht= lichen Vorganges, so darf man wohl fragen, geeignet, solchen Forderungen zu entsprechen, ohne daß die historische Wahr= heit mit der poetischen in unlöslichen Gegensatz kommt? Die Seele der Völker fließt aus den Erinnerungen der Vergangen= heit, den Instincten und Erwägungen der Gegenwart, den Hoffnungen der Zukunft zusammen. Wird der Dichter, im begränzten Raume einer scenischen Aufführung, sie denen ver= ständlich machen, die jene Erinnerungen nicht kennen, denen diese Erwägungen, soweit sie die Gesammtverhältnisse eines bestimmten Volkes in bestimmter Zeit betreffen, fremd sind, die sich um die bestimmte, in Betracht kommende nationale Zukunft nicht kümmern? Und das ist doch immer die große Mehrzahl der nicht gelehrten Theaterbesucher. Und weiter. Die Geschichte arbeitet mit Massen, mit complicirten Motiven. Es kreuzt sich in ihr überall das bewußte Streben des Einzel= nen und die geschichtliche Nothwendigkeit, d. h. die von der Zeit still zusammenaddirte, unwiderstehliche Gesammtsumme dessen, was Andere, schon dahin Gegangene oder nicht An= wesende, gedacht, gethan, erstrebt. Jeder geschichtliche Held ist Erbe und Verwalter einer Vergangenheit, deren Mühen und Leistungen, Glück und Leid zu seinen eigenen Thaten

und Erfolgen oft genug in nicht weniger innigem Zusammen=
hange stehen, weil sie scheinbar ganz andere Ziele verfolgten.
Wer gewährt es aber dem Dichter (was doch dem sinnenden,
für den Verstand arbeitenden, an die engen Grenzen der
dramatischen Kunstform nicht gebundenen Forscher und Ge=
schichtschreiber schwer genug fällt), in dem verwirrten Knäuel
den fortlaufenden Faden zu zeigen, im Raume weniger Scenen
verständlich zu machen, was Jahrzehnte, vielleicht Jahrhunderte
schufen, ohne daß er dabei Zeichnung und Perspective fälscht
und der positiven Ueberlieferung seine Freiheit opfert, während
jene ihn für dieses Opfer durch größere Würde und Bedeutung
des Stoffes vielleicht nicht entschädigt? Wie nahe liegen die
Beispiele! Was sich vor unsern Augen Unerhörtes und
Großes an den Ufern der Seine und der Spree begiebt,
wird dem historisch gebildeten und forschenden Denker nicht
immer ein Räthsel bleiben. Schon jetzt wagen Gedanke und
ahnendes Gefühl, den Vorhang zu lüsten, und glauben mehr
hinter ihm zu entdecken, andere, aus weiterer Vergangenheit
wirkende Gewalten, als die Ereignisse und Männer dieses
und der letztvergangenen Jahre. Es sind schwerlich Kaiser
Wilhelm und König Ludwig, Fürst Bismarck und von Pranckh
allein, welche die Einheit Deutschlands zu Stande gebracht,
das Sphinx=Räthsel der Jahrtausende gelöst haben. Auch
wenn wir die Helden von Wörth, Metz und Sedan hinzu=
nehmen, sind wir lange nicht am Ende. Gar viele, viele
kostbare Thränen werden in der neuen Kaiserkrone als Perlen
glänzen! Thränen, geweint im jugendlichen Begeisterungsrausch,
aber auch jene heißern, welche dem heute triumphirenden
und von den Thronen verkündeten Gedanken einst in einsamen
Zellen flossen, Thränen vernichteter Lebenshoffnungen und
brechender Herzen. Durch den Freudenjubel, mit dem unser
Volk den siegreich zurückkehrenden Kröner und Vertreter

seiner Einheit begrüßen wird, wird das durch das Belauschen
der Geschichte geschärfte Ohr die Geisterstimmen dahin=
gegangener Geschlechter zu vernehmen glauben. Was heute
die glänzende, gefeierte Summe unserer Staatsweisheit ist,
war ja, als wir, das ältere Geschlecht, als unsere leitenden
Staatsmänner selbst Jünglinge waren, nur noch eine heute
geduldete, morgen verhöhnte und verschmte Thorheit, und
unsere Väter haben es oft genug als Verbrechen gebüßt! Es
giebt für den wissenden Denker kein ergreifenderes Drama,
als diese Dinge, die wir hoffend und zagend, zürnend und
jubelnd, selbst erlebt! Ob auch für den scenischen Dichter?
Das ist bei alledem eine weit leichter aufzuwerfende als zu
bejahende Frage, so verführerisch vielleicht jetzt schon die Ge=
stalt unseres „großen Grafen", unseres deutschen „Kaiser=
Machers" manchen angehenden, noch verborgenen Shakespeare
anlächeln mag. Es gehört das glückliche Zusammentreffen
vieler Dinge dazu, damit der geschichtliche, labyrinthisch ver=
schlungene, aus tausend Ingredienzen gemischte Stoff sich den
Anforderungen des scenischen Kunstwerkes bequeme! Nicht
nur packende Ereignisse, interessante und hervorragende Per=
sonen, sondern auch große, leichtverständliche Ziele, in dem
Willen bestimmter Menschen verkörpert, persönliches Zu=
sammenstoßen der treibenden und hindernden Kräfte, starke,
durchsichtige Ueberzeugungen und eine gehörige Zugabe rein
menschlicher Leidenschaft, mit einem Worte: ein natürliches und
leicht erkennbares Verhältniß der bestimmten historischen Er=
scheinung zu den großen Urformen des rein Menschlichen, und
dann ein Dichterauge, welches dieses Verhältniß klar schaut
und eine kühne, sichere Künstlerhand, die, durch Nebendinge
unbeirrt, das Wesentliche aus der Masse herausgreift und es zu
gestalten vermag und wagt. — Vestigia terrent! Das ge=
sammte Alterthum hat uns nur eine scenische Dichtung hinter=

laſſen (es ſind deren allerdings mehrere zu Grunde gegangen)
welche, und noch dazu in meiſt ſymboliſcher Behandlung, einen
geſchichtlichen, zeitgenöſſiſchen Vorgang darſtellt, die Perſer des
Aeſchylus. Von einer andern wiſſen wir, daß ſie dem Dichter,
wegen des mißliebigen ſtofflichen Eindruckes, die Ungnade und
Strafe ſeiner ſouveränen Mitbürger zuzog (der „Fall Milets“
von Phrynichos), weil das atheniſche Volk, nach Tyrannenweiſe,
nicht an ſeine pflichtvergeſſene Schwäche erinnert ſein wollte.
Im Ganzen hielten ſich die griechiſchen Tragiker und ihre
römiſchen Nachahmer auf dem Gebiete der Götter- und
Heldenſage, die ihnen einfache, großartige, allem Volke ver=
ſtändliche und ehrwürdige Handlung, und typiſche, von Hauſe
aus der greifbaren Wirklichkeit und Alltäglichkeit entrückte,
und dennoch den Zuſchauern befreundete, menſchlich verſtänd=
liche Charaktere entgegenbrachte. Und dennoch verhält ſich
die alte Geſchichte mit ihren ſchlichten, natürlichen Verhält=
niſſen zu dem verzwickten Getriebe unſeres Staats- und Cultur=
lebens noch immer wie die Unbefangenheit des Kindes zu
der verſchloſſenen Haltung des Weltmannes. Merkwürdig
und lehrreich, wie dann das ausgehende Mittelalter und die
beginnende Neuzeit, die Geburtszeit des hiſtoriſchen Drama’s,
zur Ueberwindung dieſer natürlichen Scheu gelangt ſind. Auch
ihre ſceniſche Kunſt, wie die der Griechen, begann unter Ab=
hängigkeit von den religiöſen Vorſtellungen und Ueberlieferungen
der Epoche. Aber dieſe Ueberlieferungen hatten neben dem
mythologiſchen zu gutem Theil einen rein geſchichtlichen Inhalt,
jene Vorſtellungen ſetzten die Ahnungen des dem Ideal zu=
ſtrebenden Gemüthes in beſtimmte, ſyſtematiſche Verbindung
mit dem krauſen Drama des Weltlaufes. Man hatte es
nicht nur mit den himmliſchen und hölliſchen Heerſchaaren,
nicht nur mit Patriarchen und Heiligen, ſondern auch mit
ſubtilen Prieſtern, Phariſäern und Zöllnern, mit idumäiſchen

und römischen Tyrannen und ihren Hofleuten, mit Landpflegern
und Kriegsknechten zu thun. Das Mittelalter hatte nicht
nur eine poetisch-philosophische, sondern auch eine theologisch-
politische, mit allen Interessen, Gebräuchen und Mißbräuchen
des staatlichen Lebens enge verquickte Religion. So wurden
seine Mysterien und Miracle-Plays, mit ihrer Nachahmung
der von der Kirche zurecht gemachten „Geschichte des
Reiches Gottes auf Erden", die natürliche Vorbereitung
des profangeschichtlichen Drama's, dem Dichter und Publikum um die Mitte des sechszehnten Jahrhunderts sich mit
Leidenschaft zuwandten. Man wagte sich an das Schwie-
rigste, weil man die Schwierigkeit zunächst gar nicht ahnte.
Die Freude an großartigen, erschütternden Vorgängen, durch
die gewaltigen geschichtlichen Ereignisse der Zeit geweckt,
stand im Vordergrunde; das naive, stoffliche Interesse trug
die Hauptkosten der Unterhaltung, und ließ dem Dichter in
in Bezug auf das „Warum" und „Wozu" und „Woher"
leichten Kauf, wenn die Handlung nur das Auge vergnügte
und die Nerven erschütterte. So fand Shakespeare das
historische Drama, das antike wie das nationale, in vollem,
frischem Fluß. Seine Landsleute regten sich auf an den
Gräuelthaten des Königs Kambyses und des großen Tamerlan,
an den Abenteuern des frommen Sebastian von Portugal,
wie an den Schicksalen ihrer Heinriche, Eduarde und Richarde.
Jede Chronik war dem dramatischen Dichter gut und willkommen, wenn sie ihm ungewöhnliche Begebnisse, Menschen
von starken Leidenschaften und auffallenden Schicksalen vor-
führte. Gegenwart und Vergangenheit, Heimath und Aus-
land lieferten ohne Unterschied die bunten, häufig grotesken
und furchtbaren, aber energischen, farbenprächtigen Bilder,
an denen die noch kritiklose Schaulust eines Publikums sich
erfreute, welches unter dem Lichte einer neuen, von allen

Seiten hereindringenden Bildung so eben zum Gesammt=
bewußtsein erwachte. Es ist schon möglich, wenn auch schwer=
lich in dem Grade wie es Rümelin betont, daß die vor=
wiegende Zusammensetzung dieses Publikums aus der jungen
Aristokratie und aus den kräftigern, rohern Elementen des
Volks, Soldaten, Handwerkern, Handlungsgehülfen und Lehr=
lingen ihren Einfluß auf die Färbung der Stücke ausübte.
In diesen Umgebungen machte der 22= bis 24jährige Shake=
speare seine ersten dramatischen Probestücke, und es darf
nicht Wunder nehmen, daß er, wohl mehr dem herrschenden
Zuge und beliebten Vorbildern, als einem selbstständig tief
angelegten Plane folgend, einen guten Theil seiner frischen,
noch ungeschulten Kraft auf Gestaltung von dramatischen
Historien verwandte. Neben Titus Andronicus gehören die
drei Theile Heinrichs VI. zu seinen allerfrühesten Werken.
Es ist mir und Andern, aus an anderm Orte entwickelten
Gründen, sogar sehr zweifelhaft (auch nach den vornehm
absprechenden Bemerkungen Ulrici's) ob der erste Theil von
Shakespeare herrührt oder von ihm nur bearbeitet ist. Der
zweite und dritte wurde um 1592 auf zwei ältere Arbeiten
von Greene und Marlowe gepfropft, wovon dann Greene
Veranlassung nahm, die bekannte Klage über den „Hans
Factotum" zu erheben, über die Krähe, die sich mit der Feder
der Pfauen schmücke. Freilich sind beide Stücke, mit Greene's
Arbeiten verglichen, ein fortlaufender Triumph des Genius
über die Routine. Etwa drei Jahre später, um 1595,
erschien der Schluß und die Krone dieser Tetralogie,
Richard III., wo die dramatisirte Chronik sich bereits zur
historischen Tragödie großen Styls entfaltet, des ungewöhn=
lichen Beifalls würdig, mit welchem schon die Zeitgenossen
das Stück begrüßten und als Wunderwerk tragischer Kunst
neben Romeo und Julia stellten. Die zweite Reihe der

Historien, die Lancaster-Tetralogie, Richard II., Heinrich IV.,
Theil 1 und 2 und Heinrich V. verhält sich zu der ersten
stofflich als rückwärts greifende Grundlegung, während sie
in Bezug auf künstlerische Durchführung sich meist weit überlegen erweist und namentlich in Richard II. und dem ersten
Theil von Heinrich IV. das Beste giebt, was Shakespeare
in dieser Gattung geliefert hat. Alle vier Stücke entstanden
in den Jahren 1596 bis 1599, vom 32. bis 35. Jahre des
Dichters, im Höhepunkt seines Lebens. In derselben kurzen
Periode, 1598, schuf Shakespeare, in Anlehnung an ein
schon beliebtes älteres Stück, den durch seine Handlung weit
vor beiden Gruppen liegenden und mit ihnen innerlich wohl
nur durch überkünstliche Klugthuerei zu verbindenden König
Johann, und das letzte Stück der ganzen Reihe, Heinrich VIII.,
ist 1603 oder 1604 entstanden, an jener Grenzscheide, welche,
wie wir sehen werden, schon das Hinübertreten dieses eben
so früh und schnell sich auslebenden als mächtigen Geistes
in die Schatten einer düster grübelnden Lebensbetrachtung
bezeichnet.

Der Zeitraum, welchen die zusammenhängenden Historien
behandeln, umfaßt bekanntlich die Jahre von 1398 bis 1485,
von der Verbannung Heinrich Bolingbroke's durch Richard II.
bis zur Schlacht bei Bosworth: eine Periode glänzender
äußerer Macht und jähen Verfalles, mißbrauchter und ge-
demüthigter Legitimität, siegreicher, durch das Gottesgericht
des Erfolgs scheinbar gerechtfertigter Usurpation, dann gräu-
licher Rechtsverwirrung, rächender Nemesis, maßlosen Wüthens
der Leidenschaften, bis zur Selbstvernichtung der kämpfenden
Adelsparteien. Die Herstellung einer neuen, gleichmäßig vom
Recht und von nationalen Bedürfnissen getragenen Ordnung der
Dinge, die Begründung des modernen Staats auf englischem
Boden, bildet den Schluß. Jenes große und merkwürdige Ereigniß,

aus welchem die Entwickelung des heutigen England hervor=
wuchs, die Verschmelzung der Sachsen und Normannen zu
einem einheitlichen Volke, ausgedrückt und angezeigt durch die
Entstehung der englischen Misch=Sprache, hatte sich in den
letzten Jahrzehnten des dreizehnten und in den ersten des
vierzehnten Jahrhunderts mit der Geräuschlosigkeit eines
Naturprocesses vollzogen. Mächtiger Aufschwung der neuen
Nationalität nach Außen hin, und ein entsprechendes Erstarken
der Volkskraft im Innern war unter der langen Regierung
Eduards III. (1327—77) die unmittelbare Folge gewesen.
Von dem schwarzen Prinzen geführt, hatte die englische Ritter=
schaft die stolzen Namen Crecy und Poitiers auf ihre Fahnen
geschrieben; aber den besten Theil dieser Siege hatte sie dem
mannhaften Eingreifen ihrer Freisassen, jener bürgerlichen
Bogenschützen verdankt, die noch vor den Siegen des schweize=
rischen Bauernlandsturmes den Feudaladel fühlen ließen, daß
seine Sonne sich abwärts neigte. Wohlstand und Bildung
war in gleichem Maße gewachsen. Das Jahrhundert des
schwarzen Prinzen war auch das von Wiclef und Chaucer, die
Geburtszeit des reformatorischen Gedankens und des englischen
Humors. Man lebte in England schon damals wohlhäbiger
und man dachte freier als in den meisten Ländern und Orten
des Festlandes, etwa die deutschen und italienischen Städte=
republiken ausgenommen. Auf dieser Höhe fand Richard II.,
Eduards III. Enkel, das Reich, um, kaum zur Mündigkeit
und Selbstregierung gelangt, durch Mißbrauch seiner legitimen
Macht, durch Verschwendung und inconsequente Härte, Aufstand
und Usurpation herauszufordern, sich selbst zu verderben und
ein Jahrhundert schwerer Schicksalswechsel für sein Land und
seine Dynastie einzuleiten. Dies der Inhalt der nach ihm
benannten Historie. Mit Heinrich IV., Bolingbroke, dem
Sohne John Gaunts, besteigt dann das Haus Lancaster den

Thron. Es vertheidigt ihn unter schweren Wirren, aber glücklich, gegen den hohen Adel, seine trotzig auf ihre Dienste pochenden Helfer, und versucht ihn dann durch seine glänzenden Erfolge gegen Frankreich in den Herzen des Volkes fest zu begründen. Jene innern Kämpfe, sich drastisch abhebend von dem Hintergrunde übermüthig-derben Glücksritter-, Söldner- und Volkslebens, aus dem sie hervortreten, füllen die zehn Acte der beiden Theile Heinrichs IV. Heinrich V., fast ein dramatisirtes Epos zu nennen, ist das Heldenlied des altenglischen Ritterthums, die Verherrlichung der nationalen Erfolge, durch welche der Erbe des Usurpators „die schwindligen Gemüther zu beruhigen", die Gewaltthat seines Vaters zu legitimiren versuchte. Aber „die Weltgeschichte ist das Weltgericht", und der dramatischen Darstellung dieses Gerichtes sind die Stücke der andern, dem Inhalte nach hier sich anschließenden, nach der Entstehungszeit, wie bemerkt, vorangehenden Tetralogie gewidmet. Den Sieger von Azincourt, den Eroberer Frankreichs zeigt die erste Scene Heinrichs VI. im Sarge liegend, plötzlich hingerafft in der Blüthe des Lebens. Um die Leitung seines unmündigen Sohnes streiten die Oheime, der Adel theilt sich, Frankreich, von der Jungfrau geführt, rafft sich zum Widerstande auf; was der Feind nicht vollbringen kann, das bewirkt die Zwietracht der englischen Feldherren. Die Eroberungen Heinrichs V. sind zerronnen wie gewonnen. Dazu senkt Heinrichs VI. Verlobung mit der ehrgeizigen Französin Margaretha von Anjou den Keim des Zwiespalts in die königliche Partei. Wie derselbe zu wachsen beginnt, wie die alte, äußerlich vernarbte, aber nicht geheilte Wunde des Rechtsbruches sich öffnet, zeigt dann der zweite Theil Heinrichs VI. Richard von York erinnert jetzt sich und seine Freunde daran, daß er als Nachkomme des 5. und des 3. Sohnes Eduards III. (durch seine Mutter, Anna Mortimer),

dem Hause Lancaster vorangeht, welches nur von Eduards
4. Sohne sich herleitet. Was der hohe Adel von dem schlauen
Politiker, der Richard II. verdrängte, ertragen mußte,
was man im Ruhmesglanze der Glückssonne Heinrichs V.
selbst gern ertrug, das wird, gegenüber dem schwachen, guten
Heinrich VI. und seiner verhaßten Französinn als schweres
Unrecht empfunden. Die Usurpation hält nicht Farbe unter
den Wettergüssen des Unglücks. So schildert der zweite Theil
Heinrichs VI. dann den innern Zerfall der regierenden Dynastie,
das Aufkommen der Prätendenten, die Empörung des Pöbels,
der die gewohnte, feste Hand nicht mehr fühlt und von den
Factionen gestachelt wird, dann die schlimmere des ehrgeizigen
Adels bis zum ersten Siege der Yorks in offener Feldschlacht,
dem Tage von St. Albans (1459). Die eigentlichen Gräuel
des Bürgerkrieges, das Chaos von Gewalt und Verrath, aus
dem nach der Schlacht bei Tewksbury (1470) das Haus York
endlich siegreich hervorgeht, füllt die fünf Acte des dritten
Theils; und der Schluß der Tetralogie, Richard III., läßt
dann „in der Sonne Yorks" sich die Giftblüthe entfalten, welche
die Triebkraft des alten Sündenstammes endlich erschöpft, um
einer sittlich=geordneten Zukunft Raum zu schaffen. Richard III.,
der verkörperte Dämon des Bürgerkrieges und der Thrannis,
das typische Gegenstück zu Richard II., vollendet in illusions=
und rücksichtsloser Selbstsucht das Verderben, zu welchem jener
in phantastischer Haltlosigkeit den Grund legte, und Heinrich
Richmond, den Lancasters durch Abstammung, den Yorks
durch Vermählung verwandt, eröffnet mit versöhnenden Friedens=
worten die neue Zeit des unter starken Königen zu Einheit
und Ruhe gelangenden Nationalstaates. Nur eine Episode
aus des letztern, zur Zeit ein Jahrhundert umfassender Ge=
schichte hat Shakespeare in Heinrich VIII. dargestellt: Die
Losreißung Englands von Rom und deren unmittelbare

Urſachen und Folgen, Heinrichs VIII. Vermählung mit Anna
Boleyn, Wolſey's Sturz und die Geburt Eliſabeths, deren
glorreiche Regierung am Schluſſe in einer Prophezeiung
Cranmers an uns vorüberzieht. Und gewiſſermaaßen ein
Gegenſtück dazu bildet (obwol ſchwerlich von Shakeſpeare
beabſichtigt, wie die geſchichtsphiloſophiſche Auslegerkunſt zu glauben ſich bemüht) der Inhalt von König Johann, der die
tiefſte Erniedrigung des engliſchen Königsthums unter Rom
ſchildert, aus welcher dann, nach ſchwerer Buße des perſön-
lich Schuldigen, die Ehre des Landes und der Krone, durch
die einmüthige Hingebung des Adels und Volkes getragen,
ſich glorreich wieder erhebt.

Dies die Grundzüge des faſt durchaus der Chronik
Holinſheds entlehnten Stoffes, aus welchem der labyrinthiſche
Bau dieſer merkwürdigen, eben ſo oft getadelten als begeiſtert
geprieſenen Gedichte ſich aufthürmt. Schon der thatſächliche
Inhalt der Hiſtorien, von der Kunſt der formalen, techniſchen
Behandlung ganz abgeſehen, iſt, zumal bei uns in neueſter
Zeit, Gegenſtand dieſes Tadels geweſen. Das wäre alſo
der gefeierte Nationaldichter, hat man bemerkt, der in allen
dieſen Darſtellungen ſeiner vaterländiſchen Geſchichte von
dem eigentlichen Kern des Volkes, dem Mittel- und Bürger-
ſtande, ſo gut als gar keine Notiz nimmt? Von den wackern,
ritterlichen Vertheidigern der engliſchen Freiheit, aus deren
Bündniß mit den Communen die engliſche Verfaſſung hervor-
gegangen iſt, ſcheint dieſer Lobredner der Könige und des
Hofadels wohl gar Nichts zu wiſſen? Was iſt von dem
hiſtoriſchen Sinne eines Dichters zu halten, der, wenn er
Johann ohne Land in Scene ſetzt, Raum hat für leiden-
ſchaftliches Weibergezänk über prinzliche Rechte, und für wort-
reiche, ſchwülſtige Verhöhnung des bei dieſen Dingen hiſtoriſch
gar nicht betheiligten Oeſterreich, nicht aber für die Ertheilung

des großen englischen Freibriefes, das einzig bleibend wich-
tige Ereigniß dieser ganzen Epoche? Und welche kindischen
Schlachtschilderungen, als ob von den Heroenkämpfen vor
Troja die Rede wäre, wo die Muskelstärke der Könige Alles
entscheidet, da doch jeder Schüler weiß, daß in den englischen
Schlachten des fünfzehnten Jahrhunderts nicht mehr die
geharnischten Ritter die Hauptrolle spielten, sondern dis-
ciplinirte Soldaten, aus ländlichen Freisassen und geworbenem
Söldnervolk zusammengesetzt? Und welch ein Aristokraten-
schmeichler, der unterhalb des Barons keinen erwähnens-
werthen Menschen zu kennen scheint, als allenfalls hie und
da einen Priester, Hausdiener und Söldner des Adels und
wüsten, verächtlichen Pöbel; für den ehrsame Handwerks-
meister, stattliche Aldermen, Krämer, Bürger, Männer der
Wissenschaft, seine und seines Vaters Standesgenossen nur
vorhanden zu sein scheinen, wenn es ihm ankommt, sich über
sie lustig zu machen? Aus solchen Elementen setze sich die
englische Gesellschaft des fünfzehnten Jahrhunderts mit nichten
zusammen, und sie so darzustellen sei weder wahrhaftig und
würdig noch poetisch.

Wir müssen diesen Bedenken gegenüber eine Ausführ-
rung vervollständigen, die wir bereits oben (im ersten Vor-
trage) uns anzudeuten erlaubten. Zunächst hat diese ganze
„realistische" Kritik ihre sehr unrealistische und unkritische
Seite, indem sie unsern Beobachtungsstandpunkt und Beurtheil-
lungsmaaßstab kurzweg auf einen Dichter des sechszehnten
Jahrhunderts anwendet. Uns, den Erben der Revolution und
des philosophischen Jahrhunderts, den Zöglingen aber der
systematischen Reaction, der historischen Kritik und halbhundert-
jähriger Kämpfe um Recht und Verfassung, ist, wenn der
Ausdruck erlaubt ist, die unpersönliche Seite der Geschichte,
die Entwickelung und Gestaltung der Zustände die Hauptsache

geworden. Die Entstehung und Ausbildung der Rechts-
begriffe und Rechtsformen, in denen wir die Bürgschaften
der Cultur und des Fortschrittes erblicken, ist unserer Be-
trachtungsweise das anziehendste Schauspiel, welches uns die
Vergangenheit bietet. Aber was hatten denn die Staatsmänner, was vollends die Poeten des sechszehnten Jahrhunderts mit der Theorie der constitutionellen Gewalten,
oder vollends mit der der Menschenrechte zu thun! Der
Germane, und ganz speciell der Sachse und Normanne in
England, kannte von Hause aus im Grunde nur ein prin-
cipielles Grund- und Menschenrecht, das Recht des freien
Mannes, sich seiner Haut und seines Eigenthums zu wehren.
Wie die Tribunen der römischen Plebs ursprünglich Nichts
verlangten und Nichts erhielten als die Befugniß, einem
Standesgenossen gegen den Consul Hülfe zu leisten, so machten
die englischen Barone und Gemeinen des dreizehnten Jahrhunderts einfach Front gegen den König, wenn ihnen dieser
in einem bestimmten Falle zuviel zumuthete oder abforderte,
und ihre Verträge mit der Krone hatten keinen andern
Inhalt und Zweck, als die Wiederholung solcher Zumuthungen
und Forderungen zu hindern. Sie treten bekanntlich immer
in Form von Contracten und Privilegien auf, nicht in der
von Rechtstheorien und allgemeinen Regeln, und sind beiläufig unzähligemal straflos verletzt worden, wenn die Betheiligten augenblicklich kein dringendes Interesse oder nicht
die Macht zum Widerstande hatten: erst die zweite Revolution
(1688) und die Begründung der protestantischen Thronfolge
legten es nahe, allmählich ein System in die Sache zu bringen.
Am allerwenigsten aber, das sollte doch keine billige Beurtheilung vergessen, war die Zeit Elisabeths einer emphatischen
Behandlung von politischen Rechtsfragen und Momenten der
Verfassungsgeschichte günstig. Wie schon oben angeführt,

erſetzten in der zweiten Hälfte des ſechszehnten Jahrhunderts
mehr als je der gute Wille und der Tact einer bei allen
ihren Fehlern ſehr populären und trefflich bedienten Monarchinn
ſowie die Macht des Herkommens die formellen Bürgſchaften
und die politiſchen Principien. Shakeſpeare hätte ſich bei
ſeinen Zuſchauern ſo wenig Dank verdient als bei den Be-
hörden, wenn er etwa in der Schilderung des König Johann
für die Barone und die Communen gegen den König Partei
genommen hätte, ſtatt für England gegen Frankreich und
gegen den Papſt. Ja, er hätte ganz aus der ihn umgeben-
den geiſtigen Atmoſphäre heraustreten müſſen, um nach
politiſcher Geſinnungstüchtigkeit und Geſchichtsphiloſophie im
Sinne ſeiner heutigen Kritiker und Nachahmer zu trachten.
Man wird ſeine Hiſtorien vergeblich nach liberalen Sentenzen
durchſuchen. Wenn er dann aber, von ſeinem Standpuncte,
dabei im Rechte war: ſind es ſeine Gegner von dem ihrigen
nicht ebenſo ſehr, indem ſie ſich lieber an den Gedanken- und
Geſinnungshelden unſerer modernen hiſtoriſchen Dramen
erbauen, als an den Schlagezu's und Halteſeſt's, den unbarmherzigen Tyrannen, den hochfahrenden Rittern, den intriguanten
Prieſtern und leidenſchaftlichen Weibern der Shakeſpeare'ſchen
Hiſtorien? — Subjectiv natürlich! Denn man ſoll Jedem
ſeinen Geſchmack laſſen. Vom objectiven Standpuncte aus
aber ließe ſich wohl ohne Shakeſpearomanie zu einer Ver-
ſtändigung kommen, wenn es zugegeben wird, daß das Auge,
mit dem der Dichter die Dinge ſieht, eigentlich nur das
Auge des unbefangenen Menſchen iſt und ſein darf, nur
klarer, reiner, ſchärfer als wir es haben, und vor allen Dingen
ohne Brille. Dem Dichter, wie jedem Künſtler, iſt es nicht
um geiſtige, ſondern um ſinnlich-geiſtige Wirkung zu thun,
und der Sinn verlangt eben Form, Farbe, Geſtalt. Die
erhabenſte Idee iſt für den Dramatiker Nichts werth, wenn

sie sich nicht in einem oder mehreren Menschen sichtbar und greifbar verkörpert, und je einfacher, allgemein verständlicher diese Verkörperung sich vollzieht, um so lieber wird jene ihm sein. Nun mache man die Probe an Shakespeare's Historien und an unsern modernen Gedanken- und Tendenzdramen, und seine Art wird unserer vorgeschrittenen philosophisch-politischen Bildung gegenüber ihre Sache immerhin führen. Er sieht die Ueberlieferungen der vaterländischen und der Weltgeschichte eben nicht mit dem Auge des Politikers oder des Geschichtsphilosophen, sondern mit dem des Poeten, des unbestechlich gewissenhaften Mannes und des heißblütigen Patrioten. Vor Allem mit dem des Poeten: darum sind ihm Menschen, die lieben und hassen, begehren und kämpfen, lieber als Stände und Parteien, deren Bedeutung sich schließ= lich mühsam aus dem Verhältniß vieler unbedeutender In= dividuen zusammenaddirt. Wie viele zeitgenössische Dichter sind an der Nichtbeachtung dieser einfachen Thatsache ge= scheitert! Und ferner sieht Shakespeare die Geschichte mit dem Auge des unbestechlich-gewissenhaften, sittlichen Mannes. Mit nie fehlendem Instinct faßt er die Bestrebungen der Parteien, der Herrscher, der Staatsmänner da an, wo sie mit den ewigen Grundformen des menschlichen Empfindens und Wollens sich berühren, wo sie für ein Jahrhundert so viel Bedeutung haben, als für das andere. Was kümmern wir uns heute im Grunde genommen um York und Lancaster, was ist uns Richard und Bolingbroke, was Heinrich VI. oder Eduard IV., was liegt uns daran, ob Frankreich oder England bei Azincourt siegte? Aber in dem Kampfe des übermüthigen Phantasten gegen den kaltblütigen, geschickten Politiker ist unser Gefühl eben so stark auf der einen Seite in Anspruch genommen, als unser Verstand auf der andern; die hülflose Herzens= güte am Steuerruder des sturmgepeitschten Staatsschiffes ist

uns immerbar ein Gegenstand tiefsten Mitleids und ernster
Lehre, so sehr wir ihren Untergang natürlich und nothwendig
finden; der bescheidene, feste Held, von einer Uebermacht von
Prahlhänsen umtobt, ist uns niemals ein Fremder. Der
Ehrgeizige, der Eifersüchtige, der Heuchler, der liebende oder
hassende Mensch bleiben uns verständlich, ob sie nun dieses
oder jenes Wappen tragen. Es sind die großen Urformen
des menschlichen Empfindens und Thuns, nur in ungewöhnlich kräftiger Bethätigung, mit weiter greifender Tragweite,
die uns in Shakespeare's Historien entgegentreten, nicht der
Streit von Meinungen und Interessen, die nur der speciellen
Kenntniß verständlich werden. Daher ein Theil der mächtigen
Wirkung dieser jeder Regel spottenden Dramen. Freilich
auch nur ein Theil. Eine gute Hälfte der Wirkung würde
fehlen, wenn dem Dichter jene ebenso milde als, wo es
noth ist, scharf eindringende Klarheit des sittlichen Urtheils
fehlte, die ihn aus der Reihe seiner Zeit- und Kunstgenossen
so merkwürdig hervortreten läßt. Wie Viele hat dieser, sein
eigenthümlichster Zauber, seine beispiellose Objectivität nicht
schon irre geführt! Shakespeare ist Legitimist! hat man gehört.
Der Frevel des Rechtsbruchs, seine Sühne durch den Untergang ganzer Geschlechter ist der Gegenstand seiner beiden
Tetralogieen. Wer hat für die heilige, von Engeln behütete
Majestät des Königs je beredter gesprochen, als sein Richard II.?
Wo ist der Bund zwischen den Völkerhirten und der Vorsehung je feierlicher verkündigt worden, als durch seinen
Heinrich Richmond nach dem Siege von Bosworth? — Aber
nicht doch! Richards II. berühmte Worte werden ja schmäh-
ich an den Dingen zu Schanden, da sie kaum gesprochen sind,
und Shakespeare's ausgemachter Lieblingsheld, Prinz Heinrich,
steht ja auf der Seite der Usurpation! — Und ferner: Ist
Shakespeare nicht gut königlicher Hofkirchenmann gewesen,

wie bei einem für Geld arbeitenden Schauspieler Elisabeths
natürlich? Wie züchtigt er in der Person des Legaten
Pandulfo die Anmaßungen Roms! Welch erschütterndes Schauspiel gewährt in Heinrich VI. „der Prälat mit dem grimmen
funkelnden Blick, der tückische Winchester! Ein wie schneidender
Hohn trifft den von Schelmen gemißbrauchten Wunder-
glauben bei der „Heilung" des Simpcox durch Glocester!
Wie wird die heilige Theorie des Gottesgerichtes behandelt,
da der brave Meister Gower sie, des süßen Weines voll,
gegen seinen nichtsnutzigen Lehrjungen vertreten muß! Wie
eindringlich verbreitet sich der fromme Cranmer bei der
Taufe Elisabeths über „Saba's Fürstinn, welche ihr Glaube
nährt, welcher die himmlische Andacht rathend beistehen wird,
unter der man Gott einst in Wahrheit erkennen wird!" Doch
nein! Shakespeare war ja ein Kryptokatholik, wie sein Vater.
Wie hätte er sonst in Schilderung jener scheußlichen Orgie
des Verraths, die Richard II. umtobt, den einzigen Bischof
Carlisle als rechtschaffenen Mann zu Ehren gebracht? Und
gießt er nicht in Heinrich VIII. selbst das süßeste, mildeste
Licht seiner herzlichen Theilnahme über die katholische Mär-
tyrerinn Katharina von Arragonien aus? — Aber ein Bürger-
feind, ein Aristokrat des Geistes und der schönen
Form zum Mindesten ist der Dichter Heinrichs VI.,
Heinrichs IV., des Coriolan, des Caesar ꝛc. doch gewiß?
An dem letzten Puncte ist immerhin etwas Wahres. Shakespeare wäre auch sonst keine richtige Künstlernatur. Sein
(beiläufig ächt sächsisch-niederdeutscher) Abscheu vor aller, auch
äußerlichen, Unreinigkeit, vor schweißigen Mützen, schmutzigen
Händen, stinkendem Athem spricht sich bekanntlich, wo immer
sich Gelegenheit findet, sehr ungenirt aus. Er überließ es
den Dorfpoeten unserer Tage, sich für schmutzige, unschuldige
Kindernasen, rothe Hände arbeitsamer Mädchen und der-

gleichen realistisch-sentimentalen Modezierrath zu erwärmen.
Und den communistischen Gelüsten, der Wetterwendigkeit, der
Feigheit und Frechheit des Pöbels gegenüber steht ihm auch
keine Theorie der Freiheit, Gleichheit und Brüderlichkeit zu
Gebote. Er überließ es späteren Jahrhunderten, von „Recht
auf Arbeit", von der Verpflichtung des Staates zur Be-
kämpfung des Capitals zu sprechen, und formulirt das neue,
und doch so alte Programm weit einfacher: „Die einreifige
Kanne soll sechs Reifen halten, das Sechserbrod soll einen
Dreier kosten, in Cheapside geht mein Klepper grasen, die
Edelleute werden abgeschafft und Ihr sollt Alle meine Livreen
tragen und mich als euren Herrn verehren!" ruft der socia-
listische Agitator John Cade seinen Gläubigen zu. Man
wird mit dieser Uebersetzung aus dem Politischen ins Poetische
schon zufrieden sein dürfen. Was die Bürger angeht, so
hatten sie in der Zeit, welche die englischen Historien Shakespeare's behandeln, durchweg nur eine passive Rolle gespielt,
geduldet, allenfalls gezwungen mitgemacht und abgewartet.
Passive Rollen kann aber der Dramatiker nicht brauchen.
Und in Elisabeths Zeit machten sie sich im öffentlichen, staatlichen Leben schon häufig durch puritanische Ueberwachungs-
gelüste, durch übertriebenen Kirchen- und Polizeieifer und
durch Feindschaft gegen Kunst und Künstler bemerkbar: gerade
kein Grund für einen genialen Dichter, sie zu bevorzugen.
Ihre große Zeit sollte in England erst kommen. Uebrigens
tritt ihnen Shakespeare niemals nichtachtend zu nahe, weiß
bürgerliche Sitte und Tüchtigkeit sehr wohl zu würdigen und
ist weit entfernt z. B. in Schilderung der nationalen Kämpfe
gegen Frankreich, die Bedeutung des freien, nichtadligen
Kriegsvolkes zu übersehen. Wenn Falstaffs zusammenge-
rafftes Gesindel auf seine Kosten lachen lassen muß: mit
welcher Liebe, welchem Verständniß sind dafür in Heinrich V.

Capitän Fluellen und seine Kameraden, diese Träger und Ver= treter wackerer, pflichttreuer Mannhaftigkeit behandelt; wie wenig hat Heinrichs V. Verhältniß zu diesem Kern seines Heeres von jenem ritterlichen, phantastischen Hochmuth an sich, den man den Shakespeare'schen aristokratischen Helden wohl vorgeworfen hat! Wirklich hart und parteiisch wird Shakespeare's aristokratische Geschichtsauffassung nur in den Volksscenen des Coriolan, die, von Plutarchs Erzählung stark beeinflußt, wohl hie und da über das Ziel hinausschießen, was freilich von der wahr= haftig nicht geschmeichelten Schilderung des römischen Adels nach der andern Seite hin ebenso gesagt werden könnte. Es geht eben ein Zug der Ueberkraft und Gewaltsamkeit durch dies ganze Drama, der gewissermaßen von dem Charakter des Helden aus die ganze Handlung und Charakteristik über= strömt. Im Ganzen, jenen vorwiegend ästhetischen, hie und da in Unmuth und Laune wohl etwas stark aufgetragenen Widerwillen gegen unschöne, plebejische Formen und zudring= liche Rohheit abgerechnet, wird es schwer sein, in Shake= speare's Auffassung historischer Dinge irgend eine Partei= ansicht oder Stimmung nachzuweisen. Der Constitutionelle geht da, was die Gesammthaltung des Dichters anbetrifft, so leer aus wie der Legitimist, der Katholik wie der Protestant, der Monarchist wie der Republikaner. An einzelnen trefflichen, aus dem Zusammenhange gerissenen Aussprüchen können sie frei= lich Alle eine reiche Ernte heimbringen, wie denn Shakespeare bekanntlich von Politikern sämmtlicher Parteien mit gleicher Vorliebe citirt wird. (Wir dürfen dabei die Liebhaber wohl auf die 1864 von uns zusammengestellte Shakespeare=Antho= logie verweisen.) Aber eine Grenze hat diese historisch=politische Objectivität Shakespeare's dennoch, und zwar eine sehr scharfe. Man hat ihm Manches vorgeworfen. Aber den Heuchler, den seine Dichtung nicht entlarvte und mit Schmach bedeckte;

7

den Tyrannen, der in ihr nicht den Qualen des Gewissens und dem öffentlichen Haſſe erläge, den Feigling, der nicht zum Geſpött würde, die aufgepußte Scheingeſtalt die nicht, in ihrer Blöße gezeigt, des Dichters vernichtenden Hohn erführe, wird man vergeblich in allen dieſen dramatiſchen Geſchichtsbildern ſuchen. Beſonders in dem leßten Puncte drängt ſich, in den Hiſtorien wie überall ſonſt, die ganze Wucht der Shakeſpeare'ſchen Natur und Geſinnung zuſammen. Es iſt der germaniſche Grundzug, das Abelsdiplom unſerer Race (Gott] erhalte uns noch lange dies Erbtheil!), der Efel vor der hohlen Form, vor der Phraſe, vor dem „Gößen Cärimonie", der Inſtinct der Wahrheit, der Aufrichtigkeit, der Selbſtkritik. In allen Tonarten tönt dieſe Weiſe durch Shakeſpeare's Dichtung. Wir hören ſie als aufjauchzenden Schrei derber Naturkraft, wenn der Baſtard Faulconbridge den faulen Politikern gegenüber ſein Programm des derb zugreifenden Egoismus entwickelt. Sie lehrt den tollen Perch ſein Sprüchlein: „Euer Leben lang ſeid wahr und lacht des Teufels!" Die Virtuoſenleiſtung der frechen Lüge in Richards III. ganzem Auftreten, mit ihrer tragiſchen Kataſtrophe, hebt ſie, ſo zu ſagen, durch den Contrapunct des entgegengeſeßten Laſters hervor, und ihren vollen, reichen Triumph läßt der Dichter in der Entwickelung Heinrichs V. ausklingen: von der humoriſtiſchen Verſpottung höfiſchen Großthums und höfiſcher Heuchelei in den tollen Jugendſcenen bis zu dem beſcheiden-gediegenen Auftreten im Kampf gegen die Rebellen, dem ergreifenden Abſchiede von dem ſterbenden Vater und der Heldenglorie des Criſpinustages von Azincourt! Das verächtlichſte Wort, welches im ganzen Shakeſpeare von einem Menſchen geſagt wird, trifft, aus Falſtaffs Munde, den Friedensrichter Schaal: „er renommire mit ſchlechten Geſchichten, die er niemals begangen, weil er ſelbſt

dazu zu dumm und nichtssagend war." Diese unerbittliche, in der
Liebe zur Wahrheit, dem Respect vor dem Natürlichen, Wirklichen wurzelnde Sittlichkeit des Maßstabes, den Shakespeare
(darin unserm Schlosser vergleichbar) an alle geschichtlichen
Erscheinungen legt, gewinnt aber ihren ganzen Werth für
seine Kunst erst durch die Sicherheit, mit der er die Klippe
dieser Auffassungsweise vermeidet; ich meine eine gewisse, an
sich nicht unehrenwerthe Geneigtheit, mit dem Maßstabe des
Privatbewußtseins ohne Weiteres die Höhen und Tiefen des
Weltlaufes auszumessen, im Regenten, im Feldherrn, im
Staatsmann einfach den guten Hausvater, den guten Christen
den redlichen Freund und Nachbar zu suchen, und sich in
spießbürgerlichem Tugendbewußtsein ihnen überlegen zu fühlen,
wenn der Maßstab nicht ausreicht. Es ist ein ganz besonderer Vorzug der Shakespeare'schen Historien (und auch der
Römerdramen), daß sie, ohne frevelhaften Eingriff in die
sittlichen Grundlagen des individuellen Seins, den Geist an
die großen Perspectiven der öffentlichen Verhältnisse gewöhnen, nicht durch politische und geschichtsphilosophische Weisheit,
sondern durch das heiß pulsirende Leben einer glühenden
Vaterlandsliebe, die so recht ihre Seele genannt werden darf
und vor deren Hauch die kleinen, beengenden Rücksichten
schwinden. Dieser Grundzug verleugnet sich nirgends. Der
Ruf Altenglands in der Gefahr erweckt in dem rücksichtslosen
Glücksjäger Faulconbridge den hochgesinnten Helden und
Staatsmann. Die Erwähnung des Vaterlandes läßt die
Lippen des sterbenden Gaunt überströmen von der berühmten
Klage über den niedergehenden Stern des „Kleinods, einge-
faßt in die Silbersee" und erhebt die Usurpation der Lan-
casters, ohne sie vor dem Gewissen des Einzelnen zu recht-
fertigen, in die Sphäre des historischen Nothwendigkeitsrechtes.
Der Gedanke an das Vaterland läßt Heinrich V. in der

Nacht vor Azincourt, mit ruhig-entschlossenem Sinn seine
Verantwortlichkeit tragen. Er durchgeistigt, erwärmt, durch-
leuchtet alle diese wunderbaren Charaktergemälde. Wie für
den Einzelnen, den Privatmann in Beherrschung der selbstsüchtigen Leidenschaft, so sieht Shakespeare für den Staatsmann, den
Feldherrn in unbedingter Hingabe an das Interesse des Landes
die Quelle aller Tugend. Sie hat eine sühnende, lösende
Kraft, sie entschuldigt selbst das Harte, Einseitige, Gewaltsame. Und hier führt uns die Verfolgung dieser ächt englischen Ader von Shakespeare's Historien-Dramatik denn freilich in ein Revier, wo neben den ergreifendsten Schönheiten
derselben auch ihre Unvollkommenheiten und Härten liegen.
Ich meine jene nicht gerade seltenen Ausschreitungen des
patriotischen Selbstgefühls, die den Dichter hie und da über
die Grenzen des ästhetischen Maßes hinaustreiben, und zu
seiner Wahrhaftigkeit in sittlichen Fragen einen so peinlichen
Gegensatz bilden. Wir würden in Deutschland dem obscursten
Zeitungsscribenten nicht Renommagen hingehen lassen, wie
die, mit welcher im ersten Theil Heinrichs VI. die englischen
Krieger ihre Niederlagen entschuldigen. Die gemeinen Be-
schimpfungen der Jungfrau von Orleans werden nicht besser
dadurch, daß sie der englischen Ueberlieferung (d. h. der des
fanatischen Pöbels) entlehnt sind. Doch die Aechtheit dieses
ganzen Stückes ist ja nicht erwiesen, vielmehr recht zweifelhaft. Aber im König Johann sind die Großsprechereien des
Bastards gegen Oesterreich ziemlich von gleichem Kaliber,
richtiges Galleriefutter, mögen sie immerhin mit einer con-
fusen populären Erinnerung an Richard Löwenherz, den Ge-
fangenen von Dürrnberg, zusammenhängen. Auch die französischen Lagerscenen in Heinrich V., so sehr sie im Grundton
den uralten und ewig jungen französischen Größenwahnsinn
auf den Kopf treffen, halten sich von der Carricatur nicht

frei; und wenn uns in demselben Stücke vollkommen kaltblütig berichtet wird, daß die Engländer auf ihres „ritterlichen" Königs Befehl die ihnen unbequemen Kriegsgefangenen
umbringen, so weht uns aus solchen Zügen (und sie wieder-
holen sich bekanntlich in den Tragödien) ein Geist an, den
wir in unserer deutschen Dichtung (ich spreche nicht vom
Leben) erst wiederfinden, wenn wir auf die ältesten Ueberlieferungen unserer heidnischen Vorzeit zurückgreifen. Hagen
in den Nibelungen, Wate und Frute in der Gudrun sind in
diesem Sinne Shakespeare'sche Helden, nur freilich, daß sie
noch für den persönlichen Kriegsherrn thun, was die Engländer des Mittelalters schon für das Vaterland.

Daß endlich in Bezug auf dramatische Formgebung,
Einheit der Handlung, Steigerung des Interesses, Verwickelung und Lösung der Conflicte die Historien nicht nach dem
Maßstabe frei erfundener Dramen zu behandeln sein können,
liegt nahe. Sie tragen ihren besondern Maßstab in sich
und spotten vielfach der Regeln. Nicht daß Shakespeare
einfach die Chronik dialogisirt und in Scene gesetzt hätte,
daß man, wie wohl gesagt worden ist, die Geschichte der Zeit
nach der Wahrheit in jenen Stücken studiren könnte. Es
ist Shakespeare selbstverständlich nicht entgangen, daß der
enge Raum des Drama's, und setzte man sich noch so unbedingt über Aristoteles und Boileau hinweg, nur selten im
Stande sein kann, einen wichtigen historischen Vorgang in
vollständiger und anschaulicher Nachbildung zu fassen. So
ist denn die Geschichte in den historischen Stücken vielfach
zusammengeschoben, verkürzt (wie das von den Commentatoren,
auch von mir im Einzelnen nachgewiesen ist), nirgends aber
entstellt und in wesentlichen Dingen willkürlich geändert.
Keine Posa's, keine Maxe, keine Attingshausen ꝛc. drängen
sich als Vertreter der Privatanschauungen des Dichters in

die Reihe der geschichtlichen Personen, keine geschichtliche Person wird, wie Wallenstein, Maria Stuart, Elisabeth, Egmont zu dichterischen Zwecken umgewandelt. Und wenn Shakespeare in der Anordnung und scenischen Behandlung des gegebenen Stoffes auf consequente Durchführung eines tragischen Planes verzichten mußte, so hat er es dafür, einem geschickten, an Oertlichkeit und Material gebundenen Baumeister vergleichbar, verstanden, die vorliegenden Begebenheiten, nach Maßgabe ihrer Natur, in die Sphäre dichterischer Handlung zu erheben. Vollkommen abgeschlossene, in ihrer Art vollendete Tragödien sind nur das Einleitungs- und das Schlußstück der beiden Tetralogieen, Richard II. und Richard III.: dort der Untergang des auf Form und Ueberlieferung pochenden Rechtsanspruchs, die übermüthige und schwache Legitimität in sinnlosem Kampf gegen die kluge, kräftige Usurpation, hier die Selbstvernichtung der jedem Recht Hohn sprechenden angemaßten Gewalt; dort vollendete, feinste Charakterzeichnung, hier, bei sehr gewagter, die Grenze des Erlaubten kaum immer einhaltender Anlage und Durchführung im Einzelnen, eine unwiderstehlich fortreißende Kraft, die für Alles entschädigt. In König Johann spiegelt sich die von dem Trachten nach Gewinn und äußerer Ehre beherrschte Natur des Weltlaufes in der eigentlichen Staatshandlung des Stückes, dem Streit um das Erbrecht des Prinzen Arthur. Aber das Eingreifen der päpstlichen Herrschsucht ruft zum Schluß die höhere Gewalt der Vaterlandsliebe auf die Bahn, und die vaterländische Sache siegt, indem sie ihre Vorkämpfer adelt. Das Stück ist die Tragödie der faulen Diplomatie, des „schnöden Mäklers Eigennutz", in dessen giftigem Nebel gräuliche Dämonen spuken, bis er vor der aufgehenden Sonne des Patriotismus zurückweicht. Weit weniger reich an Handlung, auf Entwickelung einer Hofintrigue beschränkt, imponirt

Heinrich VIII. durch tiefsittlichen Ernst, seine Charakteristik und schöne, maßvolle Sprache. Im Gegensatze zu der, wir möchten sagen innerlichen Art dieses, der reifen Kunst Shakespeare's angehörigen Drama's fassen der zweite und dritte Theil Heinrichs VI. in einer wild fortstürmenden Reihe von Masseneffecten die übergewaltige Handlung des Bürgerkrieges zusammen: im Einzelnen nicht selten verworren, in der Sprache ungleich, überall die Arbeit des Anfängers verrathend, aber in großartig historischem Sinn und Instinct angelegt und zu höchster tragischer Wirkung sich steigernd. Heinrich V., ohne eigentliche dramatische Verwickelung, hält sich schon durch die von Act zu Act eingelegten Prologe auf der Grenze zwischen Drama und Epos, dessen erhabensten Schwung das Gedicht in der unvergleichlichen Darstellung der Azincourt=Schlacht erreicht, (Heinrichs V. Anrede an seine Getreuen ist wohl das höchste Muster von Heldenberedsamkeit in der gesammten Weltliteratur), während andere Scenen stark an die Pauken= und Trompetenstücke des Zeitalters erinnern (z. B. die Belagerung Harfleurs). Auch die Volks= und Intriguenscenen sind von sehr ungleichem Werthe, wechseln von feinsten Charakterstudien bis zu billigen Galleriespäßen. In Heinrich IV. endlich stellte die ohnehin schwierige Gattung dem Dichter das schwerste Problem: Dramatisirung einer Handlung, die sich in abnehmenden Wiederholungen bewegt, wie abstillende Wellen nach dem Sturm, vergebliche Aufstände selbstsüchtiger und mittelmäßig begabter Vasallen gegen den klugen Usurpator, der sich auf ihren Schultern erhob. Ein paar Tödtungen auf dem Schlachtfelde, ein paar Hinrichtungen abgerechnet, ist am Schlusse Alles wieder so ziemlich so wie es am Anfange war, und die ungelöste Aufgabe der Lancaster=Politik geht von dem früh verbrauchten Vater auf den Sohn über. Welcher Dichter hätte je einen solchen Stoff gewählt, ohne

tiefgehendes Interesse, ohne rechte Verwickelung, ohne ab=
schließende Katastrophe! Shakespeare nahm ihn dennoch hin,
wie die vaterländische Chronik ihn ihm als Uebergang von
Richard II. zu Heinrich V. eben darbot, er änderte wenig
und nichts Wesentliches an der Handlung und schuf — die
unerreichte Perle seiner Historien. Er verlegte einfach den
Schwerpunkt, gegen alle und jede Regeln, aus der Handlung
in die Charaktermalerei, ließ in einer Reihe von Variationen
die auf Ehre und Macht erpichte große Welt sich vorführen,
in ihren kaltblütigen Staatsmännern, eingebildeten Phantasten
und ritterlichen Hitzköpfen, stellte ihr das lustige Schlaraffen=
leben einer im Sinnengenuß aufgehenden Zechbrüderschaft
gegenüber, setzte beide Reihen durch den Prinzen und durch
Falstaff, seinen besten Helden und seinen besten Komiker in
Verbindung, und ließ diese beiden das Ganze tragenden Cha=
raktere ihren naturgemäßen Weg machen: den Einen zum
Ehrenthron der Geschichte, den Andern ins Hinterstübchen
der Frau Hurtig. So haben wir zwar keine historische Tra=
gödie bekommen (denn die tragisch handelnden und leidenden
Personen stehen nicht im Mittelpunkt des Interesses); auch
kein rechtes Drama, denn es fehlt die spannende Einheit der
Handlung; auch kein Lustspiel, denn es geht vielfach dafür
doch zu ernsthaft her und es treten zu bedeutende Menschen
auf: wohl aber haben wir Etwas von dem Allen, und, was
jedenfalls die Hauptsache ist, ein so fesselndes, erquickendes,
belustigendes, belehrendes, warnendes, auferbauendes Gedicht,
wie es deren wenige giebt, und welches, wie man weiß, die
Probe der scenischen Darstellung gar vortrefflich erträgt.
Heinrich IV. ist eines der lehrreichsten Beispiele dafür, was
es mit den Regeln dem Genius, dem Leben gegenüber für
eine Bewandtniß hat. Wir möchten Niemandem rathen, ihn
nachzuahmen. Wer es könnte, hätte es nicht nöthig, und wer

es nöthig hätte, würde es nicht können. Ueberhaupt ist es, wie der Kirchhof unserer dramatischen Literatur lehrt, mit dem Nachahmen Shakespeare'scher Historien eine eigene Sache. Die so rein menschliche und doch wieder so treu vaterländische und geschichtliche Auffassung von Personen und Handlung, in der unseres Erachtens ihr eigentlicher Zauber liegt, ist nicht ausschließlich Shakespeare's persönliches Verdienst. Seine Zeit und sein Land brachten ihm kostbare Vortheile entgegen. Zunächst war es ihm leicht, über den Parteien zu stehen, denn die Gegensätze, welche er darstellt, waren als er schrieb überwunden. Sodann gewährt die ihm in seinem Holinshed vorliegende tragische Selbstvernichtung mächtiger Heldenge-schlechter dem Dichter einen ganz andern Stoff, als die Schicksale unserer in Krieg und Frieden nur noch mit Massen arbeitenden Gesellschaft. Wer ihr den Spiegel vorhalten will, wird wohl noch lange wohlthun, die freie, breite Form des Romans oder des Kunstepos vorzuziehen, bis sich die Geschichte vielleicht wieder einmal dramatisch zuspitzt. „Man nimmt dem Herkules leichter seine Keule, als Shakespeare einen Vers", sagte schon Lessing. Mit Shakespeare's Kunst-formen und Motiven ist es kaum anders. Sie sind ihm auf den Leib zugeschnitten und passen nicht leicht andern Sterb-lichen. So lassen wir ihm denn seine Verse, seine Manier, seine Kunstformen und suchen bei ihm (ganz besonders, wenn von der englischen Historie die Rede ist), andere Dinge: Schärfung des Verständnisses für große menschliche Verhält-nisse, ehrliche und tiefe Einsicht in die Geheimnisse des Charakters und Herzens, Auferbauung in männlicher Wahr-heit, Freude und Kraft. Danach wird Keiner, der zu lesen versteht, vergeblich in den Historien suchen.

Die drei römischen Geschichtsdramen, Julius Caesar, Antonius und Cleopatra und Coriolan sind den meisten englischen Historien (Richard II. und Richard III. ausgenommen) an Einheit und Durchsichtigkeit der Handlung und dadurch bedingter dramatischer Spannung so weit überlegen, wie Plutarchs künstlerisch angelegte Biographieen dem naiven Chronistenstyl Holinsheds. Shakespeare schöpfte den Inhalt bekanntlich nicht aus der griechischen Quelle, sondern aus der, ihrerseits an den Franzosen Amyot angelehnten Uebersetzung von North. Willkürliche, bedeutende Aenderungen der Thatsachen, wie wir sie in modernen „historischen Dramen" leider gewohnt sind, hat er sich hier noch weniger als dort erlaubt, da das Bedürfniß der Kürzung weniger fühlbar wurde, und da Plutarch ihm in Bezug auf politische und psychologische Motivirung, ja oft auch was die Anordnung des Stoffes angeht, aufs Beste entgegen kam. Auch der rhetorische Styl des spätgriechischen, stets reflectirenden Geschichtschreibers fügte sich trefflich Shakespeare's emphatischer Redeweise und scheint derselben mehrfach Sporn zu einem Wetteifer geworden zu sein, dem wir eine Reihe der gewaltigsten Shakespeare'schen Scenen verdanken. Die Schilderung der schrecklichen Nacht vor den Iden des März, des Antonius Todtenklage um den eben ermordeten Caesar, seine und des Brutus Trauerrede vor versammeltem Volke, die Schilderung von Cleopatra's Einzug in Tarsus, des Domitius Bericht über die Schlacht bei Actium, des Antonius letzte Rede an seine Getreuen sind auf diese Weise entstanden. Freilich ist dabei an bewußte und überlegte Darstellung des specifisch antiken Lebens und des römischen Nationalcharakters (im Sinne unserer heutigen, durch Kritik und Culturgeschichte beherrschten Anschauungen) so wenig zu denken, daß vielmehr die etwa sich findenden Abweichungen von der Quelle immer darauf hinausgehen, Personen und Dinge den englischen Anschauungen des sechszehnten Jahrhunderts zu nähern. So erwägt Brutus die

Gründe seiner That nicht wie ein römischer Republikaner,
sondern wie ein moderner Psychologe und Moralphilosoph.
Nicht daß Caesar der ererbten Verfassung Roms Gefahr droht,
ist ihm Kummer und Sorge, sondern daß jener im Besitz
der Macht hochmüthig und hart werden, daß seine jetzt noch
„junge Ehrsucht", einmal ans Ziel gelangt, der Leiter der
„Demuth" den Rücken drehen und sie von sich stoßen möchte.
„Das kann auch Caesar! Darum, eh' er's kann, beugt vor!"
Die Plebejer des alten, republikanischen Roms, auch die
Tribunen, werden womöglich noch gemeiner und verkommener
dargestellt, als der Pöbel und die Demagogen des entarteten
cäsarischen Roms. Menenius Agrippa hat keinen römischen
Blutstropfen in sich, ist vielmehr der richtige moderne After-
Aristokrat aus der Schule des Polonius. Das gesammte
römische Patriciat benimmt sich Coriolan gegenüber, zumal
in den letzten Scenen des Drama's, wie eine richtige, moderne
Junkergesellschaft. Beibehalten werden Plutarchs Charakteristiken
und Motive nur da, wo die Antike dem Dichter die rein
menschliche, seiner Zeit und seinem Volke unmittelbar verständliche und anschauliche Seite zukehrt; dann aber setzt er
auch alle Hülfsmittel seiner Kunst in Bewegung, um die todte
Ueberlieferung zu frischem, unmittelbarem Leben auferstehen
zu lassen, und, wie man weiß, fast immer mit wunderbarem
Erfolge. So ist sein Julius Caesar (in des Dichters bester
Zeit, wahrscheinlich um 1602 geschaffen) die Mustertragödie
des despotischen Idealismus geworden, der, von einem energischen Willen getragen, die Abstractionen des eigenen Denkens
höher stellt, als die Stimme der Natur, als die Forderungen
des Lebens und der Gesellschaft, und darüber zu Grunde
geht. Brutus, ein Denker wie Hamlet, aber von entgegen
gesetztem Charakter, überlegt zu einseitig, wie jener zu vielseitig, fehlt durch überkühnes, vermessenes Eingreifen in den

Gang der Dinge, wie jener durch Zaubern, wird ein Opfer
seiner einseitigen, praktischen Logik wie jener seiner vielseitigen,
überfeinen, überall retardirenden theoretischen Bildung: der
Eine wärmster menschlicher Theilnahme und tiefsten tragischen
Mitleids so werth, als der Andere. Vollendete Schönheit der
Sprache, eine selbst bei Shakespeare auffallende Gedankenfülle
und hinreißende Gegenständlichkeit heben dies tragische Doppel=
gestirn aus der ganzen Dichtung Shakespeare's hervor und
rechtfertigen die Vorliebe der Zuschauer und Leser dreier
Jahrhunderte. Der tief schwermüthige Grundzug Shakespeare's,
seine Ueberzeugung von der Unvereinbarkeit idealen Strebens
und äußern Glücks, ist hier wie dort nicht zu verkennen. Um
so mehr ist hervorzuheben, mit welch großartiger Klarheit
des Sinnes er dabei das Recht der realen Lebensgewalten,
der unerbittlichen Wirklichkeit begreift und wahrt, und wie
wenig er Brutus und Hamlet, seine Lieblinge neben dem
zwischen ihnen in der normalen Mitte stehenden Prinzen Heinrich,
zu schonen geneigt ist, wo sie die gesunde Fühlung mit den
Dingen verlieren. Und welche Warnung für jene Erklärer,
die Shakespeare's Charakter nach dem eines seiner tragischen
Helden beurtheilen, diese reiche, geschlossene, allseitig entwickelte
Mannesnatur wohl gar hinter der Maske des geistreichen,
überästhetischen, sentimentalen Dänenprinzen suchen möchten!
Wer fast gleichzeitig den Prinzen Heinrich, Hamlet und Brutus
schaffen konnte, sollte vor Anwendung dieses Maßstabes doch
wohl gesichert sein. — Antonius und Coriolan, wahrschein=
lich gegen das Jahr 1610 hin, ziemlich gleichzeitig mit Timon
geschrieben, tragen unverkennbar die Züge dieser Epoche reifster
Kraft, aber auch herber Verstimmung, welcher die Natur
der hier vorliegenden Stoffe nicht selten Anlaß zu schneidendstem
Ausdruck wird. Dort der Untergang einer genial angelegten
Natur in haltloser Sinnlichkeit, der Sieg selbstsüchtiger, berech=

nender Mittelmäßigkeit in einer abwärts gehenden, dem Gemeinen verfallenen Welt; hier die Tragödie aristokratischer
Ueberhebung, die an dem Conflict mit den Grundlagen ihres
eigenen Wesens zu Grunde geht, an ihren Beziehungen zu
den Gefühlen und Pflichten der Familie und des Staates.
Antonius folgt der Erzählung des Plutarch fast genau und
vollständig; nur die allernothwendigsten Verkürzungen hat
sich Shakespeare gestattet, um die Ereignisse von zwölf Jahren
in fünf Acte zu bringen. Breit angelegt und ausgeführt
sind Exposition und Katastrophe, des Antonius Hofhaltung
mit Kleopatra, seine Scheinaussöhnung mit den Triumvirn
und Pompejus und sein endlicher Untergang. Was vom
Jahre 38—31 dazwischen liegt, das consequente Fortwirken
der einmal eingeführten Factoren, ist auf das Geschickteste in
ein Paar gut motivirte Berichte zusammengedrängt. Handlung und Charakter geben scharf und schonungslos dem hier
nur zu nahe liegenden Grundgedanken Ausdruck: „Denn aus
Gemeinem ward der Mensch gemacht" (wie im Timon), doch
nicht ohne durch treffliche Hervorhebung des versöhnenden ästhetischen Moments in Antonius und Kleopatra, des gemüthlichen in Domitius Abenobarbus und Iras, das ewige Recht
des Guten und Schönen auch hier zu wahren. — Noch
schärfer und dunkler sind Zeichnung und Colorit in Coriolan
gehalten, diesem wahrhaft rembrandtischen Gemälde menschlicher Ueberkraft und menschlicher Schwäche. Weit entfernt,
sich auf culturhistorische Studien über das alte Rom einzu-
lassen (wie schon bemerkt), faßte Shakespeare in der ihm vorliegenden Erzählung das seiner Weltanschauung nahe liegende
Moment aristokratischer Ueberhebung im Kampf mit an-
spruchsvoller Gemeinheit ins Auge. Die Mächtigkeit der
Gestalten, der stürmische, lebenskräftige Zug der Handlung ziehen unwiderstehlich an, die außerordentlich reiche

und farbenprächtige Diction hat das Stück zu einem Parade=
roß der „dramatischen Vorleser" gemacht, während dennoch,
für unser Gefühl wenigstens, der Mangel des Lichts im Ge=
mälde eine wirkliche Befriedigung nicht recht aufkommen läßt,
ebensowenig beinahe als im Timon. Coriolan ist ebenso
toll hochmüthig, hart und jähzornig als tapfer und nobel
(wir mögen das Wort „edel" hier nicht anwenden). Seine
Mitbürger, Patrizier und Plebejer, benehmen sich ganz gleich
erbärmlich; selbst Volumnia, die erhabene, mit shakespeare'schem
Pinselstrich, aber mit plutarchischen Farben gemalte Matrone,
ist im Grunde nur Patriotinn aus Familienstolz. Es ist
ihr weniger um das Vaterland (oder doch um das Volk) als
um den guten, unbefleckten Namen ihres Geschlechts zu thun,
als sie ihr Ansehen und ihren Liebling für Roms Rettung
daransetzt. Und wenn Coriolan selbst am Ende seinen Hoch=
muth beugt, so bringt er ihn erst recht nicht dem Vaterlande,
sondern, in einer Anwandlung von Schwäche, seinen Jugend=
instincten und seinem Familiengefühl zum Opfer: er hätte
sonst nicht noch die lahme Rechtfertigung seines Verfahrens
vor dem Senate der Volsker versucht. Es giebt wenig Shake=
speare'sche Stücke, in welchen das eigenthümliche Darstellungs=
talent Shakespeare's, des „expresser", wie ihn Masson nennt,
und daneben der in seinen späteren Jahren ihn halb auf=
reizende, halb niederschlagende Einfluß des unter Jacob I. sicht=
lich sinkenden und entartenden öffentlichen Geistes sich so studiren
ließe, wie hier. Man pflegt die Volksscenen im Coriolan
als Beleg für Shakespeare's aristokratische Vorurtheile an=
zuführen. Nicht ganz mit Unrecht, insofern es sich um Anti=
pathien der vornehmen, adeligen Künstlernatur gegen den
modernen Pöbel handelt, mit welchem die alten römischen
Plebejer hier unbedenklich verwechselt werden. Aber welche
Triumphe feiert dicht daneben des Dichters unbestechliche

Objectivität in Schilderung der patricischen Welt und des
Helden selbst! Wie spiegeln sich die schlimmen Seiten einer
entartenden Geburtsaristokratie in dem herzlosen Hochmuth
und Eigennutz und in der gleißnerischen Schwäche dieses
ganzen Gebahrens! Die Höflinge des ersten Stuart haben schwerlich Ursache gehabt, Shakespeare wegen seines Coriolan für
ihren Schmeichler zu halten. Der Dichter, weit entfernt,
das specifische Sonderwesen längst vergangener Völker zu
zu einem Scheinleben wiedererwecken und seine Kunst in den
Dienst der kritischen Gelehrsamkeit geben zu wollen, wurde,
hier wie überall, von einer ihm besonders anschaulichen
Offenbarung des allgemein Menschlichen in einem alten
Berichte gepackt; er gestaltete sie in Leben und Fülle, behielt
von dem antiken Wesen und Kostüm unbefangen so viel bei,
als sich bequem mit jenem allgemein menschlichen Inhalt
vertrug und von der Quelle ihm wohl vorbereitet geboten
wurde, ließ die Handlung in allem Wesentlichen (und selbst
in Lücken und Widersprüchen) unverändert, und setzte seine
ganze Kraft ein, dieselbe aus den innersten Wurzeln der
Empfindung und des Denkens vor unsern Augen heraus-
wachsen zu lassen. So wurde Coriolan, so wurden die Römerdramen überhaupt nur hie und da zufällig treue Bilder
antiken Lebens; überall aber dramatische Seelengemälde ersten
Ranges, an künstlerischer Wirkung den englischen Historien
immer ebenbürtig, oft überlegen, von denen aus sie zu den
großen, nicht histor'schen Trauerspielen den Uebergang bilden.

Vierter Vortrag.

Die großen Trauerspiele.

Freude an Darstellung des Leidens. — Ihr Grund. — Tragische Wirkung. — Begriff der Tragödie. — Ihre Grundgesetze. — Romeo und Julie. — Othello. — Lear. — Macbeth. — Hamlet.

———

So lange es Menschen gab, war, allen Gesetzen und allen Moralisten (auch dem Shakespeare-Erklärer, Herrn Professor Flathe) zum Trotz, Streben nach „Glück", will sagen nach Befriedigung der von der Natur ihnen auferlegten Bedürfnisse, Mittelpunct ihres Strebens. Und so lange es eine Kunst giebt, welche durch Nachahmung menschlichen Lebens wirkt, war Darstellung menschlichen Leidens ein mächtiges, wenn nicht das mächtigste Reizmittel für die schaulustige Menge. Die glänzende Jugendzeit der europäischen dramatischen Kunst ergötzte sich an den Qualen des verbrennenden Hercules, des geblendeten Oedipus, des auf ödem Felseneiland verlassen jammernden Philoktet. Sie folgte in athemloser Spannung den Seelenkämpfen des Muttermörders Orest, vergoß süße Thränen bei Antigones Todesklage, empfand ein entzückendes Grauen bei Nachbildung der selbstvernichtenden Thaten des Pelopidengeschlechts. Als dann nach tausendjährigem Schlummer die Kunst des Mittelalters ein neues Leben begann, waren es vorzugsweise die Leiden des Herrn und seiner Getreuen,

denen sie die Theilnahme der Zuschauer verdankte, und nicht
minder hat später die moderne Bühne in Nachbildung der
Nachtseite des Lebens vielfach ihre höchsten Triumphe gefeiert,
bis auf den heutigen Tag. Wie erklärt sich, fragen wir,
diese Freude der guten, der mitleidigen, der weichen Seelen
an Bildern der Verirrung, des Schmerzes, der Verzweiflung,
an diesem „ganzen Jammer der Menschheit“? Unter den
zahlreichen Denkern, welche darauf zu antworten versuchten,
hat unseres Erachtens Schiller die Sache dem allgemeinen,
unbefangen menschlichen Verständnisse wohl am nächsten
gerückt, und es wird sich zumal die deutsche Auffassung dieser
Dinge von seinen Grundgedanken so leicht nicht entfernen,
wie sie die Abhandlung über den Grund des Vergnügens an
tragischen Gegenständen darlegt: Die Quelle der tragischen,
wie jeder andern höhern Kunstwirkung ist jene Freude an
unserer eigenen Natur, die einmal den stärksten Zug aller
ästhetischen Empfindung bildet. Die Hauptsache für den
Menschen bleibt immer der Mensch, wenigstens gewiß, so
weit das Gefühl in Betracht kommt. Der Makrokosmus,
die „nicht fühlende Natur“, gewinnt im Grunde Leben und
Bedeutung nur als bedingende Voraussetzung, Werkzeug oder
Spiegelbild des Mikrokosmus, des denkenden, empfindenden
Ich. So ist menschliche Kraft, menschliche Güte, menschliche
Schönheit und Weisheit für uns die Urform und Grund-
essenz alles Anziehenden und Schönen, Alles dessen, was uns
rührt, bewegt, erfreut. Das natürliche Maß aber für die
Kraft, an dem sie erst in die Erscheinung tritt, ist die Gegen-
kraft, der Widerstand, der Kampf, und dessen unvermeidlicher
Begleiter, der Schmerz. Die Poesie des Seelenlebens ist der
Sturm, nicht der Hafen; die des Kriegers das Schlachtfeld,
nicht die behagliche Garnison. Was wissen wir von Geduld,
ehe wir litten und leiden sahen, was von Opfermuth, ehe

das Leben freiwillige Entbehrungen nahe legte, was von Liebe,
ehe der Widerstand der Weltinteressen unsere Neigung kreuzte,
ehe Versuchungen, Hindernisse, Trennung, Entbehrung uns
auf die Probe stellten! So groß ist der Reiz menschlicher
Kraft an sich, daß ihre nackte, von den Bedingungen sittlichen,
höhern Wohlgefallens gelöste Erscheinung uns oft unwiderstehlich anziehen kann. Der kühne, gewandte, rücksichtslose
Verbrecher ist der nervös erregten, wenn nicht gar bewun-
dernden Theilnahme einer athemlos lauschenden Zuhörerschaft
sicher, wenn er vor den Schranken sein Leben vertheidigt.
Wir erbeben vor der Nichtswürdigkeit Jago's, vor Macbeth's
Nichts schonendem Frevelmuth, vor der dämonischen Selbstsucht Richards III. und Edmunds. Dennoch, ganz abgesehen
von der höhern, ästhetisch-sittlichen Gesammtwirkung der be-
treffenden Kunstwerke, können wir uns einer geheimen Genug-
thuung nicht erwehren Angesichts dieses überlegenen Verstandes,
dieses unbeugsamen Willens, dieses furchtlosen, die Welt und die
Gottheit herausfordernden, und am Ende das verlorene Spiel
ohne Zucken einer Wimper zahlenden Trotzes. „Im Anfang
war die Kraft", und ihrem Zauber hat sich noch Niemand
entzogen. Und wenn sie als bloße, rohe Elementargewalt ihre
Wirkung nie verfehlt: um wieviel stärker, reiner, erfreulicher
wird die letztere sein, sobald ungewöhnliche Kräfte im Dienste
des Guten siegend, oder selbst unterliegend in Scene treten!
Daher, in erster Instanz und einfachster Grundform, unsere
Freude an der Darstellung menschlichen Leidens, „unser Vergnügen an tragischen Gegenständen", das erste Grundelement
der tragischen Wirkung.

Freilich, dürfen wir hinzufügen, noch nicht diese selbst,
in ihrer ganzen, geheimnißvollen Entfaltung. Vielmehr wird
die letztere bedingt durch die in dichterischer Darstellung
menschlichen Kämpfens und Leidens vermittelte Offenbarung

des Grundgesetzes, welches dem menschlichen Einzelleben seine
Stelle und Berechtigung anweist gegenüber den Existenz=
bedingungen des großen Ganzen, der Gattung. Ob jenes
Gesetz dann Schicksal genannt wird oder göttliche Ordnung,
Vorsehung oder Naturnothwendigkeit, das thut Nichts zur
Sache. Das Räthsel des Daseins bleibt immer dasselbe.
Es ist in dem unlösbaren Gegensatz beschlossen, zwischen dem
souveränen Selbstbewußtsein des denkenden, wollenden, empfin=
denden, Glück, Wahrheit, Recht erstrebenden Einzelwesens,
und jenem unentrinnbaren Naturgesetz, welches jede concrete
Gestaltung des im All fluthenden Gesammtlebens im geraden
Verhältniß zu ihrer Stärke und Fülle enger begrenzt, so daß
jede leidenschaftliche Freude nur um bittere Enttäuschung
erkauft wird, jeder Rausch der Liebe und des Lebens um
doppelt scharfe Entbehrung, jedes hochfluthende Vollgefühl
des persönlichen Wollens und Könnens durch unerbittliche
Mahnung an die Mangelhaftigkeit und die ungenügende Kraft
des Einzelnen, gegenüber den in der Gattung still und un=
nahbar waltenden Gesetzen. „Der Mensch ist das Wesen,
welches will. Der Wille ist der Geschlechtscharakter des
Menschen.“ Aber dieser gottentstammte Wille sieht sich auf
allen Seiten von hindernden, überlegenen Kräften umgeben.
Und wären wir im Besitz aller Weisheit, aller Kraft, alles
Glücks — gegen den Tod ist kein Kraut gewachsen. Das
Bitterste, die unbarmherzige Verneinung des Selbstbewußt=
seins bleibt in alle Wege die Grundbedingung alles einzelnen,
bewußten Seins, dessen unvermeidliche Voraussetzung und
Folge. Dies Sphinx=Räthsel zu lösen, dem Tode den Stachel
zu nehmen, das Glücks= und Lebensbedürfniß des Einzelnen
auszusöhnen mit der Nothwendigkeit, wieder unterzutauchen
in die Fluth des Alls, aus der es ans Licht trat: das war
von je der Weisheit Schluß; die Darstellung der tausend

Formen dieses Mühens und Ringens ist die natürlichste Aufgabe der Kunst, welche dem Leben sein Abbild zeigt. Menschliches Streben und Leben ist seiner Natur nach die Urtragödie, das höchst mitleidswürdige Ringen des zu Beschränkung, Entbehrung, Täuschung, Tod verurtheilten Trägers eines unendlichen Wirkens-, Glücks-, Wissens- und Lebensbedürfnisses. Die Lösung des Räthsels, die Versöhnung erfolgt theoretisch durch die Macht freier Resignation, die „die Gottheit aufnimmt in unsern Willen". Praktisch ging und geht sie den Weg des Leidens, der Erfahrung, welche den hochfluthenden Einzeltrieb zurückebben lehrt in das Bette der Gesammtentwickelung, oder die, in der Vernichtung des als Ganzes sich gebehrdenden Theiles, dem Lebensgesetz des Ganzen zu seinem Rechte verhilft. Und deren künstlerische, von zufälligem Beiwerk befreite Nachbildung ist dann die Tragödie, die Kunst der Künste; nach des Aristoteles wohlbekannter Erklärung: die dichterische Nachahmung einer bedeutenden Handlung, welche, durch Erregung von Mitleid und Furcht, diesen und ähnlichen Affecten in uns zur Reinigung hilft. Wie die moderne Aesthetik aus diesem Kern die Gesetzgebung des Trauerspiels heranwachsen ließ: wie sie für die Tragödie reich ausgestattete, über die Mittelmäßigkeit hervorragende Charaktere verlangte, weil nur diese würdige Träger einer bedeutenden Handlung sein können: wie sie darauf hinwies, daß diese Charaktere dabei gemischt sein müssen, als uns selbst im Wesen verwandte, weil wir nur für Wesen unserer Art volle Theilnahme haben, weil das Leiden des ganz Schlechten uns gleichgültig läßt, daß des ganz Unschuldigen uns empört und erbittert: wie die tragische Furcht gleichfalls in der Menschlichkeit der Träger des tragischen Schicksals ihre Vorbedingung hat: wie endlich die Reinigung des Affectes wesentlich in seiner Loslösung von dem selbstsüchtigen, verdüsternden

und verwirrenden Triebe beruht und daher den Scheinge-
bilden der Kunst leichter gelingt, als den Erfahrungen des
Lebens: Alles das mag hier nur andeutend in Erinnerung
gebracht werden. Für die Beurtheilung Shakespeare's, der
sich um irgend eine Kunsttheorie wohl nie gekümmert hat
(und, dürfen wir wohl hinzufügen, für die Beurtheilung
ächter Kunstwerke überhaupt), haben alle diese Schulbegriffe
nur subjective Bedeutung, insofern sie den Genuß des Betrachtenden zu einem bewußteren, vollständigeren machen.
Wo wir uns thatsächlich erschüttert und erhoben fühlten, wird
es uns wenig ausmachen, wenn es auch vielleicht in einer
von der Aesthetik nicht vorgesehenen Weise geschah, und die
Theorie muß sich dann der Thatsache fügen, nicht umgekehrt.
Aber eine Freude bleibt es immer und eine Erhöhung des
Genusses, wenn wir die Einzelwirkung auch als eine gesetz-
liche empfinden: denn der Instinct des Gesetzes, der einheitlichen Natur aller Erscheinungen liegt unserm ganzen Denken
und Empfinden zum Grunde, und durch die Erinnerung an
das Gesammtergebniß früherer Beobachtungen (und etwas
Anderes ist die Regel doch nicht) mag die Betrachtung neuer
Einzelfälle immerhin an Sicherheit und Ergiebigkeit gewinnen.
Es sind vornähmlich fünf Gedichte, an welche wir zu
denken pflegen, wenn von den „großen Tragödien" Shakespeare's die Rede ist: Romeo und Julia, Hamlet,
Othello, Lear, Macbeth. An sie schließt sich durch den
Ernst der tragischen Färbung, wenn auch entfernt nicht durch
ebenbürtigen künstlerischen Werth, das seltsame Trauerspiel
von Timon, dem Menschenfeinde. Wir haben die Stücke in
dieser Aufzählung nach der muthmaßlichen Zeit ihrer Entstehung geordnet, die indeß bei keinem einzigen mit voller
Genauigkeit sich angeben läßt. An der Spitze der Reihe
steht chronologisch unzweifelhaft Romeo und Julia. Auch

wenn die bekannte Erwähnung des Erdbebens nicht auf den
Anfang der neunziger Jahre (1591—93) hinwiese, also auf
Shakespeare's jugendlich männliche Reise, würden Wahl und
Behandlung des Gegenstandes, Vers, Sprache, Färbung der
ganzen Darstellung an diese Epoche erinnern. „Romeo und
Julia" theilt mit Othello und Macbeth den Vorzug der
Einfachheit und leichten Verständlichkeit des Grundgedankens,
die durchsichtige Anlage und den mächtigen, hinreißenden Zug
der Handlung. Voraus hat dies Hohelied der tragischen
Jugendliebe die menschlich-schöne Natur des Thema's, und so
ist denn der Vorzug nur natürlich, welcher die auf unbefangenen Genuß mehr als auf geistige Anregung ausgehende
Mehrzahl der Zuschauer und Leser ihm stets zugewandt hat.
Man erinnert sich jener herrlichen Stelle in den Schlegel'schen
Vorlesungen, die „von diesem idealen Bilde handelt, in welchem Reinheit des Herzens und Gluth der Einbildungskraft,
Sanftmuth und heftige Leidenschaft sich zu schönster Wirkung
verbinden: von diesem glorreichen Lobgesang auf das Gefühl,
welches die Seele adelt und ihr ihre volle Erhabenheit giebt,
und dieser gleichzeitig so schwermüthigen Klage über seine
Gebrechlichkeit, die seiner Natur entspringt, wie den Verhältnissen des Lebens". „Was der Duft des südlichen Frühlings
Bezauberndes hat, was im Gesange der Nachtigall schmachtet
und in der sich öffnenden Rose wollüstig erglüht, das durch-
weht dies Gedicht". Und Philarète Chasles in seiner französisch-
pittoresken Weise führt den, jedem Leser aus dem Herzen
genommenen Gedanken aus, in jenem köstlichen Bilde der
Sommernacht, die, ein Gemisch innerer Gluth und über-
strömender Thatkraft, gleichzeitig erquickend und aufregend
die Sinne berührt". Wer stimmte da nicht bei! Nur freilich, daß Sinn und Werth der Tragödie mit diesem Preis
ihres Duftes und Farbenschmelzes, ihrer sinnlichen Schönheit,

so zu sagen, nicht erschöpft sind. Shakespeare, in seiner tiefsinnigen, germanischen Art, begnügt sich schon in diesem
Jugendgedichte nicht damit, die Leidenschaft zu malen, welche
das Leben in einen seligen Augenblick zusammenfaßt und es
dann zerbricht, wie wohl der übermüthige Zecher den Pokal,
aus dem er hinfort keinem Andern mehr einen Trunk gönnt.
Er zieht den Schleier fort von dem räthselvollen Verhältniß
dieser Leidenschaft zu den sittlichen Grundkräften des Lebens,
legt die geheimsten Fasern bloß, mit denen sie in den Kern
des Charakters eindringt. Gleich rein, gleich hingebend, gleich
glühend liebend, in demselben Gegensatz gegen die feindliche,
sie umtobende Welt treffen Julia und Romeo, das in Liebe
aufgehende Weib und der von der „großen Passion" unter-
worfene Mann, nach wie verschiedener Entwickelung! in der
gleichen tragischen Sühne zusammen. Das liebende Mädchen
zerbricht die Bande der Familie, der gesellschaftlichen Rücksichten ganz so leidenschaftlich, wie der stürmische Jüngling;
das Leben tritt ihr ganz so feindlich entgegen, ja, stellt sie
auf die härteren Proben. Aber was jenen der Besinnung,
der innern Haltung beraubt, ihn aus allen Fugen wirft und
zum Spiele des tückischen Zufalls macht, das giebt ihr, in
schnellem Fortschritte, die volle Reife ihres edel angelegten
Charakters, läßt sie vor unsern Augen sich entwickeln, aus
dem liebetrunkenen Mädchen zu dem besonnenen, treuen,
muthigen Weibe, welches um des Geliebten willen allen
Schrecken des Todes trotzt und Ernst macht mit dem Worte:
„die Liebe hofft Alles, die Liebe glaubt Alles, die Liebe über-
windet Alles". Welch ein Gegensatz zwischen dem sinnlos zu
Lorenzo's Füßen sich wälzenden Romeo und zwischen Julia,
die, von allen Schrecken einer kranken Phantasie und wirklicher, furchtbarer Gefahr gleichzeitig gepeinigt, in helden-
müthiger Entschlossenheit den Schlaftrunk nimmt! Eine

greisenhaft-dürre Kritik hat Julia's, wie auch Desdemona's
tragische Verschuldung und die Nothwendigkeit ihres Unter=
ganges in ihrem Widerstreben gegen den Willen der Eltern
gesucht. Als ob es da noch weiterer Erklärung des tragischen
Schicksals bedürfte, wo die ganze Existenz an ein Gefühl,
einen Wunsch gesetzt wird! Julia hat ihre Laufbahn vollendet.
Ihre Seele hat sich rücksichtslos an einen leidenschaftlichen
Wunsch dahingegeben und der Wunsch ist erfüllt. Es will
wenig verschlagen, ob die selige Täuschung allmählich vor den
heranbringenden Realitäten des Lebens zerrinnt, oder ob der
Faden plötzlich zerreißt. Die tragische Entwickelung ist so wie
so durch die stürmische, wilde Ausschließlichkeit ihrer Liebe
gegeben. Sie theilt eben „das Loos des Schönen auf der
Erde". Nicht zufällig ist die ideale, leidenschaftliche Jugend=
liebe in Sage und Gedicht aller Völker die Schwester des
Leides. Sie hat ihren Lohn in sich selbst. Das Leben hat
ihr Nichts weiter zu bieten. Daß aber Julia dabei an
Hoheit und Würde gewinnt, was Romeo von Scene zu Scene
verliert, das ist der ächt Shakespeare'sche Zug des Gedichtes.
Wohl nicht zufällig ist Romeo der einzige tragische Charakter
Shakespeare's, der in den Gefühlskrisen der Liebe völlig auf=
geht, während seine andern Liebeshelden alle mitander den
bunten Faschingszug seiner Komödien schmücken. Es liegt
auf diesem Gebiete eine fast antike Hoheit, wo nicht Härte,
in seiner Auffassung, oder sagen wir lieber, er theilt die
Naivetät und Wahrhaftigkeit der Alten, während der reichere
Inhalt des modernen Lebens ihm gleichwohl zu freier Ver=
fügung gehört. Die Geschlechtsliebe, die volle, leidenschaftliche
Hingabe der Person an die Person ist nun einmal, aller
sentimentalen Romantik zum Trotz, beim Weibe eine edlere,
reinere als beim Manne. Dort quillt sie, so zu sagen, aus
dem Mittelpunkte des Daseins, trägt dessen höchste und

schönste Bestimmung, erfüllt dessen Umfang und Inhalt; bis
sie in der Mutterliebe über sich selbst hinausgeht. Hier,
beim Manne, bricht sie gewissermaßen von Außen herein,
muß ihren Platz neben andern, früher und später als sie
berechtigten sittlichen Gewalten erkämpfen, und kann diese
nicht verdrängen, ohne das natürliche Gleichgewicht des
Charakters zu stören. Das in Liebe aufgehende Weib kann
fehlen, sündigen; wenn seine Leidenschaft ächt und wahr ist,
läuft weder sein Reiz noch seine (ästhetische) Würde dabei Gefahr. Es bleibt uns ein Gegenstand, nicht nur der Theilnahme, sondern auch der Achtung. Für die rasenden und
hinschmelzenden Romeo's und Werthers haben wir nur eine
Thräne des Mitleids. Was sagt unser Gefühl, was die
Stimme der Völker und der Jahrhunderte über den Mann,
der um eines geliebten Weibes willen seine Religion, sein
Vaterland, seinen Freund, oder auch nur seine politische
Partei verleugnet! Beim Weibe finden wir das Alles, wenn
nicht rühmlich, so doch bis auf einen gewissen Punkt natürlich und verzeihlich, und immer liebenswürdig. Diese Erwägung ist nicht sentimental und nicht romantisch, sie sieht aber
der Sache ins Gesicht und nennt sie beim Namen. Und
daß Shakespeare's Gefühl dieselbe Richtung nahm, würde
uns schon durch dies Gluthgedicht seiner Jugend unzweifelhaft
sein, auch wenn es durch die bescheidene Rolle, welche er der
Geschlechtsliebe in der Charakterentwickelung seiner sämmtlichen
ernsten Helden, zumal seiner Lieblinge, Prinz Heinrich, Percy,
Brutus, Hamlet zutheilte, nicht bestätigt würde.

In furchtbarem Gegensatze fordert unter den Helden der
Tragödien Othello die Vergleichung mit Romeo heraus:
die Tragödie der vergifteten, selbstmörderischen Liebe neben
jener, welche im rücksichtslosen Kampfe mit dem Leben den
Heldentod stirbt.

Ein kalt berechnender Schurke macht es sich zur Aufgabe, das Glück des Paares zu Grunde zu richten, mit
dessen Verbindung die Handlung beginnt. Das eine seiner
Opfer, die Idealgestalt des Gedichtes, hat ihn gar nicht be-
leidigt. Sein Leiden und Untergang ist ihm nur Mittel zum
Zweck. Aber auch zu dem eigentlichen Gegenstande seines
Anschlages hat er kaum ein uns erkennbares Verhältniß,
welches diese Stärke und Ausdauer des Hasses unserm Gefühle verständlich macht. Er ist in der dienstlichen Beförderung
zurückgesetzt worden, das ist Alles; und selbst dies Motiv
scheint ihm allmählich hinter die reine Künstlerfreude an
seinem Thun (wenn der Ausdruck hier gestattet ist) zurück-
zutreten. Der Verlauf des Drama's macht uns fast Scene
für Scene zu Zeugen des peinlichsten aller Vorgänge: des
Triumphes der Bosheit über kurzsichtige Redlichkeit, des
Irrewerdens der Seele an ihrem Ideal. In einer edel angelegten Mannesnatur entfesselt sich vor unsern Augen Zug
um Zug das Thier, die blutdürstige Bestie. „Das Chaos
kehrt wieder", um Othello's eigene Worte zu brauchen. Wir
werden Zeugen einer That, gegen die sich unsere Nerven
ebenso empören, wie unsere Seele. Kaum, daß eine ver-
spätete poetische Gerechtigkeit die Schuldigen straft und die
Majestät des Sittengesetzes zu Ehren bringt.

Und dieses Gemälde menschlicher Ruchlosigkeit und
menschlicher Schwäche, schonungslos durchgeführt, wie nur
irgend ein Nachtstück der das Leben nachahmenden Kunst, es
wetteifert gleichwohl mit Romeo und Julia in anziehender,
wahrhaft tragischer Wirkung. Zugegeben, daß der bestrickende,
nicht wegzuleugnende Zauber zu gutem Theile in der voll-
endeten Formschönheit liegt, in dem markigen, inhaltschweren,
von Geist und Witz funkelnden Dialog, in der urgewaltig
fortstürmenden, keinen Augenblick erlahmenden Handlung, in

einer selbst bei Shakespeare ihres Gleichen suchenden Gründ=
lichkeit und Sorgfalt der Charakteristik: zugegeben auch den
elementaren, stofflichen Reiz der genialen Kraft, selbst in
einem Jago. Dennoch fragen wir: Wo bleibt hier die
tragische Verschuldung, wo das künstlerische Maß, wo die
tragische Reinigung des Affects?

Es ist nicht unsere Art, auch Shakespeare gegenüber
nicht, unserm Gefühl und unserer Ueberzeugung aus Autori=
tätsglauben Gewalt anzuthun, und so liegt es denn hier
nicht etwa in der Absicht, die aufgeworfene Frage unbedingt
und rückhaltlos zu Gunsten des Stückes zu beantworten.
„Othello" hat seinen guten Antheil an jenem, oben mehr=
fach berührten, harten Grundzuge der Zeit und der Nation
Shakespeare's, an einer gewissen Uebertraft. Er hält sich
nicht ganz frei von jenem, schon durch Aristoteles mit Recht
verpönten μιαρόν, von der Darstellung des Gräßlichen, des
harten, unlöslichen Widerspruches zwischen dem Weltlauf und
den Forderungen des Herzens und des Gewissens. Aber
wenn dem Dichter der Vorwurf grausamer, unschöner Härte
hier (nach unserm Gefühl) nicht ganz erspart werden darf,
so ist er desto nachdrücklicher gegen den der Willkür, der
sittlich=ästhetischen Unverständlichkeit in Schutz zu nehmen.
Freilich nicht in dem Sinne jener unerträglich philiströsen
Afterweisheit, die auch hier ihren Erziehungs= und Ehestands=
Katechismus für Töchter guter Familien nicht daheim lassen
kann, und auch Desdemona (wie Julia) zu einem warnenden Opfer
des — Ungehorsams gegen die väterliche Gewalt machen
möchte. Als ob man gegen gehorsame Töchter nicht eifer=
süchtig würde! Und als ob der Segen der Eltern und die
respectvollen Glückwünsche der Gesellschaft ein Universalmittel
gegen die bösen Wirkungen von Mißverständnissen, Klatsch
und Verleumdung wären! Wo freilich jahrelange Beschäfti=

gung mit Shakespeare nicht davor schützt, in der Erklärung einer Shakespeare'schen Tragödie an die Dazwischenkunft höherer Mächte zu appelliren (z. B. Romeo's Besuch auf Capulets Balle, oder seine ungestüme, übereilte Abreise von Mantua auf Rechnung der hier direct eingreifenden Vorsehung zu setzen), da ist Alles möglich und hört eben die Zurechnungsfähigkeit auf. Was Othello angeht, so liegt die tragische Verschuldung der beiden Opfer und damit die sittliche Wahrheit des Gedichts nicht im Verstoß gegen die Autorität des alten Brabantio oder gegen die Standesbegriffe des venetianischen Adels, sondern in der innersten Natur ihrer Liebe. Es handelt sich hier ganz einfach um jene gefährliche Phantasieliebe, die sich vom Kopf aus, wenn der Ausdruck erlaubt ist, durch die erregte Einbildungskraft und das geschmeichelte Selbstgefühl den Weg zum Herzen bahnt, nicht aber ihren festen, unzerstörbaren Grund in der sympathetischen Harmonie der beiden Organismen hat. Othello ist durch Race, Alter, Stand, Erziehung, Lebenserfahrungen himmelweit von Desdemona getrennt. Der plebejische Emporkömmling tritt der Aristokratinn, der Neger der Europäerinn, der Feldsoldat der Salondame, der gereifte, vom Leben gehärtete Mann der aufblühenden Jungfrau gegenüber. Von einem Entbrennen und Zusammenschmelzen der beiden Naturen, wie bei Romeo und Julia, ist hier Nichts vorgekommen. Desdemona hat sich an den Mohren erst gewöhnen müssen, es hat Cassio's Fürsprache und Freiwerbung bedurft, um das Verhältniß anzubahnen. Erst die nähere Bekanntschaft mit den wunderbaren Thaten und Schicksalen des gewaltigen Kriegsmannes, vielleicht der Gegensatz seiner rauhen Gediegenheit gegen ihre elegant-trivialen Umgebungen hat sich der Phantasie des talentvollen, edeln, ganz unerfahrenen Mädchens bemächtigt. Dann liebt Desdemona hingebend,

aber jedenfalls sorgloser als der seines ungewöhnlichen Erfolges sich wohl bewußte Mann. Das ist eine gefährliche
Lage. Früher oder später wird die zurückgedrängte Natur
so oder so ihr Recht fordern; es wird dem geschickten Verleumder nur zu leicht werden, Othello's nie schlummerndes
Mißtrauen gegen sich selbst zur Eifersucht aufzustacheln, und
Desdemona's Sicherheit wird ihn die günstige Gelegenheit
nicht lange suchen lassen. Wenn aus der dichterischen Entwickelung dieser Sachlage sich keine optimistische Moral er-
giebt, wenn der Fehler, der Irrthum sich eben so hart und
härter rächt als die Schuld, so ist das kein Grund, dem
Dichter durch Aufdrängung unmöglicher moralisirender Intentionen Gewalt anzuthun. Das Geschaute, Gefühlte, vielleicht annähernd Erlebte wahr und lebendig darzustellen, ist
seine Art und Natur, uns als Schauende und Miterlebende
einzuführen in die innersten Vorgänge des Gefühls- und
Seelenlebens unseres Geschlechtes. Das hat er auch im
Othello leisten wollen und wirklich geleistet, und Nichts
weiter. Daß dabei diesmal sehr unerfreuliche Seiten menschlichen Wesens zur Anschauung kommen, bleibt gewiß nicht
ohne Einfluß auf den Gesammteindruck der Dichtung, und
auf die Stelle, die wir ihr in unserm Herzen anweisen.
Wir wollen aber lieber zugestehen, daß Shakespeare's
Wahrheitsinstinct, die Gewalt, welche das Wirkliche, die
Realität der Dinge über ihn ausübt, ihn hie und da aus
dem Gebiete des Tragisch-Schönen in das des μιαρόν,
des Grausamen, Harten hinüberführt, als uns durch an
den Haaren herbeigezogene Rechtfertigungs-Versuche ganz
um die Möglichkeit bringen, ihn zu verstehen und seine
Schönheit, auch wo sie furchtbar wird, zu genießen.
Fast noch wichtiger als „für das Verständniß Othello's,
achten wir diese Mahnung für die richtige Auffassung

des Lear, dieses düstersten der tragischen Nachtbilder aller
Zeiten.

Wie in Hamlet und Macbeth tritt hier die stürmische,
verlangende Geschlechtsliebe, diese Blumen und Gewitter
erzeugende Frühlingssonne des Lebens, hinter andere, ernstere
Gewalten zurück. Das harte, selbstsüchtige Interesse beherrscht
äußerlich die Handlung, und Geisteskämpfe höherer Ordnung
bestimmen ihren tragischen Inhalt. Das der stürmischen,
sinnverwirrenden Leidenschaft ferner liegende Verhältniß zwischen
Vater und Kind, die sittliche Grundlage der Gesellschaft, tritt
in den Mittelpunkt der Betrachtung; aber wir sehen es von
vorn herein im Zustande schwerer Erkrankung und Fälschung.
Die Vaterliebe des alten Lear ist durch die sinnverwirrende
Gewohnheit willkürlichen Herrschens steuer- und maßlos
geworden; der leichtgläubige und jähzornige Gloster ist das
abgeschwächte Seitenstück seiner Verirrung. So erweisen sich
die natürlichen Träger der erhaltenden, ordnenden Kräfte
ihrer Aufgabe nicht gewachsen und fallen in schwere Verschuldung. Die wahrheitliebende, wortkarge Cordelia wird
verstoßen, der arglose Edgar geächtet. Die herzlosen Schmeichler
und Verleumder gewinnen den Sieg. Lear in der Gewalt
Goneril's und Regan's, Gloster von Edmund bethört und
beherrscht, gehen grausamer Buße ihrer Schwäche entgegen.
Die Orgien des thierisch-selbstsüchtigen Welttreibens nehmen
ihren Verlauf, während das gekränkte Rechtsbewußtsein durch
leidenschaftliche Ueberstürzung, die sittliche Pflichttreue durch
unbesonnenes Dareinschlagen das Uebel nur ärger macht. Alle
Fehler und Thorheiten sind auf Seite der Guten; Besonnen-
heit, Verstand und Kraft dienen der Bosheit. Der alte
König sieht sich verhöhnt, verrathen wo er liebte; das Schicksal seiner Getreuen, Gloster und Kent, giebt den Stoff zu
Scenen her, welche an die Gräuel von „Titus Andronicus"

erin..ern. Lear in Sturm und Gewitter auf öder Haide rasend und fliehend, — Gloster, der Augen beraubt, von dem Sohne geführt, den er mit dem Tode bedroht, scheinen alles Aeußerste tragischer Erschütterung zu erschöpfen: und doch ist das Schlimmste noch zurück. Wir müssen es noch mit ansehen, wie Cordelia's Versuch, den Vater zu retten und zu rächen, mit Gefangenschaft und Niederlage endigt, wie sie einem nichtswürdigen Mordbefehle zum Opfer fällt, während der Rettung bringende Bote schon unterwegs ist, so daß eine kleine, zufällige Beeilung oder Zögerung in dem Schritt eines Boten oder in der Ertheilung eines Befehles das tragische Schicksal zu vertreten scheint; wir hören die herzzerreißende Todtenklage des alten, gebrochenen Mannes über der Leiche des schwer gekränkten Kindes, das sich für ihn opferte. Dann erst entfesselt der Himmel seine säumigen Blitze, fallen die Schuldigen unter den Wechselstreichen ihrer eignen Bosheit (der Trotzigste von ihnen noch gar unge- brochenen Muthes und Sinnes, im offenen Männerkampfe), wird endlich Raum gemacht für eine, wenn nicht im innersten Grunde viel bessere, so doch in milderen, gemäßigten Formen sich bewegende Ordnung der Dinge.

Bekanntlich hat das größere Publicum in England selbst das Verständniß dieser Dichtung völlig verloren. Man läßt auf dem Drurylane-Theater jetzt Cordelia siegen, die Ver- räther der Strafe verfallen, und Cordelia, die Wittwe ge- worden ist, den getreuen Edgar durch ihre Hand belohnen. Man thut dies Angesichts der Thatsache, daß Shakespeare von allen jenen scharfen Mißklängen und Härten in seiner Quelle Nichts vorfand, dieselben also offenbar mit gutem Bedacht und weil sein Plan sie erforderlich machte, seiner Tragödie eingefügt hat: so sehr haben Zeit und Leute sich geändert, so fern liegt unserer Generation der düstere, strenge,

unerbittlich wahrhaftige Tiefsinn der hier sich aussprechenden
Auffassung menschlicher Dinge, so sehr hat der Cultus des
äußeren Erfolges den Schwerpunkt des Lebens an die Oberfläche gerückt! Von allen Tragödien Shakespeare's, ja von
allen uns bekannten Tragödien alter und neuer Zeit scheint
„Lear" uns am vollständigsten die Bezeichnung „erhaben" im
Schiller'schen Sinne zu verdienen, insofern sie mit ganz be-
sonderem Nachdruck die unbedingte souveräne Unabhängigkeit
der sittlichen Welt von der der Sinne zur Anschauung bringt:
die Tragödie des kategorischen Imperativ's, von dem größten
germanischen Dichter geschaut und geschaffen, zwei Jahrhunderte,
ehe der größte germanische Denker sein Gesetz wissenschaftlich
begründete. Weit entfernt von irgend einem Zugeständnisse
an das Gemeine, und auch ebenso entfernt vom trostlosen
Pessimismus, feiert das Stück den Sieg der hingebenden,
selbstlosen Liebe und Treue über den rohen und ruchlosen
selbstsüchtigen Trieb: aber der Dichter hat den Muth, diesen
Sieg nur da sich vollziehen zu lassen, wo er schlechthin nothwendig, unvermeidlich, unabhängig von allem Zufälligen ist:
nämlich im Bewußtsein des denkenden, sittlichen Menschen,
in jenem Heiligthum, wo die Gedanken wohnen, die sich unter
einander verklagen oder entschuldigen. Er schlägt unbedenklich jenen Aberglauben ins Gesicht, der sich die materielle
Welt so gern von den Forderungen des Herzens, oder auch
des Gewissens abhängig denkt, und nicht von dem Wahn
lassen kann, „daß das buhlende Glück sich dem Edeln verbinden werde". Das Reich der Thatsachen wird in der
grausen, harten Selbstherrlichkeit, die es dem sittlichen Bewußtsein des Einzelnen (wenn auch nicht der sittlichen
Entwickelung der Gattung) gegenüber unzweifelhaft behauptet,
offen anerkannt: aber indem der Dichter dies thut, dreht er
ihm gleichzeitig mit einem Fußtritt den Rücken. Cordelia

hat gesiegt, indem sie das Gute, die Liebe, die Treue, die
Pflicht zu Ehren brachte, den Frieden mit sich, mit ihrem
Vater gewann. Das konnte kein Edmund, keine Regan und
Goneril, kein Waffenunglück ihr nehmen. Das Uebrige, der
äußere Verlauf, gehorcht Mächten, die unserem Herzen nicht
Rede stehen, unserer Berechnungen spotten, taub sind gegen
unsere Wünsche, für die wir so gern in aller Demuth den
Beistand der Allmacht erbitten. Gegen diese Mächte giebt
es keine andere unbedingt siegreiche Waffe, als Resignation
und Verachtung. Wohl siegt auch nach Außen schließlich der
Geist über das Chaos, die Vernunft über das Thier: aber
in der Gattung, im Laufe des weltgeschichtlichen Tages, dessen
Minuten Jahrhunderte sind. Der Einzelne, der „Narr der
Zeit", der Sohn der flüchtigen Stunde hat sich darauf nicht zu
verlassen. Er kann nie wissen, trotz aller hoffnungs- und trost-
reichen Dogmen und Sprüchwörter, ob Cordelia's, Lear's,
Gloster's, oder Edgar's und Albanien's Loos für ihn in der
Urne liegt. Wie müßig, wie trostlos ist es, an Cordelia's
nur zu entschuldbarem, ein Bischen trotzigem Schweigen in
der Eingangsscene herumzuklauben, um ihr eine tragische
Schuld aufzuhalsen! Als ob nicht Alles, was an ihr uns
entzückt und erbaut, jener selbigen muthigen Wahrhaftigkeit
und edel-bescheidenen Selbstachtung entstammte, die ihr in
jenem widerwärtigen Turnier der Eitelkeit und Gleißnerei
den Mund verschloß! — Julia siegt und hat Recht behalten
während sie untergeht: „Sie hat genossen das irdische Glück"
und erlebt dann „das Loos des Schönen". Cordelia siegt
auch. Ihr Herz, ihr Wille sind rein und stark geblieben in
einer nichtswürdigen Welt. Der Schlachtruf der siegreichen
Usurpation bringt nicht in die heiligen Räume, wo sich ihr
Schicksal entscheidet. Was wird daran durch ihren Tod
geändert? Es ist das keine bequeme, liebliche, schmeichelnde

Weltauffassung. Aber sie scheint uns geradewegs aus der Quelle alles sittlichen Lebens, und, wir dürfen es wohl hinzufügen, aus dem innersten Herzen unsers germanischen Stammes zu kommen. Doch davon sprechen wir noch später, am Ende dieser Betrachtungen.

Noch geheimnißvoller, dunkler breiten die Wolken Shakespeare'schen Tiefsinnes sich über dem Trauerspiel aus, welches er, noch vor dem zunächst stehenden Julius Cäsar, mit Einzel-Schönheiten ausstattete, dem er seine intimsten Herzensergießungen über Leben und Welt, und über seine, damals im Zenith ihrer Entwickelung strahlende Kunst anvertraute, und welches denn von jeher die Shakespeare-Gemeinde auch am angelegentlichsten beschäftigt hat. Bekanntlich beginnt die Hamlet-Literatur (in Deutschland allein) schon über die Faust-Literatur an Umfang hinaus zu wachsen. Die Tragödie des Dänenprinzen, der seinen gemordeten Vater rächen soll, sich nicht dazu entschließen kann, darüber verrückt, wenn nicht wird, so doch sich geberdet, seine Geliebte elend macht, etliche Menschen, theils gelegentlich und beiläufig, theils um seinen Scharfsinn zu üben, ums Leben bringt, und schließlich bei einem zwecklosen Spiel sich seinen Feinden in die Hände liefert, nachdem er, wieder in momentaner Erregung, blindlings die Rachethat vollzogen, zu der er den Entschluß nicht finden konnte: dieses mysteriöse Gemisch tiefsinniger, wunderbar schöner Reden, verkehrter, planloser Handlungen und tückischer Zufälle, läßt der deutschen Gründlichkeit nun einmal keine Ruhe. Allbekannt und geläufig ist die Goethe'sche Auffassung, welche in „Hamlet" das Trauerspiel eines wohlgearteten, begabten, guten Mannes erblickte, dem die Verhältnisse eine, seine Charakterkraft übersteigende Aufgabe geben und der darüber innerlich und äußerlich zu Grunde geht; demnächst die Schlegel'sche Variante, welche, mit der bloßen

bloßen Schwäche sich nicht begnügend, auch gewisse der
Schwäche häufig verbundene schlimmere Fehler, eine gewisse
Neigung zur Intrigue, ja zur Tücke in dem geistreichen
Prinzen entdecken wollte. Dann ist es neuerdings, weiß
Gott durch welchen Wind, Mode geworden, den in Wittenberg gebildeten Prinzen zu einem Märthrer frommer, pro-
testantischer Gewissenhaftigkeit zu machen. Auch aus übertriebener (aber eigentlich doch liebenswürdiger und achtungs-
werther) Besorgniß eines innerlich reinlichen, zartfühlenden
Wesens vor übelm Schein (vor dem Schein der Ehr- und Herrschsucht nämlich), hat man sein Benehmen erklärt, und mehrere
englische und deutsche Ausleger sind nicht abgeneigt, hier
endlich, endlich zur Entdeckung des Proteus, den man Shakespeare nennt, sich Glück zu wünschen, unter der Maske Hamlets
die Züge des Dichters selbst zu vermuthen, und den mächtigsten
Abschilderer der handelnden, kämpfenden Welt, den es je
gab, sich als Hans den Träumer vorzustellen. Die specifisch-
„philosophische", zünftige Exegese hat es endlich neuerdings
dagegen fertig gebracht, in Hamlet vielmehr einen Trotzkopf
zu entdecken, der die Manie hat, die aus den Fugen gegangene
Welt nach seinem eigenen Sinne zu ordnen und schlechter-
dings von Niemandem Aufträge und Rath annimmt, auch nicht
von dem Gespenst des gemordeten Vaters. „Nein! Nun gerade
nicht"! Das wäre demnach die Lösung des tiefsinnigen, psycho-
logischen Räthsels. — Was mich angeht, so bin ich, nach wieder-
holter, gewissenhaftester Prüfung in allem Wesentlichen, ein Paar
zu starke Ausdrücke und einige unklare Nuancirungen abgerechnet,
bei der Ansicht stehen geblieben, die ich im zweiten Bande der
„Shakespearvorlesungen" vor zehn Jahren ausführlich entwickelt
und, wie ich glaube, bewiesen habe. Sie steht im Wesentlichen auf
der Seite der Goethe'schen, Schlegel'schen und Gervinus'schen
Auffassung, nur daß sie die Schlegel'sche „Tücke" in Hamlets

9*

Charakter nicht entdecken kann, dagegen einen, wie es mir
vorkommt, hauptsächlichen und entscheidenden, von den Vorgängern nur angedeuteten Zug nachdrücklich hervorhebt. Ganz
gewiß ist Hamlet, und das hat auch noch nie ein Erklärer in
Zweifel gezogen, eine reich und edel angelegte, hoch entwickelte
Natur, ein besonderer Liebling des Dichters wie seiner Zuschauer und Leser. Ebenso gewiß ist er gleichwohl der ihm
gestellten Aufgabe nicht gewachsen. Aber der Grund dieses
Nicht-Genügens, dieser unzureichenden Kraft, ruht gar nicht
in übertriebener Gewissenhaftigkeit (diese müßte denn einen
specifisch legitimistischen Character haben und auf gewöhnliche
Menschenkinder von nicht königlichem Blut keine Anwendung
finden), sie ruht auch nur zum Theil in einer contemplativen,
energischem Eingreifen in die Außenwelt abgeneigten Grundanlage, sondern sie ist ebensosehr durch eine Hypertrophie,
eine übermäßige und einseitige Entwickelung seiner Intelligenz
bedingt. Hamlet ist zu geistreich, zu sehr an vielseitige Betrachtung und moralisch-ästhetische Kritik der Dinge gewöhnt,
er ist zu sehr Witzbold, Raisonneur, Paradoxenjäger, um in
schwieriger Lage einen schnellen, scharfen Entschluß fassen zu
können. Das Bewußtsein seiner geistigen Ueberlegenheit und
die Freude an ihr lenkt ihn davon ab, zu unangenehmen
und bedenklichen praktischen Verhältnissen entschlossen Stellung
zu nehmen. Er erinnert uns an Lessings Bogen von Eben-
holz, der dem eitlen Eigenthümer unter den Händen zerbricht,
nachdem ihn der Künstler mit reichem Bildwerk geschmückt,
oder an den Monarchen in Spielhagen's „In Reih' und
Glied", auf den der begeisterte Vortrag des socialistischen
Agitators ungefähr den Eindruck eines schönen Violin-Solo's
macht. Es ist mit einem Worte, die Tragödie der formalen
Ueberbildung, der ästhetischen Treibhauscultur, welche Shakespeare hier zeichnet. Das Thema lag ihm näher, als eine

einseitige Auffassung des Elisabeth'schen „Heldenzeitalters" zu
glauben geneigt ist; auch wird es hier keineswegs vereinzelt
angeschlagen, sondern zieht sich vielmehr in den mannigfaltigsten Windungen und Formen, meistens heiter-satirischen,
natürlich, durch Shakespeare's ganze dramatische Dichtung
hindurch. Für die Lustspiele liefert es unter Andern die
pedantische Hofgesellschaft des Königs von Navarra mit ihren
Parodien, dem phantastischen Pedanten Armado und dem
biedern Schulmeister Holofernes, so wie den melancholischen,
überstudirten, spleenigen Jacques. In Owen Glenowers, des
schwerfälligen, eingebildeten Wallisers gezierten Redensarten
wird es dem Spotte Percy's preisgegeben. Prinz Heinrichs
ganzes Gebahren, und insonderheit die Brautwerbung, hält
dem gezierten Feinthun das positive Gegenbild einer ächt
männlichen Natur vor. In Hamlet aber wird die einseitig
entwickelte Geistesbildung, weil sie eine höchst bedeutende Natur
zur Unterlage hat und mit ernstesten Interessen collidirt,
nicht komisch sondern tragisch, um so tragischer, je mehr sie
unser ästhetisches Wohlgefallen und unsere Bewunderung
weckt. — Es ist neuerdings darauf hingewiesen worden, daß
Shakespeare in seinen Dramen eine Vorliebe für Männer
der ursprünglichen, durch rein persönliche Antriebe bestimmten
Thatkraft habe, daß ein so zu sagen ritterlicher, abliger Zug
durch seine ganze Weltauffassung hindurchgehe, daß er sich
um die Kämpfe des Geistes weniger kümmere als um die
der Waffen, und man hat dies als Gefälligkeit gegen die
glänzende aristokratische Jugend bezeichnet, in deren Reihen
sich seine Mäcene befanden. In wie weit darin etwas
Wahres liegen könne, davon war schon bei Besprechung der
historischen Stücke die Rede. Aber es wird bei Beurtheilung
dieser Dinge nicht zu vergessen sein, daß wir es gleichwohl
mit einer sehr bunten Uebergangszeit zu thun haben, und

daß keineswegs die ganze Aristokratie, welche Shakespeare
vor sich hatte, ausschließlich von dem kühnen, männlichen
Geiste beherrscht war, der die Drake, Essex, Southampton
aufs Meer hinaustrieb, die spanische Flagge demüthigte, in
den Waldthälern des James-River die ersten Blockhütten
baute. Es ging auch ein mächtiger so zu sagen theoretischer
Zug durch das sechszehnte Jahrhundert, und neben dem kräftigen=
den Streben nach ernster Erkenntniß fand auch der Luxus des
Geistes seine eifrige Gemeinde. Man schnitzte gewaltig an dem
guten, alten Bogen des englischen Geistes herum, und wer sich
an die unter Jacob I. und Karl I. dann so sichtlich, und schein=
bar plötzlich, eintretende Erschlaffung und Frivolität erinnert,
den wird es nicht Wunder nehmen, wenn eben Shakespeare's
helles Auge ein Paar Jahre früher als Andere die Symptome
der heran kommenden Krankheit erkannte und ihnen, vielleicht
gar bestimmte Persönlichkeiten ins Auge fassend, ein künstlerisches
Denkmal setzte. Oder sind diese Gedanken denn willkürliche
und weit hergeholte zu nennen, wenn wir im „Hamlet" bei=
nahe Scene für Scene dem unbarmherzigen Spott gegen die
saft= und kraftlose, superkluge, eingebildete Welt= und Hof=
bildung begegnen, und uns daran erinnern, daß Shakespeare
in der ihm vorliegenden Sage auch nicht den leisesten Anlaß
zu diesen Ausfällen fand, daß er ihnen zu Liebe die ganze
Physiognomie und auch vielfach den äußern Verlauf seines
Stückes vollständig frei abänderte, weit entfernt davon, uns
in die streng-altnordische Heldenwelt zu versetzen, wie die
culturhistorische Deutungswuth es ihm hat andichten wollen?
Ist Polonius nicht der typische Vertreter flacher und dünkel=
hafter Weltmannsbildung für alle Zeiten geworden? Sind
Rosenkranz und Güldenstern, und gar Osrik nicht abgeschwächte
Seitenstücke dieses vor lauter Bildung und Feinheit kindisch
gewordenen Schwätzers? Wimmelt das Stück nicht auch

sonst, wie kein anderes von Shakespeare, von deutlichen
Anspielungen auf die Bildungsverhältnisse der Zeit? Da
schüttet der Dichter sein Herz aus über die Unarten des
Theaterpublicums, über zudringliche Nebenbuhler (die Knaben
von St. Paul) und ungeschickte Kunstgenossen, über die Coulissen=
reißer, die mit den Händen die Luft durchsägen, die Be=
scheidenheit der Natur nicht achten, „den Tyrannen über=
tyrannen." Da sagt er ein bitteres Wort über die damals,
vom Norden und — von Deutschland her auch in England
einreißende Völlerei der hohen Gesellschaft, die bald nachher
an Jacob I. Hof bekanntlich so grotesk=widerliche Verhält=
nisse annahm. Freilich ist es gerade Hamlet selbst, der alle
jene Narren durchschaut und verhöhnt, der sich mit Ekel
abwendet von dem Schlemmen und Prassen am Hofe; der
die Künstler trefflich und geschmackvoll belehrt, der seinen
Freund nicht unter den gezierten Modenarren sucht, vielmehr
den schlichten, gediegenen Mann vorzieht, der sich nicht zu
Fortuna's Pfeife hergiebt und die Einfachheit der alten Zeit
mit der reichen Bildung der Gegenwart verbindet. Wohl
und schön! Aber es sind nicht Alle frei, die ihrer Ketten
spotten, und mancher Arzt hatte die Krankheit im Leibe, die
er an Andern kurirte. Nur freilich, daß das Uebel der Zeit
in dem edeln, bevorzugten Organismus, wenn es ihn ja
ergreift oder berührt, doch eine ganz andere Gestalt gewinnt, als
in den niedern Seelen. Hamlet ist nicht der Mann, geschmack=
loses Nichts zu reden oder die Flitter falscher Bildung zur
Schau zu tragen, wie jene Eintagsfliegen der feinen Gesell=
schaft. Aber muß es nicht auffallen, daß er Sentenzen spricht,
Sylben sticht, seine geistigen Fechterkünste geflissentlich, nicht
ohne eine gewisse Selbstbespiegelung in Scene setzt, so wie
er nur den Mund öffnet? Und verliert er darüber nicht
beständig wichtigere Dinge mehr oder weniger aus den Augen?

Ist in seiner Wahnsinnsrolle nicht ein guter Antheil geist=
reicher Koketterie, einer gewissen Virtuosen=Beeiferung deut=
lich zu merken? Hat er nicht offenbar eine Künstlerfreude
am Intriguiren, vor der feste, gerade Entschlüsse nicht auf=
kommen? Als er „Dolche zur Mutter redet", berauscht er
sich sichtlich an seiner eignen Beredsamkeit, steigert sich an
seiner eignen rhetorischen Leistung, wie wir das bei schwachen,
erregbaren Characteren, und speciell bei Damen alle Tage
erleben. Es ist doch wohl kein gesunder, männlicher Zug,
daß er ein pikantes Epigramm, einen geistreichen Sarkas=
mus in seine Brieftafel schreibt, als er so eben von dem
Geiste die grausige Kunde vernommen. „Er ist zu gewissen=
haft, zu fromm für die zugemuthete That", hat man be=
hauptet. „Er mag sich nicht aufs Ungewisse hin, vielleicht
als Opfer eines Truges oder einer Hallucination mit einer
Blutschuld belasten". Sehr wohl! An seiner im Grunde
biedern Natur, an seiner Liebe zu seinem abgeschiedenen
Vater, an seinem instinctivem Abscheu vor blutiger Gewalt=
that soll nicht gezweifelt werden. Aber doch will es uns
scheinen, als ob es nicht gerathen wäre, sich diesem Ausbund
von Moralität gegenüber auf die praktischen Consequenzen
aller dieser tugendhaften Eigenschaften gar zu sehr zu verlassen,
sobald seine Phantasie durch ungewöhnliche Eindrücke gereizt
ist. Es ist doch eine seltsame Art von frommer Biederkeit,
mit welcher, seiner geistreichen Wahnsinnskomödie zu Liebe,
die Dame, die ihm einst gefiel und die auch ihm auf ihre Art
zugethan und ergeben war, öffentlich verhöhnt, dem Gerede der
Leute Preis gegeben, in Wahnsinn und Verderben gejagt wird.
Und ein gesundes männliches Gewissen (ob ein frommes und
philosophisches, das mögen subtilere Beurtheiler entscheiden)
ist es gewiß nicht, das zwar den Entschluß zu schwerer, wider=
wärtiger Pflichterfüllung verhindert, nicht aber den in der

Erregung der eben gehaltenen Standrede nach der Tapete geführten Stoß, und nicht die recht harten und herzlosen Bemerkungen über „den alten geschäftigen Narren", mit denen die Sache abgethan ist. Und was sagen die modernsten, frommen und philosophischen Interpreten zu ihrem zartsinnigen Helden, der ein Paar unbedeutende, oberflächliche Menschen unbedenklich in den Tod jagt, weil sie, „geringere Naturen", „sich zwischen entbrannter Gegner Degenspitzen drängten". Es wäre denn, daß man sich offen zu der Theorie vom specifischen Unterschiede des königlichen und des Unterthanenblutes zu bekennen die Aufrichtigkeit hätte. — „Aber Hamlet hat ja Muth wie nur Einer! Er eroberte ein Seeräuberschiff, er ist ein guter, ja berühmter Fechter, er folgt dem Geiste an die Klippenwand, indem er sein Leben keine Nadel werth hält. Wie sollte er sich vor dem unpopulären, untüchtigen Claudius gefürchtet haben!" So läßt die metaphysische Hamlet= Apotheose sich vernehmen: gerade als ob es sich bei dem ganzen Problem um den physischen Muth handelte, der den Krieger in die Schlacht, den Fechter auf die Mensur, den Abenteurer in romantisch=gefahrvolle Lagen führt, der den Nerv und den Muskel zucken läßt unter der Wallung des erregten Blutes! Für einen Schwächling, dem sogar diese natürliche Geschlechtseigenschaft des gesunden Mannes fehlte, hat den berühmten Dänenprinzen noch Niemand gehalten oder erklärt. Dann gehörte er ja ins Lustspiel, nicht in die Tragödie. Was ihm fehlt, das ist ganz etwas Anderes. Es ist der Muth des rechtzeitigen, kalten, festen Entschlusses, auch in schwieriger und dunkler, wenn nur nothwendiger und einmal unvermeidlich gegebener Sache. Es fehlt ihm (wir können hier nur auf die im zweiten Bande der Vorlesungen gegebene Ausführung zurückweisen) die heroische Selbstbeschränkung des unverkünstelten, thatkräftigen Menschen; jene Befähigung,

einmal die Unterſuchung zu ſchließen, ein Ende zu machen mit
dem Erwägen, dem Manövriren und Temporiſiren, eine Verantwortlichkeit kaltblütig zu übernehmen. Und was dieſen Mangel
erzeugt hat, das iſt, neben natürlicher, vorwiegend theoretiſcher
Beanlagung, eben jene geiſtige Ueberbildung, jene Virtuoſität
des Grübelns, des Combinirens, des Reflectirens und Witzelns,
wie ſie, gerade in bevorzugten, geiſtreichen Naturen, einer
einſeitig formal-äſthetiſchen Bildung zu leicht entſpringt. Die
Gegenfiguren des Fortinbras und Laertes, Hamlets wieder-
holte und nachdrückliche eigene Ausführungen, Selbſtanklagen,
Geſtändniſſe, endlich die ſchon oben erwähnte Abſichtlichkeit
der von der Quelle ganz abweichenden Charakteriſtik und
Handlung ſollten dem Zweifeln und Grübeln und Aufſtellen
immer neuer, abſtruſer Theorien in dieſer deutlich zu Tage
liegenden Sache doch endlich einmal ein Ziel ſetzen. Der
Hamlet des Saxo Grammaticus iſt bekanntlich ein entſchloſſener,
kurz angebundener nordiſcher Held, der mit ſeinen Feinden
einfachen Proceß macht. „Hans der Träumer" iſt ihm von
Shakeſpeare ganz ſelbſtſtändig ſubſtituirt, und wenn man die
maſſenhaften Anſpielungen auf Zeitverhältniſſe gerade in
dieſem Stücke bedenkt, ſo liegt die Möglichkeit nicht einmal
ſo gar fern, daß vielleicht ganz beſtimmte perſönliche An-
ſchauungen und Erfahrungen dem damals mit der Geiſtes-
ariſtokratie Londons gerade lebhaft verkehrenden Dichter vor-
ſchwebten, als er dieſen wunderſamen Charakter ſchuf. Wir
wollen Hamlet damit ſelbſtverſtändlich nicht zur Parodie einer
einzelnen, beſtimmten Perſon machen, die wir nicht kennen,
ſondern nur andeuten, daß das Stück uns vorkommt wie
die Tragödie einer ſpecifiſch modernen Charakterform: des
edel genialen, talentvollen, aber in Bezug auf Willen, Ent-
ſchlußfähigkeit durch Ueberbildung geſchwächten Schöngeiſtes,
den die Verhältniſſe nöthigen, aus der von ihm beherrſchten

Welt der Gedanken und Worte sich einen ausnahmsweise schwierigen, von Gefahren umringten Weg in die der Thatsachen zu bahnen, und der an dieser Aufgabe zu Grunde geht.

Wie anders geartet ist dann die Welt, welche in der letzten der fünf großen Tragödien, in Macbeth, sich aufrollt! Die Tragödie der thatkräftigsten, ganz nach Außen gewandten Leidenschaft, des rücksichtslosen Ehrgeizes, neben der des grübelnden, die Sehnen des Willens erschlaffenden Gedankens. Nicht unnatürlich ist Macbeth das erste Shakespear'sche Drama gewesen, welches siegreich die Schranke durchbrach, die bis zum Anfange dieses Jahrhunderts die romanische Welt, wenn nicht seiner stillen Einwirkung, so doch seiner populären Anerkennung verschloß. Diese wie aus Erz gegossenen Charaktere, diese einheitliche, durchsichtige, entschlossen auf das Ziel losgehende Handlung, diese hochpathetische Herrlichkeit der Sprache mußten auch da durchschlagen, wo man, wenn nicht die einfache Größe des antiken Theaters, so doch deren conventionelle, effecthaschende Nachahmung als Kunstorakel verehrte. Freilich liegt in diesen der Bühnenwirkung so förderlichen Vorzügen für uns nicht der Hauptreiz dieses grandiosen Gedichtes. Macbeth ist nicht nur die Tragödie des Ehrgeizes, sondern er ist auch die gewaltigste und tiefsinnigste Tragödie des Gewissens, die je ein Dichter schuf. Von dem ersten Auftreten des Helden bis zum letzten, von der Begegnung mit den Versucherinnen bis zum vergeltenden Verzweiflungskampfe wohnen wir dem Verfahren des innern Richters gegen die aufrührerische Begierde bei, und in diesem Prozesse geht dem Beklagten und schuldig Erfundenen, mitten im Rausch des äußern Erfolges, Stück um Stück Alles verloren, was den Werth des Lebens bildet, Freude, Liebe, Ruhe — nur nicht der feste, trotzige Manneswille, der nur vor der eisernen, physischen Nothwendigkeit die Waffe senkt. Weit näher als

im Lear, und gar im Hamlet, lag hier die Verfuchung nahe,
dem Dichter moderne, culturhiftorifch-gelehrte Abfichten unter=
zufchieben, ihn zum bewußten und abfichtlichen Darfteller
altnordifchen Heldenthums und altnordifcher Härte zu machen,
im Gegenfaße gegen die mildern Sitten der chriftlichen Zeit:
und eine bekannte Richtung der deutfchen Shakefpeare=Aus=
legung ift diefen Weg denn auch mit Vorliebe gegangen. Wir
find der Anficht auch heute noch, wie da wir die „Vor=
lefungen" veröffentlichten, daß folche Intentionen Shakefpeare
gänzlich fern lagen, daß feiner Weltanfchauung der cultur=
hiftorifch=kritifche Zug der Neuzeit durchaus fehlte und der
Natur der Dinge nach fehlen mußte: damit foll jedoch nicht
geleugnet werden, daß Macbeth's Charakter (wie der feiner
Lady) in feiner wilden Größe und Härte vielleicht mehr als
irgend eine der gelehrten Schöpfungen neudeutfcher Poefie
dem Bilde entfpricht, welches uns Sage und Gefchichte von
der Kraft und Härte nordifch=germanifcher Urzuftände geben.
Edmund im Lear und Richard III. kommen ihnen am nächften.
Es geht ein Zug, man möchte fagen der Ehrlichkeit des
Verbrechens durch diefe gigantifchen Geftalten, der uns
äfthetifch mit ihnen ausföhnt, ohne die Wucht der fittlichen
Verdammung zu fchwächen, der fie verfallen. Wenn fie alle
Welt täufchen und belügen, fo find fie doch durchaus ehrlich
mit fich. Die fchimpflichfte, feigfte Verdorbenheit, der ge=
fliffentlichfte Selbftbetrug bleibt ihnen fremd. Verwegene
Spieler, fordern fie das Schickfal heraus. Aber wenn die
Würfel gegen fie fallen, zahlen fie auch ohne Weigerung und
Zagen die Schuld, wie unfere Vorfahren, von denen Tacitus
berichtet, daß fie Freiheit und Leben im buchftäblichen Sinne
auf einen Wurf fetzten. Es wird uns dabei zu Muthe, nicht
als hätte Shakefpeare culturhiftorifche Studien gemacht, fondern
als kochte ein Tropfen des alten Sachfen= und Normannen=

blutes in ihm auf, wenn eine Sage ihm diese Urtypen der in Selbstgefühl entartenden Ueberkraft seines Stammes entgegen bringt, und wenn er diese Schatten aus ihren Gräbern beschwört, den Enkeln zur Erschütterung ·und Warnung.

Wie nun die fünf großen Trauerspiele vor uns liegen (wir lassen die düstere dramatische Studie „Timon" und die Jugendarbeit „Titus Andronicus" hier bei Seite), so übertreffen sie durch die Tiefe und Mannigfaltigkeit der in ihnen niedergelegten Lebensbetrachtung, durch den Reichthum und die Wahrheit der Charakteristik und durch den ganz eigenartigen Schwung der Sprache wohl die gesammte dramatische Dichtung der Neuern und das Meiste, was wir von den Werken der Alten besitzen. In Bezug auf klare, logische Durchführung und Motivirung der Handlung läßt sich, wie überhaupt, wenn von Shakespeare'scher Dichtung die Rede ist, nicht dasselbe behaupten. Lear und Hamlet zumal bieten der sorgsamen Betrachtung auf diesem Felde manche empfindliche Blöße; hier z. B. die gewagte, symbolische Eröffnungsscene der Ländervertheilung und die übermäßig ausgedehnten Gespräche der wirklichen oder vorgeblichen Wahnsinnigen, unter denen die Handlung sonst ins Stocken kommt; dort die überkünstlichen, schwach motivirten Machinationen, welche die Schlußkatastrophe herbeiführen müssen. Von der antiken Tragödie unterscheidet die Shakespeare'sche sich durch die reiche Gliederung der oft drei=, vierfach zusammengesetzten, aber dennoch stets einheitlich wirkenden Handlung, durch die von derselben bedingte Menge der auftretenden Personen, durch die gründliche Detailzeichnung der Charaktere und vor Allem durch die absolute Verwerfung der Schicksalsidee, an deren Stelle überall sittliche und gedankliche Freiheit und die ihr entsprechende Verantwortlichkeit die Zügel führt; der neudeutschen, in ihrer Nachahmung, oder doch unter ihrer Ein-

wirkung herangewachsenen gegenüber kennzeichnet sie sich
durch den gänzlichen Mangel des bewußt philosophischen und
historisch-kritischen Inhalt als die Tochter einer wesentlich
verschiedenen Epoche. Bei Shakespeare pulsirt überall ganz
individuelles, freies, auf persönliche Zwecke gerichtetes Leben.
Die Reflexion, wo sie auftritt, wird unmittelbar aus der
concreten Sachlage geboren und verbreitet sich dann über
alle Gebiete des von der individuellen Erfahrung umgrenzten
Weltlaufs. Selbst Hamlets Todesgedanken, die ihn, wirklich
oder scheinbar, vom Selbstmord abhalten, sein Grübeln über
die „Träume", welche den Schlaf des Grabes vielleicht stören
könnten, unterscheiden sich von eigentlicher Speculation ganz
bedeutend durch ihre unmittelbare Beziehung auf sein individuelles Ruhebedürfniß. Daß sie mit den Enthüllungen des
Geistes sich nicht wohl vertragen, mag beiläufig bemerkt
werden, und an den ganz äußerlichen, um Consequenz durchaus unbekümmerten Gebrauch erinnern, den Shakespeare, wo
die Gelegenheit sich bietet, ganz unbefangen von volksthüm-
lichem Aberglauben macht, um Stimmungswirkungen zu
erzeugen, nicht aber um ein supernaturalistisches Glaubensbekenntniß abzulegen. Daß Shakespeare's Reflexionen bei
dieser Methode an Lebendigkeit und einschneidender Schärfe
gewinnen, was sie an weiter, theoretischer Perspective verlieren, wird, bei allem Respect vor unsern Faust's und Posa's,
nicht zu leugnen sein. Von dem, was wir „historisches
Costüme" nennen, von wissentlicher Rücksichtnahme auf
Lebensverhältnisse, Sitten, besondere Denkungsweise und
vollends äußere Formen und Ausstattung früherer Epochen
ist bei Shakespeare nirgend auch nur in einer Anwandlung
die Rede, und es ist unserer Ueberzeugung nach eitel Dunst,
was eine übergelehrte Kritik in dieser Hinsicht sich und
Andern vorgeredet hat. Das Costume ist überall still-

schweigend als das der Shakespeare'schen Epoche zu denken,
und dabei leidet die Charakteristik durchaus nicht, weil der
Dichter überall nur das Bleibende, allgemein Menschliche
herausgreift und darstellt, das was die Jahrhunderte und
die Nationen einigt, nicht was sie trennt. Es scheint uns
keine Frage, daß selbst eine gewisse Begränzung (um nicht
Beschränktheit zu sagen) seiner Auffassungsweise, seine tief-
innerliche Gleichgültigkeit gegen Politik im engern Sinne und
ebenso gegen confessionelle Religiosität ihm dabei trefflich zu
Hülfe gekommen ist. Die Könige seiner Tragödien handeln
nicht wie Vertreter und Träger politischer Prinzipien und
Parteien, sondern wie einfache Menschen in hervorragender
Stellung. Sie kennen neben ihren persönlichen und Familien-
Interessen nur die allgemeinen menschlichen Rücksichten und
Pflichten, wie auch jeder Privatmann sie achtet. Die Personen Shakespeare's bedienen sich, wo die Gelegenheit sich
bietet, in Gespräch und Umgang häufig genug kirchlicher,
christlicher und heidnischer Redensarten, Anspielungen und
Wendungen, bisweilen, wie z. B. im Lear, sie recht bunt
durcheinander mengend. Aber ihre Denk- und Handlungs-
weise wird dadurch nicht im Mindesten beeinflußt. Sie
empfängt ihre Impulse, wie auf der einen Seite von der
Leidenschaft, so auf der andern von jenen allgemein menschlichen, sittlichen Instincten, denen wir, wenn sie als Collectiv-
begriff ins Bewußtsein treten, den Namen des Gewissens
zu geben gewohnt sind, und deren wesentlicher Inhalt zu
allen Zeiten und bei allen Völkern derselbe war und ist, die
aber allerdings durch Erziehung, Umgebung, Lebensgewohn-
heiten verdunkelt oder geschärft werden können. Mit größter
Unbefangenheit bedient Shakespeare sich aller Symbole
geistigen und gemüthlichen Lebens, welche er in seinen Quellen
findet und die ihm dichterisch wirksam scheinen. Orakel, in

antikem Styl, sind ihm ebenso willkommen wie nordische Hexen,
wie Elfen und Gespenster; die olympischen Götter finden
neben den dichterischen Formen der christlichen Ueberlieferung
bequem ihren Platz. Aber alle diese Formen, Redewendungen,
Symbole, christliche und heidische, haben auf das innere
Getriebe seiner Dramen, auf die bewegenden Kräfte der
Handlung keinen merklichen Einfluß. Wie kein Dichter vor
ihm, und wie wenige nach ihm, macht Shakespeare Ernst mit
der sittlichen Freiheit, aber auch mit der vollen Verantwortlichkeit des sittlichen, freien Menschen. Die Helden
der antiken Tragödie trotzen oder weichen dem Schicksal, der
religiös aufgefaßten Naturnothwendigkeit, ja, dem „Neide
der Götter." Daß höchstes Glück nicht dauert, daß der
Blitz die stolzen Zinnen und Thürme als Lieblingsziel wählt,
daß wir die Intensität jedes Genusses, jedes Hochgefühls mit
dessen Verkürzung, mit den Schmerzen des Rückschlages
zahlen: diese schwermüthige Offenbarung giebt auch der Weltauffassung des Aeschylus, des Sophokles, selbst des Euripides
ihre tragische Färbung. Aber die Alten ziehen aus diesem
nicht wegzuschaffenden Reste jeder optimistischen Lebensrech-
nung den Schluß unserer Abhängigkeit von einer willkürlichen, unerforschlichen, gleichgültigen, wo nicht gar böswilligen
höchsten Urgewalt, die uns wohl eine Weile den Anblick und
Genuß der schönen Erde gönnen mag, die ihren Lieblingen
wohl einmal gnädig aus Noth und Gefahr hilft, aber dafür unbedingte, innerliche Unterwerfung verlangt, die „Ueberhebung", das prometheische Rechts- und Kraftgefühl des Menschen
unnachsichtlich niederwirft. Ihr gegenüber wird uns unsere
Klugheit zum Fallstrick, unser Muth zum Verderben: nur
der mäßige, ruhige, resignirte Sinn hat Aussicht auf verhältnißmäßige Schonung. — In der „französisch-classischen"
Nachahmung der Alten wird dieses Fatum nur scheinbar

beseitigt, in der That aber durch irdische, nicht weniger unver=
ständliche und harte Gewalten ersetzt. An Stelle der Götter
des Olymps treten die Götter der Erde mit ihren Großen,
zumal der König der Könige in Versailles, die Verkörperung
der „großen Nation". In mancherlei Verkleidungen, als
Augustus, als Titus, als Ahasver, nimmt er die Huldigungen
seiner getreuen Poeten entgegen, und das Fatum steigert
und verschlimmert sich zur souveränen, öffentlichen Meinung,
zur harten, unerbittlichen, conventionellen Weltsitte, zum
Standesvorurtheil, zur „Gloire", um mit Chimene zu reden,
deren Gorgonenblick selbst das Gefühl in der Brust des
Weibes versteinert. Diesseits dieser Schranken aber herrscht
dafür der Glückseligkeitstrieb in allen Formen als entlaufener
Sklave; wo er gegen sie anstößt, gilt es biegen oder brechen.
Die „Welt" behält gegen das Herz immer Recht. Wie
anders bei Shakespeare! Daß er an den dunkeln Räthseln
des Weltlaufes nicht lachend vorübergeht, haben wir gesehen.
Auch bei ihm führt Liebe zum Leid, muß die bescheidene
Tugend der sich blähenden Lüge weichen, ist der Gott dieser
Welt, der Erfolg, der Sieg keineswegs immer auf der Seite
des Rechts. Wir sahen, wie „Lear" nach dieser Richtung
hin das Aeußerste zeigt, woran je eines Menschen Phantasie
sich wagte; wie in „Hamlet" das freche Unrecht gegenüber
dem unkräftigen Vertreter des Rechts sich bläht, wie Desde=
mona's und Othello's treuer Sinn den Ränken des lächelnden,
kaltblütigen Schurken zum Opfer fiel. Aber bei dieser rück=
sichtslosen Darstellung aller furchtbarsten Dissonanzen des
Lebens kommt es Shakespeare niemals ein, die Ursachen
dieses Heeres von Uebeln anderswo zu suchen, als in uns
selbst, in der Unzulänglichkeit unserer Kraft, den Irrthümern
unseres Verstandes, den Uebergriffen unserer Leidenschaft. Er
hat den Scharfblick, den unbefangenen Sinn, die tief inner=

10

liche Trennung des äußern, sinnlichen Weltlaufs von der
Welt des Geistes, der Vernunft zu erkennen, und er hat den
Muth, diese Trennung zu zeigen. Er schmeichelt der unter=
drückten Unschuld nicht mit der Hoffnung auf eine außer=
ordentliche, wunderbare Hülfe. Er weiß zu gut, daß der
Sieg auf den Schlachtfeldern dieser Erde in allewege der
Kraft und der Klugheit gehört, die sich keineswegs immer
mit dem Rechte verbunden finden; daß der allenfalls mögliche
und wahrnehmbare Fortschritt, den unsere Entwickelung auf
diesem Gebiete zeigt, im besten Falle der Gattung, künftigen
Geschlechtern zu Gute kommt, dem Einzelnen im einzelnen
Falle aber keinerlei Hoffnungen und Ansprüche gewährt.
Was nützt es den Opfern Macbeths, daß am letzten Ende
ein Stärkerer über den Starken kommt? Was haben Gloster,
Lear, Cordelia von Albaniens und Edgars endlichem Siege?
Was gewinnen Romeo und Julie bei dem Frieden der Mon=
tecchi und Capuletti, was Desdemona bei der Reue und Selbst=
bestrafung ihres Mörders? Wahrlich, es stünde traurig um
uns, wenn wir keine andere, bessere Hoffnung hätten, als
die Dazwischenkunft der Vorsehung in den äußern Wechsel=
fällen des Lebens, den „Sieg der Unschuld", die Vertröstung
des „Recht muß doch Recht bleiben"; wenn es nicht ein Gebiet
gäbe, auf welchem diese äußeren Erfolge und Wechselfälle
alle mit einander ihre Bedeutung verlieren, und — wenn
dieses Gebiet nicht die Heimath unseres Geistes und unseres
Herzens wäre. Die kirchliche Weltanschauung verweist den
Elenden auf leidenden Gehorsam und auf Vergeltung im
Jenseits, wobei die Unterdrücker sich bekanntlich stets recht
gern beruhigt haben, leichter und lieber als die Unterdrückten.
Bei Shakespeare ist von den Schlußfolgerungen dieses Systems
nun und nirgends im Ernste die Rede. Der Schwerpunkt
der Dinge, die entscheidende Instanz für alles menschliche

Empfinden liegt für ihn in der Uebereinstimmung des denken=
den, sittlichen Einzelwesens mit sich selbst, mit dem Gesetz in
der eigenen Brust, in der Souveränetät des dem
Guten zustrebenden Willens. Wo diese gewahrt oder
hergestellt wird, wo das Gewissen die Welt und die Leiden=
schaft unter die Füße tritt, da ist Sieg und Freiheit auch
im Kerker, Leben und Lust auch im Tode und im Leiden; wo
sie der Leidenschaft unterliegt, da ist Niederlage und Knecht=
schaft, auch auf dem siegreich behaupteten Throne. Es geht
ein wahrer Sturm der Freiheit, der stolzen, sittlichen Freiheit
durch diese schwermüthigen Gedichte. Man hat Shakespeare
den protestantischen Dichter genannt, und die Katholiken haben
dies bestritten, weil sie bei Shakespeare die häufig recht harten
und abstrusen Lehrsätze der Protestanten seines Jahrhunderts
nicht spüren, und weil man bei ihm einer auffallenden Milde
und Objectivität der Darstellung und Benutzung aller Cultus=
formen, auch der katholischen, begegnet. Sie haben Recht.
Shakespeare ist eben weit über den kirchlichen Protestantis=
mus seines Jahrhunderts hinaus. Nicht das Dogma der
Reformationszeit beherrscht seine freie Seele, sondern der
kategorische Imperativ des sittlichen Bewußtseins, welchem
der deutsche Denker erst zwei Jahrhunderte später die wissen=
schaftliche Form gab, um die wankende sittlich=geistige Welt
des achtzehnten Jahrhunderts auf dem festen Grunde des
Gewissens neu aufzurichten. Wie in Homer die mild=heitere
Weltanschauung der Griechen, so bildet bei Shakespeare die
tiefe und ernste, auf den Grund der Dinge gehende Art der
germanischen Völkerfamilie ihre dichterischen Symbole, lange
ehe der prüfende Gedanke deren volles Verständniß gewann.
Denn es ist dem Dichter, dem auserwählten Lieblinge der
Natur gegeben, nicht nur „dem Jahrhundert und Körper der
Zeit das Abbild seiner Gestalt zu zeigen", sondern in dieser

Gestalt die Züge des wesentlich und wahrhaft Menschlichen, befreit von störendem Zufallswerk hervortreten zu lassen, die treibenden Kräfte des Weltlaufes zu fühlen und anschaulich zu machen, und so, für das sinnige Auge, mit dem Schleier der Vergangenheit gleichzeitig den der Zukunft zu heben. Dichter sind Seher, Propheten mit doppeltem Antlitz. Möge die Entwickelung unseres großen Völkerstammes in Kraft und Wahrhaftigkeit, in Muth des Gedankens und der That, in der ehrlichen Gründlichkeit des Forschens und der Ueberzeugung, der von dem großen angelsächsischen Seher gezeichneten Welt noch lange Recht geben. Dann werden auch die Unschönheiten und Härten, mit denen sie, gerade wie Shakespeare's Dichtung auch, diese wesentlichen Vorzüge bezahlt, zu überwinden oder doch zu ertragen sein.

Fünfter Vortrag.

Die Lustspiele Shakespeare's.

Ihr Verhältniß zur nationalen Ueberlieferung. — Ihre Beliebtheit bei den Zeitgenossen. — Aufnahme in Deutschland. — Neueste Angriffe. — Beantwortung derselben. — Begriff des Komischen und der Komödie. — Deren Gattungen. — Gehört Shakespeare's Komödie nur der phantastischen Gattung an? — Ihre Schwächen und Vorzüge. — Die „Idee" der einzelnen Stücke. — Uebersicht und Gesammturtheil.

Es wurde in diesen Vorträgen schon mehrfach berührt, wie stark die heitere, komische Beimischung war, welche schon das frühe Mittelalter seinen dramatischen Unterhaltungen, selbst den religiös gefärbten, zu geben liebte, wie dies Anfangs nur in einzelnen Scenen als Abwechselung und Würze auftretende Element sich dann im Laufe des vierzehnten und funfzehnten Jahrhunderts selbstständig formte, und wie Shakespeare gerade auf diesem Gebiete an eine bereits zu ansehnlicher Reife gediehene Kunst sich anlehnen konnte. Der Lustspieldichter Lily ist derjenige unter den Zeitgenossen Shakespeare's, an welchen des letztern Sprache und Styl, in Vorzügen und Schwächen, am meisten erinnert, dessen Manier er zwar mehrfach parodirt und verspottet, nicht aber ohne sie vorher in voller Virtuosität sich angeeignet zu haben. Es ist ohne Weiteres zuzugeben, daß dabei dem Zeitgeschmacke manches Opfer gebracht worden ist. Der sich so oft vordrängende sylbenstechende Witz, die Jagd auf Wortspiele (bei der keineswegs immer Edelwild erlegt wird), gehört zu dieser poetischen Erbschaft, die Shakespeare allerdings mit der Kraft und dem Tacte des Genies verwaltete. Auch für die derben, nicht selten zotigen und nicht immer geistreichen Späße der Clowns, der volksthümlichen Hanswürste, für die Einmischung derselben in die ernsten Scenen der Trauerspiele und Dramen ist die Mode, die Gewohnheit der zahlenden Zuschauer vielleicht in gleichem Grade verantwortlich zu machen, als Shakespeare's freie Intention: und wenn es ihm mehr als einmal gelungen ist, diese gröbern Elemente mit glücklichstem Griff zu ächter, poetischer Wirkung zu verwerthen, so wäre es doch recht überflüssig und vergeblich, deßwegen diese absonderlichen Kunstmittel zum Range allgemeiner Gesetze erheben, und überall zu Shakespeare's größerer Ehre das „obgleich" mit einem „weil" vertauschen zu wollen. Daß jene weise Schonung und geniale Benutzung des Zeitgeschmacks dem Dichter erwünschte Früchte des Beifalls eingetragen hat, läßt sich unschwer annehmen. Jedenfalls werden in den Zeugnissen der Zeitgenossen, welche auf uns gekommen sind, die Komödien mit gleicher Anerkennung genannt, wie die Meisterwerke seiner tragischen Dichtung. Falstaff und seine Rotte waren die Lieblinge von Hoch und Gering, und der anonyme Herausgeber von Troilus und Cressida, vielleicht des wunderlichsten und dunkelsten der Shakespeare'schen Stücke, nennt „des Verfassers Komödien so nach dem Leben geformt, daß sie als Erläuterungen aller unserer Handlungen dienen; solche Gewandtheit zeigen sie und solche Gewalt des Witzes, daß die

größten Feinde des Theaters an seinen Stücken Gefallen
finden. Alle solche plumpen und schwerfälligen Alltagsmenschen,
die, des Witzes einer Komödie nimmer fähig, zu seinen Vorstellungen kamen, durch den Ruf derselben gelockt: dort fanden
sie den Witz, den sie selber nie zu Wege brachten, und so
gingen sie gescheuter heim, als sie gekommen waren." „In
seinen Lustspielen", heißt es weiter, „ist so viel treffliches Salz,
daß sie wegen ihrer Ergötzlichkeit in jenem Meere entstanden
zu sein scheinen, welches die Venus erzeugte. Keines unter
diesen allen aber ist sinnreicher als dieses hier (nämlich als
Troilus und Cressida), und hätte ich Zeit, ich würde das
auseinandersetzen, obwohl ich weiß, daß ich das nicht nöthig
habe. Das Stück verdient eine solche Arbeit so gut, wie die
beste Komödie von Plautus oder Terenz. Und glaubt nur
dies, wenn der Dichter geschieden sein wird, wenn seine
Komödien vergriffen sein werden, werdet ihr emsig nach ihnen
suchen". Die Nachwelt hat diese Weissagung im Ganzen
nicht Lügen gestraft. Später als die Tragödien wurden die
Lustspiele Shakespeare's von der Vernachläßigung getroffen,
welche die zweite Hälfte des französirenden und theologisiren-
den siebzehnten Jahrhunderts sich gegen den Hauptvertreter
germanischer und freier Welt= und Kunstauffassung erlaubte.
Wir begegnen den Spuren ihrer Einwirkung bekanntlich schon
bei dem Dramatiker der schlesischen, fast ganz von romanischen
Vorbildern beherrschten Dichterschule. (Bei Gryphius) Das
wieder erwachende Shakespeare = Studium der Genie = Zeit
machte dann gerade die Wunderlichkeiten des Shakespeare'-
schen Lustspiel = Dialogs zum Gegenstande eines poetischen
Cultus. Man weiß, wie Goethe und seine Genossen sich in
Straßburg mit einer Art von Andacht (auch darin ein Vor-
bild der Romantiker) in die Wortgefechte von „Verlorne
Liebesmühe" vertieften, wie sie auf die beste Uebersetzung der

famosen Grabschrift des erlegten Hirsches einen Preis setzten,
ihre Unterhaltung stundenlang in Concepten und Wortspielen
zu führen sich mühten. Auch das Bühnenpublikum in Deutschland wie in England folgte dieser Geschmacksbewegung, wenn
auch eben nicht in ihre, den auserlesenen Literatenkreisen
überlassenen Extreme. Falstaffs Humor feierte aufs Neue
seine Triumphe; der tolle Petruccio mit seiner bösen Sieben,
Malvolio, der selbstgefällige „ungesalzene Schuft", Junker
Tobias und sein blöder Schützling, Christoph von Bleichenwang, der ehescheue Benedict und die spottlustige Beatrice,
die Narren Probstein und Feste, die Rüpel des Sommernachtstraums gewannen Bürgerrecht auf unsern Theatern
und genießen es noch. Aber bei dieser immerhin beschränkten
Gallerie Shakespeare'scher Lustspielgestalten ist es denn, so
weit wirkliche Popularität, aufrichtige Theilnahme des großen
Publikums in Betracht kommt, im Wesentlichen auch geblieben,
höchstens daß die harmlosen Scherze der „Irrungen" noch
hie und da mit Beifall über die Bretter gingen. Eine ganze
Reihe heiterer Shakespeare'scher Dichtungen, wie „Liebesmühe",
„Ende gut, Alles gut", selbst das liebliche „Wie es Euch gefällt",
von den „Veronesern", von „Troilus und Cressida" gar nicht
zu reden, sind trotz der Anpreisungen der Kritik nicht eigentlich
populär geworden und neuerdings hat die seit 1864 mehr und mehr
zu Worte gekommene Reaction gegen den übertriebenen Shake-
speare-Cultus gar zu einem gewaltigen Schlage ausgeholt. Wir
haben eine förmliche Anklage und Verurtheilung der Shakespeare'schen Komödie erlebt*), im Grunde freilich keine neue
Entdeckung, sondern nur eine deutsch-gründliche Ausführung des
schon von Guizot erhobenen Vorwurfs, daß es den Komödien
Shakespeare's nicht nur an consequenter Handlung fehle,

---

*) Humbert, Shakespeare, Molière und die deutsche Kritik. 1869.

sondern auch an wahrer und eingehender Charakteristik, „daß
sie ein phantastisch-romantisches Spielwerk seien, ein Sammel-
platz für alle jene ergötzlichen Unwahrscheinlichkeiten, welche die
Phantasie aus Trägheit oder Laune nur an einem dünnen
Faden zusammenreiht, um daraus allerlei bunte Verknüpfungen
zu bilden, die uns erheitern und interessiren, ohne dem Urtheil der Vernunft Stand zu halten". — Nur die phantastische Komödie, und auch diese kaum, wird von dieser
Seite her dem Dichter zugestanden, der Preis der Charakterkomödie aber, des Juwels der Gattung, für Molière ausschließlich in Anspruch genommen.

Indem wir es nun versuchen wollen, nach gewissenhafter
Revision der eigenen, früher ausgesprochenen Urtheile, in der
Kürze unsere Meinung zur Sache zu sagen, werden sich ein paar
weiter ausholende Bemerkungen über die hier in Betracht kommenden Grundbegriffe nicht umgehen lassen: denn bekanntlich
schützt der tägliche Gebrauch Kunstausdrücke und Formeln
nicht vor Mißverständniß — im Gegentheil! — und eine
Erörterung ohne Verständigung über den Sinn derselben
gleicht nur zu oft dem Nähen mit einem Faden ohne Knoten,
das Stiche giebt, aber keine Naht.

So sei denn den Gegnern der Komödie Shakespeare's
von ganzem Herzen das Recht zugestanden, bei Erwägung
dieser Fragen einen besondern Nachdruck auf den nicht immer
gehörig beachteten Unterschied zwischen den Bezeichnungen
„heiter", „lustig", „witzig" und „komisch" zu legen. Die rechte
Komik ist heiter, lustig, und läßt sich künstlerisch ohne Witz
nicht erzeugen, aber es fehlt viel, daß Heiterkeit, Lustigkeit,
selbst Witz komisch sein müßten. Ganz im Gegentheil, wie
sehr dürfte jenes alte Wort Recht behalten, „daß die wahre
Freude und Heiterkeit im Grunde eine gar ernste Sache sei".
Heiterkeit ist der Ausdruck des gesunden, vollbefriedigten

Seins, des Gleichgewichtes der Kräfte, des naturgemäß ge-
stillten Bedürfnisses. Tritt dabei ein Ueberschuß von Lebens-
kraft in Wirkung, vor dem das Bewußtsein des Bedürfnisses,
der Schranke, der Pflicht und der Gefahr momentan vollkommen verschwindet, so werden wir lustig. Der Heitere
weiß sich im Einklang mit den Gesetzen und Schranken des
Daseins, der Lustige vergißt sie, oft genug ohne Berechtigung,
ignorirt sie auch wohl absichtlich. Deswegen ist die Lustigkeit des Weisen so selten, wie die Heiterkeit des Narren;
deswegen ist das Kind lustig von Natur, während der Mann
die Lustigkeit oft genug in der Flasche sucht. Der Komische
wirkt belustigend, erheiternd auf uns, er befreit unser Denken,
läßt unsre Lebenslust, unser Kraftgefühl aufschäumen: aber
nur zu oft zahlt er selbst dafür mit empfindlicher Unlust.
Wer ist komisch? Komisch ist der feige Prahlhans, der täp-
pisch-aufgeblasene, aber auch der blöde Galan, der ungeschickt
eingebildete Emporkömmling, der gelehrt thuende Ignorant,
der polternde Pantoffelheld, der feierliche Pedant; komisch ist
Falstaff auf der Flucht vor den steifleinenen Kerlen, Junker
Bleichenwang, als er seine grimmige Herausforderung schreibt,
Malvolio als galanter Liebhaber Olivia's, Friedensrichter
Schaal, da er mit nie begangenen Schelmstreichen renom-
mirt; komisch ist Mr. Jourdain als galanter Marquis, Chrysale
als Hausherr, Belise als spröde, unwiderstehliche Schönheit.
Sie Alle wollen scheinen, was sie nicht sind. Aber es gelingt ihnen nicht, uns zu täuschen; sie täuschen nur sich. Der
Gegensatz ihres Wollens und Könnens, ihrer Einbildung und
ihres Seins drängt sich uns sinnlich, augenscheinlich auf,
während sie glauben, ihn verdecken zu können oder ihn gar
nicht einmal merken. Bei diesem Contraste (und das ist ein
nothwendiger Punkt) bleibt ferner das Wesen im Nachtheil
gegen den beabsichtigten Schein. Die Philister lachten über

den kleinen David, als er den Riesen herausforderte: die
kecke Anmaßung des schwachen Knirpses erschien ihnen komisch.
Aber das Lachen verging ihnen, als ihr Stärkster todt da
lag, als der kleine Kerl sich wider Vermuthen als starker
und geschickter Kriegsmann entpuppte. So lachten die Delphier
(aber nur eine Weile) über den buckligen, häßlichen Aesop,
die Freier über den „anmaßenden Bettler" Odysseus; so hat
manche Zuhörerschaft über den linkischen, unbehülflichen Professor,
manche stolze Schöne über den unscheinbaren, blöden Bewerber
gelacht, bis die Kraft sich in der unscheinbaren Hülle offenbarte
und die Lichtseite des Contrastes sich umkehrte. Also: das Komische
ist immer die Wirkung eines Contrastes, und zwar eines plötzlich,
überraschend hervortretenden Contrastes (denn es stirbt bekanntlich an der Ankündigung und an der Gewohnheit), zwischen
Inhalt und Form, zwischen Wesen und Erscheinung, wobei
aber das Wesen gegen die Erscheinung auffallend und hand-
greiflich im Nachtheil bleibt. Und noch Eins: Wir lachen
über den Tölpel, der beim Tanz über seine eigenen Füße
fällt. Fritze Tribbelfitz unter seinem Fuchs in der Mistpfütze
(da er Fensterparade machen will), ist ein hochkomisches Genre-
bild. Wenn aber der Tölpel ein Bein bräche, oder wenn Fritze
unter dem Fuchs nicht wieder lebendig hervorkäme, wäre es
mit dem Lachen vorbei; denn der komische Nerv (wenn der
Ausdruck erlaubt wird) vibrirt nur, so lange die ernste Theilnahme nicht angeregt wird. Selbst Malvolio wirkt kaum
mehr komisch, wenn die übermüthige Rotte seiner Feinde ihn
durch ihr unbarmherziges Hudeln fast um den Verstand
bringt. Wir fangen mit Olivia an, ihn zu bemitleiden, und
damit hat denn die Komik ein Ende. Somit muß der komische
Conflict denn auch durchaus ein unschädlicher sein, unschädlich
für den, auf dessen Kosten gelacht wird und unschädlich natür-

lich auch für die Lacher: und eine Komödie wäre dann
das dramatische Gedicht, welches vornehmlich durch solche
Contraste auf uns wirkt; aus der Natur dieser seiner Grundanlage müssen sich alle seine sonstigen wesentlichen Eigenschaften mit Folgerichtigkeit ergeben. In der Komödie „kriegen
sie sich", heißt im es Volksmunde: nicht so ganz uneben, insofern die Herrschaft des blinden und verblendenden Gottes
uns arme Sterbliche am leichtesten in komische Contraste zwischen
Vorsatz und Ausführung, zwischen Wunsch und Vermögen,
zwischen Wissen und Thun verwickelt, für Verliebte aber der
Spaß gleich aufhört, wenn dem lieben Herzen nicht der Wille
geschieht. Die Komödie zeigt wie die Tragödie ein dichte-
risches Abbild des Lebens: aber wie jene von der Uebertraft
oder der mißleiteten Kraft, empfängt sie ihre Motive von
der Schwäche, sei es des Verstandes oder des Willens. Der
tragische Held ringt gegen die Grundgesetze der Dinge, sein
persönliches Sein zerbricht an den Schranken der Menschheit. Der komische Charakter wagt sich nicht an solche
Gegner. Schon die conventionellen Verhältnisse der Gesellschaft, mit welchen der normale Mensch gut fertig wird, sind
ihm zu stark. Die tragische Handlung erhebt uns, indem
sie durch den Anblick menschlicher Kraft im Leiden das Bewußtsein unserer Würde in uns weckt. Dies kann die komische
Handlung nicht leisten. Aber indem sie selbst in den Nie-
derungen des Daseins sich bewegt, läßt sie unsere Intelligenz
sich über dieselben erheben. Nicht daß sie uns sagen lehrte:
Ich danke dir Gott, daß ich nicht so dumm bin, wie dieser
Pinsel, nicht so feige wie dieser Prahlhans, nicht so lächerlich eitel wie dieser gezierte Geck. Vielmehr gewährt das
blitzschnelle Durchschauen der harmlosern Verkehrtheiten des
Weltlaufs, wie es die gute Komödie vermittelt, an und für
sich unserm Geiste eine stärkende und befreiende Bewegung.

Wir nehmen sympathetisch unsern Antheil an der heitern
Geistesfreiheit, die den Dichter in den Stand setzte, diese
Dinge so wahr und so leidenschaftlos darzustellen, und wir
verlassen das Spiel, wenn nicht belehrt, erbaut, sittlich be=
stimmt, so doch frischer, gesunder, besser im Stande uns selbst
zu belehren und selbst zu bestimmen. Mit jener Entfernung
von den ernsteren Aufgaben des Lebens, in welcher die Komödie
sich halten muß, hängt es denn auch zusammen, daß sie der
Phantasie freiere Bewegung gestattet, es mit der Wahrschein=
lichkeit, dem verstandesmäßigen Zusammenhange der Theile
der Handlung so genau nicht nimmt, wie das ernste Drama.
Die Bewegung der Phantasie an sich, das Aufnehmen und
Erzeugen von Vorstellungen ist uns ein Genuß; und wo die
auftretenden Personen nach dieser oder jener Richtung hin
die menschliche Durchschnittskraft nicht erreichen, wo von
ihren Bestrebungen und Leidenschaften wenig durchgreifende
Wirkung zu erwarten steht, da nehmen wir es auch mit den
Motiven ihrer Handlungen nicht so ernst und genau, freuen
uns auch einmal harmlos an dem bunten, äußerlichen Wechsel=
spiel ihres Treibens, lassen uns die Ueberraschung um ihrer
selbst willen gefallen; die bloßen, gaukelnden Spiele der
Einbildungskraft haben auf diesem Gebiete ihre Berechtigung,
am rechten Orte und zur rechten Stunde, wenngleich sie
keineswegs die höchste Wirkung poetischer Komik erreichen
können, welche in jener geistigen Befreiung und Stärkung
gipfelt, die wir aus einem heitern, leidenschaftlosen Eindringen
in die Irrgänge menschlicher Charaktergestaltung gewinnen.
Denn in letzter, höchster Instanz spricht auch die sinnliche
Kunstwirkung doch immer zum Geiste, und ihr eigentlicher
Gegenstand ist immer die menschliche Seele. Sonach haben
wir denn auch nicht Viel dawider, wenn man die drei
Gattungen des Lustspiels in aufsteigender Linie so ordnet,

daß das bloße Intriguenspiel die unterste Stelle einnimmt, worauf dann das Phantasieluftspiel, und zuletzt, als eigentliche Blüthe der ganzen Gattung, das Charakterluftspiel folgen würde. Das Intriguenspiel, unbekümmert um eingehende Darstellung der Charaktere und ebenso gleichgültig gegen die logische Verknüpfung der Handlung, würde lediglich durch Darstellung überraschender, bunt durcheinander wirbelnder Begebenheiten wirken; das Phantasieluftspiel würde sich von ihm nur durch reichere Gestaltenfülle, durch größeren Aufwand von Einbildungskraft, Geist und Witz, durch Erfindung außerordentlicher Gestalten und Situationen unterscheiden, übrigens aber es mit den Gesetzen der Logik kaum genauer nehmen, als mit denen des Raums und der Zeit; die Charakterkomödie endlich würde sich die schwierige Aufgabe stellen, eine bestimmte Form menschlichen Empfindens und Denkens durch komische Effecte zu veranschaulichen und zwar so, daß der Gang der Handlung durch den Charakter der Hauptpersonen in allen wesentlichen Punkten bedingt wird. Ob nun aber das französische, von einigen deutschen Molière-Verehrern adoptirte Urtheil zu Rechte besteht, welches die Palme der Charakterkomödie für den Verfasser des Tartuffe, der gelehrten Weiber ꝛc. ausschließlich in Anspruch nimmt und Shakespeare's Lustspiele nur für, zum Theil recht artige, aber oft auch nur mittelmäßige Phantasiekomödien gelten läßt, darüber mögen hier einige Bemerkungen verstattet sein.

Ohne Weiteres zuzugeben (und, beiläufig, von uns auch niemals geleugnet), ist zuvörderst, daß Shakespeare es mit lückenloser, logischer Folgerichtigkeit der Handlung in den Lustspielen noch weniger genau nimmt, als in den Dramen, Historien und Tragödien. Ohne Unwahrscheinlichkeiten geht es in seinen Handlungen, wenn man genau und kaltblütig zusieht, so wenig ab, wie — bei den andern Dramatikern

(Molière nicht ausgenommen) auch, und selbst zu moralischen Seltsamkeiten, wenn nicht Unmöglichkeiten, werden diese in den Lustspielen bisweilen gesteigert. In den Irrungen dreht sich die ganze Handlung um die Annahme, daß Zwillingsbrüder, die sich nie gesehen haben und in verschiedenen Ländern aufgewachsen sind, selbst von den nächsten Angehörigen an einem und demselben Tage beständig verwechselt werden, also vollkommen gleich gekleidet sein müssen, und — daß sie selbst unter einer sich überstürzenden Reihe tollster Ueberraschungen gar nicht auf diese Vermuthung kommen, während der Eine doch ausdrücklich ausgezogen ist, um den Andern zu suchen. Die Veroneser führen uns einen Herzog vor, der im fünften Act eine ganze Schaar Straßenräuber auf das gute Zeugniß ihres Hauptmanns hin zu Gnaden annimmt und in ansehnliche Stellen befördert; ferner einen treulosen Liebhaber, der von seiner in Pagentracht gesteckten, verlassenen Braut monatelang bedient wird, ohne daß er sie erkennt; endlich einen Bräutigam, der einem Schuft, von dem er schmählich betrogen und verrathen ist, aus Rührung über ein Wort der Reue die eigene, geliebte Braut anbietet. Den Sommernachtstraum dürfen wir am Ende aus dem Spiele lassen, da er eben das Vorrecht des „Traumes" in Anspruch nimmt und es so anmuthig behauptet. Diese Entschuldigung kann aber für jenen Schwur des Königs von Navarra und seiner Hofcavaliere, auf dem die Fabel von „Verlorne Liebesmühe" beruht, nicht gelten; ebenso wenig für die Werbungs-, Hochzeits- und Ehescenen in der Zähmung der Widerspenstigen, noch für die Lösung der ganz tragisch eingeleiteten Verwickelung in „Viel Lärmen um Nichts" durch einen blinden Zufall und eine noch unbegreiflichere Gemüthswandlung der meistbetheiligten Person: bekanntlich eines Vaters, der durch eine Serenade und eine Beileidserklärung

über die Beschimpfung und Tödtung seiner Tochter zufrieden=
gestellt wird. Wie es Euch gefällt behandelt Geographie
und bürgerliche Logik ebenso cavaliermäßig wie die Veroneser es thaten. Fast die ganze Gesellschaft, statt irgend
Etwas einer Handlung Aehnliches zu unternehmen, amüsirt
sich Act ein Act aus mit allerlei wunderlicher Kurzweil in
dem mit Palmen geschmückten und von Riesenschlangen bewohn-
ten Ardennenwalde; und, was noch bedenklicher ist, die beiden
Bösewichter des Stückes bekehren sich, wie Proteus und die
Räuber im letzten Act der Veroneser, ohne andern sichtbaren
Grund, als weil das Stück aus ist. Gegen Troilus und
Cressida wird kein verständiger Leser einen Tadel erheben,
weil Shakespeare's Achill, Ajax, Diomedes ꝛc. nicht die des
Homer, sondern die des Raoul le Febvre, resp. die der
Lydgate und Caxton sind, deren Bearbeitungen der trojanischen
Sage das spätere Mittelalter kannte und liebte. Es mag des=
wegen gern hingehen, daß Achäer und Trojaner sich wie
französische Cavaliere benehmen, Pandarus wie ein Lump aus
der feinen Gesellschaft und Cressida wie ein Dämchen aus
der Halbwelt. Daß wir aber am Schlusse nicht erfahren,
was aus den Hauptpersonen wird, dürfte schwerer zu entschuldigen sein und darf aus Shakespeare-Enthusiasmus nicht
verschwiegen werden. Eine vor dem nachrechnenden Verstande
einigermaßen stichhaltige Handlung haben nur Ende gut
Alles gut, Was ihr wollt und die Lustigen Weiber
von Windsor und selbst da müssen wir z. B. dem alten,
geriebenen Falstaff es zutrauen, daß er um unseres Plaisirs
willen dreimal hinter einander in dieselbe Falle geht. Es ist
wirklich von der verstandsmäßigen Folgerichtigkeit und Wahr=
scheinlichkeit aller dieser Handlungen nicht viel Rühmens zu
machen. Der Umstand, daß Shakespeare sie fast sämmtlich (bis auf die von Verlorne Liebesmühe, Lustige

Weiber und Sommernachtstraum) aus Novellen und
Märchen entnahm, ist eigentlich keine Entschuldigung. Warum
hat er sie nicht besser ausgesucht oder geändert? Es kann
nicht helfen. Molière (obgleich, wie bemerkt, auch nicht etwa
ganz sattelfest im Puncte der Wahrscheinlichkeit seiner Hand=
lungen) wird auf diesem Gebiet immer den Vorzug behalten.

Wie nun aber, wenn sich auf diesem Gebiete die Schlacht
gar nicht entschiede? Wenn dem Lustspieldichter auch außerhalb
der großen Heerstraße des praktischen, die äußere Wahrschein=
lichkeit nachrechnenden Verstandes noch Wege übrig blieben,
auf denen er sein Ziel erreichen kann? Das Ziel nämlich,
in heiterer Anregung durch komische Effecte uns angenehm
zu beschäftigen, unsern Blick für menschliche Dinge zu schär=
fen, uns zu heiterer Geistesfreiheit bei vermehrter Menschen=
kenntniß empor zu heben?

Soviel ist zunächst gleich einzuschalten und wird auch
von den Gegnern meist nicht geleugnet: daß Shakespeare
vielfach gar feine und geschickte Mittelchen anwendete, um
die äußeren oder inneren Unwahrscheinlichkeiten der Handlung
zu verstecken oder ihnen die Spitze abzubrechen. In „Viel
Lärmen um Nichts", wo es, von den Veronesern abge=
sehen, in ersterer Hinsicht am schlimmsten zugeht, ergießt sich
offenbar zu diesem Zweck eine frohe Festatmosphäre des bequemen
Gehenlassens um alle Personen, vom Fürsten bis zum Clown.
Die Personen, welche den stärksten Anspruch an unsern
harmlosen Glauben machen, Pedro und Claudio, sind kaum
skizzirt; der glückliche, alle Trauer und alle Gefahr in „Viel
Lärmen um Nichts" verwandelnde Zufall ist dem Zuschauer
schon bekannt, als auf der Bühne die scheinbar tragische
Verwickelung beginnt. In andern Comödien hebt der phan=
tastische Schauplatz die Widersprüche der phantastisch dahin=
schwebenden, lose geschlungenen Handlung gewissermaßen

11

auf, (so im Sommernachtstraum, in „Wie es Euch gefällt"),
in „Verlorne Liebesmühen" könnte es nur einer ungewöhnlich
pedantischen Ernsthaftigkeit des Lesers oder Zuschauers entgehen, daß dem ganzen Mummenschanz kein ernster Entschluß,
sondern nur eine wunderliche Laune des Königs zum Grunde
liegt.   Zudem wird gerade in den Lustspielen durch eine
wunderbare Fülle von Einzelschönheiten der dem Ganzen sich
zuwendende kritische Blick auf jedem Schritte abgelenkt und
entwaffnet. Welch ein Dialog! Welch ein sprühender, schlag-
fertiger, nie versiegender Witz! Welch ein Reichthum an
Schilderungen, an überraschenden und tiefen Gedanken, welche
wahrhaft königliche Verschwendung der Schätze des Geistes!
Man glaubt die Melodieenfülle der Zauberflöte zu hören,
im Gegensatz gegen die architektonisch gegliederten Tonmassen
der Zukunftsmusik.   Um nur an Einiges zu erinnern! Man
denke an die Schilderung der Eifersucht in den Irrungen,
(„es war der Inhalt jeglichen Gesprächs" 2c.), an die des verliebten Junggesellen in den Veronesern, an die Glanzstellen
des Sommernachtstraums, (Leid der treuen Liebe, Blindheit
der Liebe, Lieb' im Müßiggang, der Elfenhügel, Mädchen-
freundschaft, das dichterische Schaffen), an den Preis der
Liebe in „Verlorne Liebesmühen", („nie wagt's ein Dichter
und ergriff die Feder" 2c.), an die Witzfeuerwerke desselben
Stückes, an die Weltweisheit des Jacques und des Probstein in „Wie es euch gefällt", die Schilderung der alten,
schlichten Treue ebendaselbst, „da Dienst um Pflicht sich
mühte, nicht um Lohn", an die Verherrlichung einfacher,
wahrer Musik und an die Volkslieder in „Was ihr wollt".
Wer fände da ein Ende! — Aber freilich, bei alledem stände
es immer noch schlimm um Shakespeare's Rang unter den
Lustspieldichtern, wenn wir weiter Nichts für ihn anführen
könnten, als daß er den Rath des Schauspieldirectors „Gebt

ihr ein Stück, so gebt es gleich in Stücken", in glücklichem
Instinct voraus ahnend befolgte. Die bunten Federn machen
den schönen Vogel nicht, sie schmücken ihn nur. Und prachtvolle Schilderungen, glänzende Witze (noch dazu, wie nicht
geleugnet werden darf, in jetzt ziemlich ungenießbare Sylben-
stechereien hie und da ausartend) machen das preiswürdige
Lustspiel nicht aus, wenn dabei nicht nur die consequente,
wahrscheinliche Handlung fehlt, sondern gar noch „die poetische
Idee" und die derselben entsprechende Charakteristik. Und
das behaupten die Vertreter der französirenden Reaction
gegen Shakespeare's, ihrer Ansicht nach übertriebene Schätzung.

Die „poetische Idee" vermißt man in den Lustspielen
Shakespeare's. Gewiß mit Recht, wenn unter der „Idee"
eines Drama's irgend eine Wahrheit, Lehre, Meinung zu
verstehen wäre, welche anschaulich zu machen, uns an's Herz
zu legen, in der Absicht des Dichters läge. Es ist wohl kein
Wort darüber zu verlieren, daß Shakespeare auf so un-
poetischen Abwegen nie zu treffen ist, am wenigsten in den
Lustspielen, diesen übermüthigen Kindern seiner Laune, seines
frohen Behagens am menschlichen Treiben, auch an dessen
harmlosen Verkehrtheiten und mehr oder weniger liebens-
würdigen Schwächen. Auch fällt es hüben und drüben heute
wohl kaum noch Jemandem ein, die dramatische „Idee" in
diesem, nur bei der geringsten Sorte der Tendenzstücke zu
treffenden Sinne zu fassen. Vielmehr ist man einig darüber,
daß die „Idee", die geistige Seele eines dramatischen Gedichtes Nichts anderes sein kann, als irgend eine bestimmte
Entwickelungs- und Erscheinungsform menschlichen Treibens
in welche das Auge des Dichters sich vertieft hat, die sein
Gefühl erwärmte, seine Phantasie erregte, und deren Art
und Gesetz er nun im Bilde einer ansprechenden Handlung
zu bequemer und anregender Anschauung bringt.

11 *

Es wird also zuzusehen sein, ob Shakespeare's Lustspiele in diesem Sinne keine „Ideen" enthalten, ob es wahr ist, daß wir es in ihnen lediglich mit müßigen, wenn auch glänzenden und unterhaltenden Phantasiespielen zu thun haben, und daß nicht wirkliche Menschen und Charaktere, sondern willkürliche Combinationen der spielenden Einbildungskraft in ihnen auftreten. „Denn Shakespeare", so belehrt man uns, „werde eben tragisch, sobald er sich ernstlich in menschliches Denken und Fühlen vertiefe."

Als ein eigenthümlicher Zug der Tragödien Shakespeare's wurde oben die bescheidene, zurücktretende Rolle bemerkt, welche sie im Ganzen und Großen der Geschlechtsliebe zu= gestehen. Dieselbe herrscht bekanntlich nur in „Romeo und Julia"; Othello zeigt sie zur Eifersucht entartet und entstellt; in Lear und Hamlet wirkt sie als ganz untergeordnete Kraft; in Macbeth ist von ihr überhaupt nicht die Rede. Auch die Historien und Römerdramen (Antonius und Kleopatra bildet nur eine scheinbare Ausnahme) lassen sie nur in sehr be= scheidenem Maße zu Worte kommen. Dafür ist in den Lustspielen Alles mehr oder weniger verliebt und — durch Liebe so oder so bethört, lächerlich, aus den Fugen gebracht. Man könnte ihnen (die dem Plautus nachgedichteten Irrungen etwa ausgenommen) das Gesammtmotto geben:

> Verliebte und Verrückte
> Sind beide von so brausendem Gehirn,
> So bildungsreicher Phantasie, die wahrnimmt,
> Was nie die kühlere Vernunft begreift.

Liebeswahnsinn entzweit in den Veronesern die Freunde, treibt im Sommernachtstraum die ganze Gesellschaft, Menschen und Elfen, in lustigem Wirbeltanz umher, verliebte Ueber= spanntheit treibt in „Was ihr wollt" ihr neckisches Spiel mit dem Herzoge so gut wie mit Malvolio, und selbst die schöne

Olivia hat ihren Antheil an dem allgemeinen Leiden. Der trotzige Widerstand gegen die Liebe, in welchen die herbe, unbeholfene Unreife der Jugend sich wohl kleidet, erliegt in „der Widerspenstigen Zähmung" männlicher Kraft und Conse= quenz, in „Ende gut Alles gut" der ausdauernden, heroischen und intelligenten Hingebung des liebenden Weibes. In „Viel Lärmen um Nichts" muß Eitelkeit die Liebe erzeugen, nachdem sie lange mit ihr in komischem Kampfe gelegen; in „Wie es euch gefällt" muß affectirtes Sentimental=Thun sich wacker verspotten lassen. In den „lustigen Weibern borgt gemeiner Eigennutz, in „Troilus und Cressida" kokette Lüsternheit die Maske der Liebe. Ein ganzes Sündenregister, wie man sieht, der großen Passion, die den Klugen thöricht, den Thoren klug macht, dem Helden den Spinnrocken in die Hand giebt und den Feigen zum Helden macht, in deren Zauber= reiche Alles möglich ist und noch Einiges darüber, und die mit der strengen Schwiegermutter Weisheit nicht viel Um= stände macht. „So voll von Phantasie ist Liebe", meint Viola, daß nur sie phantastisch ist." Nun sollte sie nicht im „phantastischen Lustspiel" herrschen! Nur freilich, daß es merkwürdig zugehen müßte, wenn wir dabei, an der Hand des anerkannten Meisters der Charakteristik, Nichts weiter erleben und sehen sollten, als eben die Spiele der Laune, „die den Busch für den Bären hält", und der die „äthiopisch= braune Stirn" ein Spiegel der Schönheit ist, wenn wir Nichts erfahren sollten, d. h. poetisch erfahren, sehen und empfinden, über wirkliche und wesentliche Erscheinungsformen menschlichen Lebens.

Sehen wir einmal zu.

Von den vier Stücken, welche die komischen Vorgänge der Liebe an sich als Thema, oder doch als Hauptthema be= handeln (Veroneser, Sommernachtstraum, Viel Lärmen um

Nichts, Was ihr wollt) sind die Veroneser in Bezug auf
psychologische Folgerichtigkeit und Charakteristik nicht zu vertheidigen. Sie sind eben eine Jugendarbeit, bringen die
Kosten durch glänzende Einzelschönheiten heraus, lesen sich
sehr vergnüglich, „ertragen aber die nähere Beleuchtung
nicht". Nicht, daß nicht auch hier die Charakteristik schon
hie und da die Klaue des Löwen erkennen ließe. Es ist
keine Willkür, sondern ein tiefer Blick in das menschliche
Herz, wenn die beiden Freunde in der Jugendverliebtheit
zwar gleich verrückt werden, der schönselige, glatte, verzogene
Proteus aber gleichzeitig selbstsüchtig und treulos, dagegen der
rauh-kräftige Valentin hingebend-großmüthig. Man sieht
eben in dem heißen Feuer, welcher Natur das Herz ist;
nur ist freilich von consequenter Durchführung einer Anschauung oder eines Gedankens hier noch nicht die Rede.
Nicht viel höher, was Idee und Gesammtwirkung auf den
aufmerksamen, denkenden Leser angeht, stelle ich das so
populär gewordene „Viel Lärmen um Nichts". Es verdankt
seine Beliebtheit der meisterhaft durchgeführten Episode von
Benedict und Beatrice, dieser köstlichen Illustration des
Sprüchleins „Was sich liebt, neckt sich". Die übrigen Charaktere sind verschwommen, die Situationen zum Theil höchst
unwahrscheinlich. Der glänzende Dialog muß die Hauptkosten
tragen. — Der Sommernachtstraum zeichnet als un-
übertroffenes Muster eines sinnigen und graciösen Festspiels,
in heiterster Symbolik die sinnbethörenden Launen jugend-
licher „Lieb' im Müssiggang", jenes erste Aufkochen des
heißen Blutes, bei dem es ohne allerlei Thorheit und Selbst-
quälerei nicht abgeht, bis dann der gesicherte Besitz, nach
der „mondbeglänzten Zaubernacht" den frischen, klaren Morgen
gesunden Lebensbehagens heraufführt. Ueberlassen wir es
einer auf „gesunden Menschenverstand" pochenden Kritik, sich

an den Elfen zu ärgern, weil sie „inhaltslos", und an den
Rüpeln, weil sie „unmöglich" seien. Eine zartere und
reizendere Symbolik, als Shakespeare sie hier, mit weislicher
Benutzung einer im Volke noch lebenden Mythologie, für
die neckischen Naturgewalten verliebter Launen und Stimmungen schuf, ist wohl selten oder nie einem Dichter
gelungen; und was die Rüpel angeht, so rechnete Shakespeare
wohl auf Zuschauer, die harmlosen Spaß verstehen Wenn
nicht jeder Kritiker zu ihnen gehört, so ist das seine Sache. —
Als viertes Stück schließt dieser Gruppe, der „Idee" nach,
Shakespeare's vollendetstes Lustspiel sich an, das berühmte
und beliebte „Was ihr wollt". Es zeigt eine ganze Gallerie
von komischen Liebespatienten, in aufsteigender Linie: Unten
an den stillen und gefräßigen Dummkopf. auf Freiersfüßen,
Junker Bleichenwang, der sich durch Rindfleisch-Essen seinen
Witz verdarb, „auch einmal angebetet wurde", wie er ver-
sichert, von den Brocken der Redensarten lebt, die von
Junker Tobias unsauberem Tische fallen und schließlich, nachdem alle Welt auf seine Kosten gelacht hat, mit zerschlagenem
Kopfe und leerem Beutel heimgeschickt wird. Dann Tobias,
der in die Galanterie pfuschende Schlemmer und Renommist,
nicht ohne Mutterwitz, aber roh und frech; und Malvolio,
der von Hochmuth und Verliebtheit an's Leitseil genommene
puritanische Pedant, eine der wenigen ausdrücklichen Anspielungen Shakespeare's auf die geistigen und socialen Kämpfe,
welche unter seinen Augen sich theils vorbereiteten, theils zu
vollziehen begannen. — In einer andern, höhern Sphäre,
brav und edeldenkend, muß Herzog Orsino gleichwohl in
einer lächerlich-sentimentalen Werbung seine erotische Kinder-
krankheit durchmachen (wie Romeo mit Rosalinde), bis ein
freundliches Schicksal ihn zu harmonischem Gleichgewicht führt.
Und dann die beiden Frauengestalten: Olivia, in unruhigem

Sehnen und Ahnen der reifenden Jugend nicht weniger als
der Herzog eine Beute neckender Traumgebilde; und ihr
gegenüber Viola, eines der Lieblingskinder der Shakespeare'schen
Muse, bescheiden, fast resignirt, aber klug und fest, voll von
Mutterwitz und Herzensgüte, die· einzige Person in der
ganzen Gesellschaft, die auch in der aufkeimenden Leidenschaft
das Gleichgewicht nicht verliert, und wohl liebenswürdig ist,
anmuthig, witzig, aber allerdings niemals „komisch", was sie
freilich nicht hindert, der komischen Gruppe ein leuchtender
Mittelpunct zu sein und der ganzen Handlung eine mild=
freundliche Färbung zu geben. Und in dem Allen wäre dann
wirklich keine „Idee" zu erkennen? Diese fein und sorgsam
abgestuften Erscheinungsformen der Universal=Passion wären
hier nur zufällig zusammengekommen, dienten nur planloser,
launenhafter Phantastik? Und diese saubere, meisterhaft
durchgeführte Charakteristik stände, wie die neuesten Propheten
Molière's und der Franzosen meinen, in keiner genetischen
Beziehung zur Handlung? Und es ließe sich bei dem Allen
wirklich nicht so viel denken und genießen, als bei einer
regelrechten französischen „Charakterkomödie", in der Alles
Absicht, Tendenz ist, in der die ganze Handlung durch einen
isolirt, und darum unnatürlich übertrieben dargestellten
Charakterfehler der Hauptperson in Bewegung gesetzt wird?

Doch gehen wir weiter. War die Liebe an sich, mit
ihren neckischen Launen und Irrungen bisher das Thema
der Lustspiele, so fehlt es daneben bei Shakespeare auch nicht
an solchen Darstellungen, in welchen die von ihr bewegte
Handlung auch noch andere Lebensverhältnisse mit komischer
Wirkung zu veranschaulichen weiß. In den beiden heitersten
und ansprechendsten sind es nicht sowohl Verirrungen des
Willens, sittliche Fehler und Schwächen, als Verschrobenheiten
auf ästhetischem Gebiete, an welche der Dichter sich hält.

169

Er zieht gegen zwei seiner Zeit eigenthümliche, mit ihrem innersten Leben verwachsene Geschmacklosigkeiten in bester Laune zu Felde. Die letzten Jahrzehnte des sechszehnten Jahrhunderts sonnten sich im vollen Glanze jener heitern, klassischen Bildung, deren Wiedergeburt ein Jahrhundert früher begonnen hatte. Classische Formen und Reminiscenzen waren Gemeingut der guten Gesellschaft geworden, nachdem ihre Ueberlieferung ein Jahrtausend hindurch in den engen, abgeschlossenen Kreisen gelehrter Geistlicher sich mühsam gefristet. Vom romanischen Süden aus waren diese Anregungen auch in die germanische Welt vorgedrungen, und dort hatte das halbromanische, auf der Grenze der beiden Völkerfamilien stehende England sie mit besonderer Kraft, und weit früher als Deutschland, ästhetisch verwerthet. Es war schon davon die Rede, wie in Elisabeths Tagen die aristokratischen Ladies Griechisch und Latein lasen, trotz der Professoren, wie mythologische Maskenzüge jedes Fest schmückten, wie man in Nachahmungen der Alten mit den Italienern wetteiferte, und wie selbst die weiteren Kreise der guten bürgerlichen Gesellschaft wenigstens die Brosamen sammelten, die von dem classischen Festmahle der Aristokratie abfielen, durchaus nicht gleichgültig „gegen die Leckerbissen, so da erzielet werden in Büchern", und nicht ohne Respect vor den Künsten Jener, „die da essen des Papiers und trinken der Tinte", um mit dem biedern Holofernes zu reden. Da ging es denn ohne allerlei Uebertreibung, Pedanterie, Ziererei, gelehrte Affectation nicht ab. Gelehrte und Ungelehrte renommirten mit lateinischen Brocken; die Manie des Wortwitzes parodirte unabsichtlich die linguistischen Studien, und der geschmacklose Schwulst mythologischer, historischer oder sonst gelehrt aussehender Vergleichungen und Anspielungen trieb in den Hörsälen und auf den Kanzeln, ja in den Ge=

sellschaftszimmern der feinen Damen sein Unwesen. Der
Euphuismus Lily's ward Mode, ist bekanntlich auch in
Shakespeare's Jugendarbeiten oft mehr als gut zu bemerken.
Diesem ganzen Kram hält nun der Dichter in heiterster
Laune den Spiegel vor in „Verlorne Liebesmühen".
Das Stück ist von einem Ende bis zum andern ein lustiger
Feldzug des einfachen Geschmacks und Menschenverstandes
gegen gespreizte, bildungssüchtige Unnatur. Die letztere ist
in einer ganzen Reihe ergötzlicher Gestalten vertreten: vom
überbildeten, höfischen Salongelehrten und Witzjäger herab
bis zum bettelhaften, vornehm thuenden Cavalier und bis
zu dem gelehrten Dorfschulmeister, der sich an Grammatik
und Mythologie den Magen verdarb. Es bedurfte wirklich
der ganzen Nüchternheit deutscher, schulmäßiger Kritik, um
dem Dichter hier einen Vorwurf daraus zu machen, daß die
Handlung sich von vorne herein selbst ironisirt, daß es nicht
ernst gemeint sein kann mit dem Vorsatze des Königs und
seiner Hofleute, und daß die ganze Fabel der äußern Wahrscheinlichkeit entbehrt. Als ob sie nach der strebte! Shakespeare wollte uns ja nicht ins Tollhaus führen, sondern den
harmlosen Narrheiten der guten Gesellschaft ihr heiteres,
scherzhaftes Gegenbild zeigen. Je absichtlicher übertrieben
und materiell unmöglich oder unwirklich die äußere Handlung
war, um so mehr sicherte sie dem Dichter die heitere, rein
komische Wirkung der durch sie anschaulich gemachten Ge-
schmacksverirrungen, deren Urbilder seine Zuschauer alle
Tage in ihrer nächsten Umgebung, wenn nicht vor dem
Spiegel, studiren konnten. Es wimmelte da von Birons
und Boyets, und den natürlichen Priesterinnen des Mutter-
witzes und des einfachen, guten Geschmacks, den Damen,
konnte eine bessere und wirksamere Huldigung nicht dar-
gebracht werden, als durch den Sieg der Prinzessinn von

Frankreich und ihrer Begleiterinnen über alle den Bombast
und Unsinn. Bekanntlich datirt Molière's Ruhm und sociale
Macht von der ersten Aufführung der Précieuses ridicules.
Der französische Komiker hatte es bei seinem Debut in Paris
mit einer Gesellschaft zu thun, deren Geschmacksbildung an
dem Extrem jener Verkehrtheiten krankte, deren erstes Aufkommen Shakespeare mit ansah. Die spanische, pedantische
Grandezza hatte den französischen Damenkreisen den Kopf
verdreht und im Hôtel de Rambouillet ihre Hochschule gegründet. Da schrieb denn der galante Franzose seine beiden
berühmten Comödien (die Précieuses und später die Femmes
Savantes), in denen auf Kosten der Damen gelacht wird.
Es mag beiläufig als ein nicht übles Zeichen der gesunderen
englischen Zustände bemerkt werden, daß sich dazu in der
ganzen, langen Gallerie Shakespeare'scher Frauengestalten kein
Seitenstück findet. Shakespeare's Heldinnen sind häufig sehr
verliebt, begehen in der Liebe allerlei Thorheiten; sie sind
auch eifersüchtig, übermüthig, ein Paar haben selbst den
Teufel im Leibe: aber keine Einzige von ihnen ist geschmacklos-
pedantisch. Die scheinbare Ausnahme der „Phöbe" in „Wie
es euch gefällt" bestärkt nur die Regel. Sie ist augenscheinlich
karrikirte Darstellung eines literarischen Ungeschmacks,
der Schäferinnen der Pastoral-Romane, nicht einer Erscheinung der wirklichen englischen Gesellschaft. Wie bekannt
war mit dem Aufleben der classischen, und der Verfeinerung
der höfischen und literarischen Bildung im sechszehnten
Jahrhundert auch jene seit einem Jahrtausend, seit der
Chloë des Longus, schlummernde Dichtungsform wieder
lebendig geworden: die Ausmalung eines von allem folge-
richtigen Thun und Denken gelösten, nur den Entzückungen
sanfter Gefühle gewidmeten Hirtenlebens im Gegensatz gegen
die harte, unbequeme Wirklichkeit einer anspruchsvollen Welt

und Gesellschaft. „Wie es euch gefällt" verspottet nun in ergötzlichster Weise die Verschrobenheit jener Schäfer= Phantasieen; aber weit entfernt, die innere Berechtigung des in ihnen wirkenden Gemüthszuges vollkommen zu leugnen, gewährt das Stück demselben vielmehr die heiterste, poetische Befriedigung. Es feiert in einer Reihe, immerhin lose und phantastisch verschlungener, Bilder Natur, Einfachheit, Ehr= lichkeit, sorglos=unschuldiges Behagen gegenüber der Schuld und den Plagen der civilisirten Selbstsucht. Der vertriebene Herzog vergißt im grünen Walde die Enttäuschungen des Ehrgeizes; Orlando's Liebe und Treue findet ihren Lohn durch weibliche Klugheit und Herzensgüte; der Narr Probstein aber und der weise Jacques, der blasirte, emeritirte Weltmann, wetteifern, die Verkehrtheiten einer von Selbstsucht zerfressenen „Bildung" absichtlich und unabsichtlich dem Spotte preiszugeben.

Einen Schritt näher an die eigentliche Charakterkomödie im französischen Sinne, (an die folgerichtige Herleitung der ganzen Fabel aus dem komisch wirkenden Charakter der Hauptperson) treten die andern Lustspiele heran: Die Zähmung der Widerspenstigen, Ende gut Alles gut, Die lustigen Weiber, Troilus und Cressida. Es bedarf kaum der Bemerkung, daß diese Reihe nicht die Meisterwerke der Shakespeare'schen Komödie enthält, daß diese ganze Darstellungsweise dem englischen Dichter offenbar weniger sympathisch war, als seinem berühmten französischen Kunstgenossen. Die Zähmung der Widerspenstigen und Ende gut Alles gut behandeln, wie schon angedeutet wurde, in zwei verschiedenen Formen dasselbe Problem: die Beugung herben, jugendlichen Trotzes unter die Gewalt der Liebe und Ehe; freilich mit sehr verschiedenem Geschick und sehr verschiedener Wirkung. An und für sich kann der bartlose „Misogyn" ebenso leicht komisch werden, als das

Männer haffende Mädchen. In beiden spielt sich Ungeschick-
lichkeit, Scheu vor dem Ungewohnten, Ueberlegenen als
felbstständige Kraft aus, in beiden kämpft Laune und Verbildung gegen die Natur, und muß den Kürzeren ziehen;
beide werden erheiternd, anregend wirken können, aber freilich
unter der unerläßlichen Bedingung, daß das Grundgesetz des
Komischen, die Fernhaltung starker sittlicher Erregung nicht verletzt wird. Es bedarf nun wohl kaum ausführlichen Eingehens,
um zu zeigen, wie wenig dieser Forderung hier gleichmäßig
und überall genügt wird. Katharina mit ihren Ungezogen-
heiten, Petruccio mit seiner tollen Grobheit lassen freilich eine
wirkliche Verstimmung niemals aufkommen. Die dargestellte
Verkehrtheit ist gerade karrifirt genug, um Niemanden zu
verletzen, und treu genug abgebildet, um anzuziehen und zu
denken zu geben. Das Bild ist nicht fein ausgeführt, aber
kräftig und genial, und erfüllt seinen Zweck. Das läßt sich
von „Ende gut Alles gut" nicht so unbedingt sagen, wie
der Titel es vorschreiben möchte. Der ungeberdige, linkisch
trotzige, ehescheue Jüngling kann so komisch werden, wie
irgend eine andere Erscheinungsform menschlicher Eitelkeit
und Schwäche, die mit sich selbst Verstecken spielt; ein ganz
Anderes aber ist es doch mit der Dame, die einen Zufall
benutzt, um den renitenten Geliebten zur Heirath zu zwingen,
so wie mit dem jungen Ehemann wider Willen, der Beleidigung auf Beleidigung häuft, um seine Freiheit, die er
nicht vertheidigen konnte, wenigstens zu rächen. Wenn daraus
nicht Unglück und Verzweiflung entsteht, anstatt Gelächter
und Behagen, so muß viel Glück und viel Klugheit und
überlegene Kraft auf Seiten des Weibes sein und im besten
Falle wird man sich fragen dürfen, ob der Preis der Mühe
werth war. Shakespeare hat alle Kunstmittel aufgeboten,
um den herben Grundgeschmack des einmal gewählten Stoffes

zu mildern, die tragische Tendenz der Fabel zu beseitigen, aber doch nur mit halbem Erfolge. Sein Bertram bleibt so hart und unliebenswürdig, daß das ihm überall im Stücke tendenziös gespendete Lob dem Zuschauer wenig gerechtfertigt erscheint, und Helena's glückselige Versöhnung mit dem Unhold, der sie bis zuletzt betrog und belog, macht einen zum Mindesten zweideutigen Eindruck. Daß in Helena übrigens das kluge und doch warm fühlende Weib (eine Schwester im Geist und Herzen von Shakespeare's Lieblingen Viola, Rosalinde, Porcia) trefflichst wirksam wird, daß Bertrams Mutter ihr würdiges Gegenstück bildet, daß Parolles, ein Mittelding zwischen Pistol und Falstaff, mit viel komischer Kraft gezeichnet ist, kann das Lustspiel nicht retten. „Ende gut Alles gut" steht auf der Grenzlinie der Dramen und würde auch in deren Reihe kaum als Ganzes, sondern nur wegen seiner zahlreichen Einzelschönheiten anzuerkennen sein. — Es sind endlich noch die beiden seltsamen Lustspiele zu erwähnen, welche die Liebe in unschönster Entartung, als Aushängeschild niedriger Gelüste zeigen. Da ist denn die Fabel der „lustigen Weiber" ohne viel Widerstreben preiszugeben. Die beiden Haupthandlungen und die beiden Episoden, aus denen sie sich zusammen setzt, Falstaffs Zudringlichkeiten und Schmächtigs buchstäblich abgeschmackte Werbung auf der einen, Fentons Liebeshandel und Cajus' und Evans' komischer Zank auf der andern Seite, sind lose genug verbunden und lassen logischen Zusammenhang oft genug vermissen. Desto frischer, lebendiger ist die Kraft der komischen Charakteristik. Eine ganze Reihe von Verkehrtheiten wird zur Anschauung gebracht, in welche der Mißbrauch des Scheins der Liebe zu gemein selbstsüchtigen Zwecken die Menschenkinder verwickelt: Falstaff, der alte schamlose Coureur de Bonnes Fortunes, Schmächtig, der stumpfsinnige, reiche Philister auf

Freiersfüßen, dann der eigennützige Vater, die eitle Mutter,
der schwächlich=eifersüchtige Ehemann sind, wie man weiß,
unübertrefflich gezeichnet. Cajus und Evans, der Handlung
immerhin nur lose angehängt, vertreten denn doch ein
Mehreres als „die Komik der Sprachverderberei", wie die
neueste Kritik es herausgebracht hat. Sie sind ein paar
prächtige, in harmlosester, wohlwollender Komik gehaltene
National=Typen: der aufbrausende, eitle, aber ehrenhafte
und tapfere Franzose, und der bedächtig=sentimentale, aber
gar gediegene Walliser, der wackere Landsmann des Capitän
Flüellen (an dessen nachdenkliche Kriegsphilosophie auf dem
Schlachtfelde von Azincourt seine Duell=Betrachtungen erin=
nern): endlich mehr skizzirt, der joviale Wirth zum Hosen=
bande und Fenton, der kräftige, verständige Bursche, in dessen
Charakter der ächte Liebhaber nur so eben von dem Liebes=
Speculanten sich trennt, der gerade heraussagt, daß er ein
armes Mädchen weder heirathen könnte noch wollte, der
reichen aber doch mehr entgegenbringt, als die Lust zu ihrem
Gelde. Es fehlt hier weder an Reichthum noch an genialer
Kraft der Charakteristik, und die Handlung ist auch durch
die Charaktere bedingt: nur freilich, daß sie strenge Gliederung
vermissen läßt und ihre Schwächen hinter einer Fülle von
Einzelschönheiten verbirgt.

Viel weniger möchten wir das von dem letzten Stücke
dieser Reihe zugeben, von Troilus und Cressida, dessen Be=
deutung uns keineswegs so dunkel und wunderlich erscheint,
wie viele Beobachter sie finden wollen. Ist das eine Historie?
hat man gefragt, oder eine Tragödie? oder eine Tragikomödie?
Oder ein Lustspiel? Eine Historie gewiß nicht, denn Shake=
speare schöpfte, und wohl nicht zufällig, gar nicht aus der
Geschichte, sondern aus einer rein dichterischen Quelle, in
deren Gestalt die, durch die umdichtende Ueberlieferung der

mittlern Jahrhunderte destillirte, zersetzte und gefärbte griechisch-
trojanische Sage ihm aus den Unterhaltungsschriften seiner
Zeit entgegensprudelte. Längst hatte der vorwiegende Einfluß Virgils und der römischen Bildung den Schwerpunct der
trojanischen Sage aus dem griechischen Lager nach Troja
verlegt. Längst hatte das naive, kritiklose Selbstgenügen der
ritterlich-feudalen Weltanschauung die antiken Helden zu Flau-
ten, nobeln Rittern, ihre Geliebten zu Damen gestempelt,
längst hatte der Humor des altklug gewordenen spätern
Mittelalters, der aufdämmernden Renaissance, dieser historisch-
mythologischen Maskerade die Gestalten des Antichambre-
helden, des höfischen Kupplers, des käuflichen Priesters hinzugefügt, in denen die Komik der Offenbach'schen Parodien schon
in allen wesentlichen Zügen enthalten ist. Shakespeare's Zuschauern konnten diese antik-modernen Zwittergeschöpfe eben so
wenig auffallend erscheinen, als „Herzog Theseus" von Athen*).
An die Tragödie könnte der Tod des Hektor und der an Troilus
geübte Liebesverrath erinnern, wenn die Hauptcharaktere nur
tragisch angelegt, d. h. mit überschwellender Kraftfülle ausgestattet und auf ernste, hohe Zwecke gerichtet wären. Das
trifft aber bekanntlich nur in sehr geringem Maße zu. Die griechischen Helden sind muthig und stark, aber dümmer und
roher als ihre Gäule. Ajax ist „kühn wie der Löwe, täp-
pisch wie der Bär, langsam wie der Elephant, ganz der
grützköpfige Lord mit den Gaulmanieren", als welchen Thersites
ihn schildert. Achill wird durch seinen Hochmuth, seine Ge-
nußsucht, seinen unedeln Mißbrauch der Uebermacht und des

---

*) Shakespeare nahm die Typen des Pandarus und der Cressida
aus Chaucer, und benutzte außerdem Caxtons englische Bearbeitung
von Raoul le Febvre's lo Recueil des histoires troyennes (1471),
ferner Lydgate's Troy-Book (1513) und Chapman's Homerübersetzung,
die ihm den Thersites lieferte.

glücklichen Zufalls der Typus des miles gloriosus, des prahlerischen Kriegsknechts. Diomedes, klüger als jene Beiden, macht Shakespeare's Kenntniß von der Art ritterlicher Roué's alle Ehre. Odysseus und — Thersites übersehen die ganze Gesellschaft: dieser mit dem Scheelblick des ohnmächtigen Neides, jener mit der kühlen Klarheit des patriotischen Staatsmannes, der die Nichtswürdigkeit des Materials kennt, mit dem er arbeiten muß, sich aber dadurch den Humor nicht verderben läßt. Auf der trojanischen Seite sieht es kaum besser aus. Die wackern Leute, Aeneas, Hektor, bleiben im Hintergrunde. Pandar macht seinem schon zu Shakespeare's Zeit zur Gattungsbezeichnung gewordenen Namen alle Ehre und erweist sich als ein um ein Paar Register heruntergestimmter Polonius. Cressida ist die einzige Erscheinung in Shakespeare's gesammter Dichtung, deren Ausmalung (auch nur in einer Scene) zu einer wirklich lüsternen Schilderung benutzt wird; die kalte, raffinirte Kokette. Selbst in Troilus, dem Ehren= und Liebeshelden des Stückes sind heroische und komische Züge zu gleichen Theilen gemischt. Seine Verzückung in der Schäferstunde hat viel zu viel schwächlich Sinnliches, als daß nachher eine tragische Theilnahme an seinem Schicksal aufkommen könnte. Mit einem Worte: Das ganze Stück, abgerissen und barock wie die Handlung erscheint, wird von einer so einheitlichen und unzweideutigen Stimmung als nur möglich beherrscht: Es ist eine scharfe, hie und da beinahe verbitterte Satire des officiellen Weltlaufs, in welchem nur zu oft der Hochmuth die Rolle des Ehrgefühls, die Scheelsucht die der wohlmeinenden Kritik, die Lüsternheit die der Liebe mit Erfolg übernimmt. Es ist eine der Kundgebungen jener, aus heute nicht mehr festzustellenden Ursachen gereizten Stimmung, in welcher Shakespeare den Timon, Maß für Maß, den Antonius schrieb, und die dann in der letzten Zeit

12

seines Schaffens wieder einer Rückkehr zu innerm Frieden und heiter-gelassener Lebensbetrachtung gewichen ist.

Ueberblicken wir zusammenfassend die ganze Reihe, so wird die Wahrheitsliebe nicht gestatten, für Shakespeare's Lustspiel das Lob consequenter, ohne Lücken und Widerspruch zum Ziele fortschreitender Handlung in Anspruch zu nehmen. Die reiche Phantasie des Dichters gestattet sich auf diesem Gebiete um so freiere Sprünge, da die dargestellte Welt durchweg von der Liebe, der vorzugsweise launisch-phantastischen Leidenschaft beherrscht wird. Sie wagt es je zuweilen, und wir wissen mit welcher Zaubergewalt, „das lustige Nichts zu gestalten, ihm Namen und Wohnsitz zu geben". Will man die Komödien deshalb „Phantasiekomödien" nennen, so mag man es haben. Dagegen wird der entschiedenste Widerspruch Pflicht, wenn die französirende Reaction nun soweit geht, dem Schöpfer von Malvolio, Tobias, Bleichenwang, Falstaff, Schmächtig, Schaal, von Holofernes und Armado, von Biron, Benedict, Orsino, von Viola, Rosalinde, Beatrice, Catharina, Helene, im Lustspiel die Kraft und die Lust der Charakteristik, und die „dramatische Idee", nämlich die dichterisch-getreue Auffassung und Darstellung menschlichen Seelenlebens abzusprechen. Es ist schon recht, daß es nicht in Shakespeare's Art liege, gleich Molière eine einzige, komisch dargestellte Charaktereigenthümlichkeit in exemplificirender Weise zur treibenden Kraft einer ganzen dramatischen Handlung zu machen. Er liebt es, im Lustspiel noch mehr als in der Tragödie, so zu sagen ganze Lebenssphären, ganze Richtungen und Schattirungen menschlichen Treibens durch eine weislich abgestufte Reihe von Individualitäten zur Anschauung zu bringen. Je weniger dabei die Absicht zu belehren sich aufdrängt, um so mehr gewinnt die anregende, erheiternde, den Blick für Menschen und Dinge schärfende Wirkung. Daß die Liebe,

die „Allsiegerinn im Kampf" in ihren tausendfältigen Proteus=
gestalten, zumeist der Probirstein der Charaktere ist, wird dem
Dichter hoffentlich Niemand zum Vorwurf machen. Nächst
ihr geht als Grundzug Abneigung gegen gezierte Unnatur,
Freude an Wahrheit, Aufrichtigkeit, einfacher Natur durch
alle diese Stücke. Zeitgenossen, die sich gegen diese Herzens=
überzeugungen Shakespeare's versündigen, werden lustig kar=
rikirt. Die gelehrten Pedanten, die verzierten Hofleute, die
bramarbasirenden Hasenfüße kommen schlecht fort; aber auch
die rohen, geistlosen Sinnenmenschen werden nicht geschont.
Im heitersten, buntesten Festkleide dichterischer Phantasie tritt
diese ganze Welt uns entgegen: sie funkelt und blitzt von
dem Juwelenschmuck glänzender Schilderungen, überraschender
Einfälle, eines stets schlagfertigen Witzes. Wie ein reicher
Arabeskenschmuck, wie prachtvolle Blumengewinde ziehen sich
die Lustspiele um die mächtigen Säulen des Tempels Shake=
speare'scher Dramatik; bei sehr ungleichmäßiger Form=
vollendung dennoch eine reiche Fundgrube heiterster, die
Seele stärkender und befreiender Anregung. Und wenn man
uns die Alternative zwischen Shakespeare und Molière stellte,
so würden wir uns wohl hüten, das Lustspiel des Einen auf
Kosten des Andern zu loben. Wir würden das spöttische
Lächeln des Meisters zu sehen glauben, der es wahrlich nicht
nöthig hat, seine Kränze von Anderer Haupt zu entwenden.
Wenn der Engländer den Franzosen an scharf combinirendem
socialem Verstande, an Vertiefung in den Organismus der
Gesellschaft nicht erreicht, so steht er dafür den ewigen
Geheimnissen der Natur und des Menschenherzens um einen
guten Schritt näher. Die Betrachtung seiner „Dramen"
und der Versuch, seiner gesammten Lebensauffassung gerecht zu
werden, der den letzten dieser Vorträge beschließen soll, wird
Veranlassung geben, hierüber noch Manches zu sagen.

12*

Sechster Vortrag.

Die Dramen. — Schlußbetrachtungen.

Eigenthümlichkeiten der Gattung, ihre Vorzüge und Schwächen. — Der Kaufmann. — Cymbeline. — Das Wintermährchen. — Maß für Maß. — Der Sturm. — Shakespeare's Gesammtcharakter und Denkweise.

———

Es bleibt jetzt noch übrig, den geeigneten Gesichtspunkt für diejenigen Dichtungen Shakespeare's zu gewinnen, welche man schlechtweg als „Dramen" oder „Schauspiele" zu bezeichnen pflegt, zunächst wohl aus dem negativen Grunde, weil sie weder den Historien, noch den Trauerspielen, noch den Lustspielen sich anreihen wollen. An sich ist der Ausdruck willkürlich und unvollkommen bezeichnend, da er einfach eine Art mit dem Namen der ganzen Gattung bezeichnet. Die von uns hieher gezählten Stücke sind „der Kaufmann von Venedig", „Cymbeline", das Wintermährchen", „Maß für Maß" und „der Sturm". Wir hätten wenig dagegen, wenn man, wie Manche gethan haben, auch das Lustspiel „Ende gut, Alles gut" und allenfalls selbst „Troilus und Cressida" mit dazu nähme:

wie es denn in der Art der Mittelgattungen liegt, daß ihre Grenzen in die der rechts und links liegenden reinen Typen verlaufen. Von den Lustspielen unterscheiden sich die Dramen durch ein festeres Gefüge der Handlung, durch ernste, consequent durchgeführte Conflicte, durch einen unvergleichlich größeren Reichthum gewichtiger Gedanken. Den Tragödien sind sie durch die harmonische, friedliche Lösung der Verwickelung unähnlich. Eigenthümlich ist ihnen bei Shakespeare, den „Sturm" ausgenommen, eine weit ausholende, künstlich verschlungene, fast in epischer Breite und Fülle angelegte Handlung, die sich häufig in das Phantastische, Mährchenhafte verliert. Sie machen mit allen „classischen Regeln" noch kürzeren Prozeß als selbst die phantastischen Lustspiele, werfen die Ueberlieferungen der Jahrhunderte, die Namen und Thatsachen verschiedenster Epochen, die Grenzen der Länder unbekümmert durcheinander. Zu wirklicher Popularität bei dem großen Publikum unseres Zeitalters ist bekanntlich nur eines dieser Stücke, „der Kaufmann", gelangt. „Der Sturm" muß sich bis jetzt, trotz Dingelstedts Bühnenbearbeitung, noch mit dem Lobe der Kenner begnügen. „Cymbeline" und „Wintermährchen" werden, trotz der enthusiastischen Anpreisungen mancher Commentatoren, mehr mit Neugierde und Verwunderung, als mit wirklicher Herzenstheilnahme gelesen. „Maß für Maß" endlich enthält des Harten, Abstoßenden so Vieles, daß man unseres Wissens auch nicht einmal den Versuch gemacht hat, diese ebenso tiefsinnige als seltsame Dichtung für unsere Bühne zu bearbeiten. — Es wäre eine unseres Erachtens schlecht angebrachte Mühe, wollte man diesen thatsächlichen Verhältnissen durch überschwängliches Lob Seitens der Kritik begegnen und eben dem entarteten Geschmack der Zeitgenossen auf die Rechnung setzen, was vielmehr in der Gleichgültigkeit des Dichters gegen gewisse für uns unverletzliche Gesetze der von ihm gewählten Kunstform seinen Grund hat. Der überzeugteste Verehrer Shakespeare's wird, ohne sich zu compromittiren, die matte Exposition und die opernhafte, gewaltsame Katastrophe des „Cymbeline" (das halb phantastische, halb pedantische Getändel mit dem Orakel, die ganz unmotivirte, plötzliche Bekehrung der Königinn), nicht rechtfertigen dürfen; er wird die weitgedehnte Handlung des „Wintermährchens" (über zwei Generationen hin!) nicht für nachahmungswerthe Nichtachtung des Regelzwanges erklären, und die Cruditäten mancher Scenen in „Maß für Maß" (die Unterhaltungen des Lucio, des Pompejus, der Frau Ueberlei), nicht als naturwüchsige Naivetät entschuldigen. Nur freilich, daß alle diese unverkennbaren Mängel ihn auch nicht abhalten dürfen und werden, den reichen Gedankenschätzen nachzugehen, welche gerade hier dem sinnigen Betrachter in so überraschender Fülle sich bieten, und an einer Charakteristik sich zu erfreuen, welche nicht nur durch ihre Wahrheit und Lebendigkeit, sondern auch durch die Auswahl der Grundzüge menschlichen Wesens, die sie mit Vorliebe veranschaulicht, den unbefangenen Beobachter erfreuen muß. Das Interesse der Dramen beruht vorzugsweise auf dem entscheidenden Eingreifen gesunder, harmonisch entwickelter Naturen, die den Strauß mit dem Schicksal muthig bestehen und am Ende Ordnung schaffen in der durch fremde Schuld um sie her angestifteten Verwirrung. Unter den Frauengestalten heben sich Porcia, Imogen, Isabella, Perdita, Hermione, Pauline, Miranda durch einen köstlichen Zug geistiger Gesundheit und Frische hervor, durch ein Gleichgewicht des Gedankens, des Gefühls und des Willens, welches sie als die eigentlichen Lieblinge der Shakespeare'schen Muse bezeichnet und sie so zu sagen mit einer Atmosphäre des frohen, sichern Behagen umgiebt.

Und was die männlichen Charaktere angeht, so wird eine
ähnliche Geistesverwandtschaft zwischen Antonio, dem großherzig-
edeln Kaufmann, zwischen dem guten, philosophischen Herzoge
von Wien nebst seinem getreuen Escalus, zwischen dem viel-
getreuen Bellarius und endlich Prospero, dem die Welt
überwindenden Manne des Gedankens, keinem aufmerksamen
Beobachter entgehen. Sie sind sämmtlich stille, nach Innen
gekehrte, der Betrachtung zugewandte, großherzige und gütige
Naturen, mit einem Anfluge von Hamlet-Schwermuth. Das
Leben macht es ihnen kaum weniger sauer als dem geistreichen
Dänenprinzen. Der Troß der Alltagsmenschen nimmt ihre
Güte für Schwäche, ihren Tiefsinn für närrische Träumerei;
belohnt sie mit Undank und trachtet nach ihrem Verderben.
Aber in Noth und Gefahr entwickelt sich das schöne Gleichgewicht ihrer Natur, und am letzten Ende zeigen die stillen
und gütigen Denker sich fester und stärker als die weltklugen
Sklaven der Leidenschaft. Mehr als sonst irgendwo, in der
langen Reihe seiner dramatischen Dichtungen, tritt Shakespeare hier mit dem eigenen Empfinden und Denken hinter
der Maske seiner Helden hervor, so zwar, daß man bekanntlich den Prospero im „Sturm" geradezu auf ihn selbst hat
deuten wollen; und wem es darum zu thun ist, in den
letzten Ergebnissen von Shakespeare's Weltauffassung sich
zurechtzufinden, der hat gerade hier auf die lohnendste Ausbeute eingehenden Studiums zu hoffen.

An der Spitze der Reihe steht chronologisch, und in
mancher Beziehung auch künstlerisch, das vielberühmte Schauspiel von dem königlichen, venetianischen Kaufmann, dem blutigen Wucherer und der klugen Dame, deren Witz und Herzensgüte entwirren muß, was Unvorsichtigkeit und Leidenschaft der
Männer scheinbar unlöslich verknüpfte. Die Fabel des wohl
schon vor 1594 entstandenen Stückes ist bekanntlich aus drei

Quellen zusammengeflossen, die sich in mährchenhafter Selt-
samkeit überbieten. Die „Gesta Romanorum" gaben die
Geschichte von der bedenklichen Schuldverschreibung und dem
geprellten Wucherer in rohester Form. Vollständiger und
veredelt giebt der 1554 erschiene Pecorone des Giovanni
Fiorentino denselben Stoff. Die durch Wahl des rechten
Kästchens entschiedene Freiwerbung entstammt gleichfalls den
„Gesta Romanorum", nur daß dort unzarter Weise die Dame
um den Besitz des Gatten das Loos zieht. Majuccio di
Salerno endlich lieferte das Abenteuer Lorenzo's und Jessica's,
und neuerdings hat Elze, wenn nicht bewiesen, so doch wahrscheinlich gemacht, daß auch Marlowe's Jude von Malta auf
das Shakespeare'sche Drama gewirkt haben mag. In welchem
Grade es dem Dichter gelungen ist, durch hinreißende Lebendigkeit des Dialogs, durch markige Charakteristik und eine Fülle
von Einzelschönheiten alle dies wunderliche Zeug aus der
Sphäre des Phantastisch-Unglaublichen in die des unmittelbar greifbaren Lebens hinüberzuführen, darüber waren Zuschauer, Leser, Beurtheiler von jeher einig. Um so weiter
gehen die Vermuthungen und Ausführungen auseinander,
denen es um Nachweis des Grundgedankens, wenn nicht gar
„der Lehre" des Drama's zu thun war. Der romantisch-
fromme Franz Horn (heute kennen ihn wohl mehr Leute
aus Heine's Atta Troll, als aus seinem Shakespeare-Com-
mentar) sog aus Porcia's berühmter Rede über die Gnade
eine „fast selig-christliche Erbauung" und den Beweis, daß
Shakespeare zu den Stillen im Lande gehörte. Gervinus
liest überall planmäßige Belehrung über das Verhältniß des
Menschen zum Besitz heraus. Ulrici entdeckt, daß Shakespeare den humanen Grundsatz „summum jus summa
injuria", die Unzulänglichkeit des schroffen, formellen Rechts
demonstriren wollte. Andere, so neuerdings Franklin, preisen

das Stück wegen der großherzigen Vertheidigung des verfolgten Judenthums, die es enthalte. So könnte man,
nicht ohne einen Anschein von Berechtigung, noch manches
Andere angeben, denn der „Kaufmann" wirft scharfe Streif-
lichter auf sehr mannigfaltige Lebensverhältnisse, ist auffallend gedankenreich und entwickelt fast überall in seltenem
Grade den eigenthümlichen Reiz des dramatischen Dialogs:
nämlich genauesten, individuellen Anschluß an die Wirklichkeit des
jedesmaligen Vorganges, verbunden mit weitgreifendster Fülle
und Tiefe des Inhalts. Dennoch halten wir es gerade hier
für besonders geboten, vor Deutungssucht, vor Hinein-Inter-
pretiren lehrhafter Absichten zu warnen. Gewiß ist es
Shakespeare mehrfach begegnet, daß die Gestaltung eines
Stoffes ihn im Flusse des dichterischen Schaffens auf eine
unter sich verbundene Reihe von Charaktertypen führte, in
deren Ausmalung (vielleicht hie und da unter dem Einfluß
persönlicher Stimmungen) er bestimmte Richtungen menschlichen Thuns und Empfindens zur Anschauung brachte. Ein
solches Verfahren ist aber von jeder Art lehrender Absicht-
lichkeit dadurch geschieden, daß es durchaus von der Freude
am Einzelnen in dem besondern Falle ausgeht, in dessen
vollendeter Darstellung seine Befriedigung, seinen Abschluß
findet, und nur durch die innere Logik des Stoffes und der
Behandlung den Anstoß zu einer Gedankenthätigkeit giebt,
deren Tragweite und Umfang immer mehr oder weniger von
der Stimmung und Natur des Lesers und Zuschauers bedingt wird. Das ist auch der Grund, weshalb bei der
Deutung eines wirklichen, ächten Gedichtes stets ein nicht
aufgehender Rest bleibt, und zwar um so gewisser, je weniger
sie dem Kunstwerke Gewalt anthut. Wir kommen eben bei
der Abschätzung lebendiger Organismen über Näherungswerthe
niemals hinaus. Nur das Todte, Unorganische fügt sich

vollständig der Formel. So ist es denn auch keineswegs
unsere Absicht gewesen, den „Kaufmann von Venedig als
Exemplification einer Lehre darzustellen" (wie man uns, trotz
aller von uns erstrebten Deutlichkeit, mißverständlich nach-
gesagt hat), vielmehr lediglich der Wunsch, von dem Gesammt-
eindrucke des Werkes auf uns Rechenschaft zu geben, der
uns an anderm Orte (im dritten Bande der Vorlesungen)
zu der Bemerkung geführt hat: „Es stelle sich für uns als
beherrschendes Moment der hier dargestellten Lebenskreise
heraus, daß dauerndes Gedeihen nur durch Maßhalten
erreicht wird, durch kluge Benutzung resp. heiter-gelassenes
Ertragen der gegebenen Verhältnisse, daß die Rechtschaffen-
heit ohne Klugheit ebenso wenig ausrichtet, wie die Arglist
im Dienste der Leidenschaft und Ungerechtigkeit; daß ein
heiteres, gelassenes Gleichmaß dem Leben in allen Verhältnissen mehr abgewinnt, als trotziges Stürmen. In dieser
Beziehung steht Porcia im Mittelpuncte des Stückes: wirth-
schaftlich und freigebig, wahrhaft liebend und pflichtgetreu,
resignirt, klug, entschlossen und dabei von Herzen bescheiden.
Von ihr aus stufen die heiteren Weltkinder Bassanio,
Lorenzo, Gratiano, Salarino, so wie Nerissa und Jessica in
regelmäßig absteigender Linie sich ab, während der Idealist
Antonio und der Realist Shylock in fast gleich harter Einseitigkeit dem Gemälde den Schatten, der Handlung die
tragischen Motive geben. An Shylocks merkwürdigem, viel
umstrittenem Typus läßt sich, wie an einem rechten Muster-
beispiele, die Methode der Shakespeare'schen Charakteristik,
soweit sie auf überlieferte Gestalten angewandt wird, studiren.
Die äußeren Umrisse, mag es sich um Gesellschafts- und Be-
rufs-Classen, um geschichtliche Personen oder auch um bloße
Geschöpfe der Einbildungskraft (Hexen, Elfen, Gespenster)
handeln, entnimmt Shakespeare immer mit unbefangenster

Treue der volksthümlichen Ueberlieferung oder Anschauung.
Der Soldat, der Hofmann, der Kaufmann, der Jude, der
Mönch, die römischen und englischen Imperatoren und
Könige sind für den oberflächlichen Beobachter ganz die
altgewohnten, bekannten Gestalten, durch keine historische Kritik
verändert. So wie sie aber warm werden im Flusse der
Handlung, wirkt die eigenthümliche Atmosphäre des jedesmaligen Gedichtes auf sie ein, ihre Züge gewinnen von innen
heraus, durch die feinen Nüancen der miteinander kämpfenden Gedanken und Gefühle ein ganz bestimmtes, individuelles
Gepräge, und der Dichter zeigt sehr bald die ganz souveräne
Freiheit, die er auf dem ihm gehörenden Gebiete, auf dem
des rein Menschlichen, in alle Wege in Anspruch nimmt und
behauptet. So ist Shylock in seiner alttestamentlichen Sprache,
in seinem scharfen, schneidigen Mutterwitz, in seiner Mäßig-
keit, seinem Abscheu vor allem Schlemmen und Verschwenden
und in seinem Christenhaß der ächte Jude, wie das Mittelalter ihn erzogen hatte und kannte. Man sieht es ihm
wahrlich nicht an, daß den Juden zu Shakespeare's Zeit der
Aufenthalt in England ganz untersagt war, so sehr trägt jeder
Zug seines Bildes die lebendige Form der frischen, persönlichen Anschauung. Ein ganz dem ächt menschlichen, seine
Zeit weit übersehenden Dichter gehöriger Zug ist die er-
schütternd beredte Anklage des gemißhandelten, verhöhnten,
unterdrückten Juden gegen die herzlose christliche Unduldsam-
keit. Es ist, als würfe die nahende Sonne des Jahrhunderts
der Aufklärung einen ersten freundlichen Strahl auf diese
dunkle Seite unserer Gesittung, und bekanntlich haben die
Jahrzehnte des Emancipationskampfes denn auch nicht unterlassen, den Namen Shakespeare mit auf ihre Fahne zu
schreiben. Shylock wurde der Märtyrer, der tragische Held,
als den noch kürzlich Franklin in seiner hübschen Abhandlung

im Programm der Frankfurter Handelsschule ihn überzeugungs-
voll darstellte, und der uns von manchem bewunderten Bühnen-
künstler vorgeführt worden ist. Unseres Erachtens, bei aller
Sympathie für die Unterdrückten, ist dies eine Auffassung, die
dem Dichter Gewalt anthut und über der meisterhaften Durch-
führung des culturhistorischen Typus den individuellen Grundzug dieses Charakters, der ihn erst zur Shakespeare'schen
Person macht, ganz übersieht. Dieser Zug aber ist in erster
Linie Habsucht, welche durch das nationale und religiöse
Gepräge nur in ihrer Erscheinungsform, nicht aber in ihrem
Wesen bedingt wird. Viel weniger den Christen, als den
Störer seines Geschäfts und dann erst seinen persönlichen
Beleidiger haßt Shylock in Antonio. Den Narren, der Geld
umsonst ausleiht, der ihm 'ne Million gehindert, will er
fortschaffen vom Rialte. Nicht der Jude, sondern der Geiz-
hals jammert über Jessica's Flucht, wünscht die Tochter todt
vor sich zu sehen, mit dem Geschmeide am Körper; und am
Schlusse trifft ihn denn auch der Verlust des halben Vermögens offenbar weit härter als selbst der Befehl, sich taufen
zu lassen. Shylocks Christenhaß, seine Rachsucht wird durch
das Benehmen der Christen, selbst Antonio's, über und über
erklärt, wenn nicht entschuldigt; gegen den vielgerühmten
Sermon über die christliche Gnade bildet das harte Urtheil
und der schneidende, giftige Hohn der gesammten anwesen-
den Gesellschaft einen fast direct satirischen Gegensatz. Nicht
das christliche Princip siegt über das jüdische, sondern Porcia's
klarer, ruhiger Menschenverstand löst die Knoten, welche die
jähe Leidenschaftlichkeit des idealistisch-hochfahrenden Antonio
einerseits, und des harten Mammondieners andererseits ge-
schlungen haben. Daß dabei Shakespeare jedem auftretenden
Typus, dem christlichen wie dem jüdischen, in seiner Sphäre
großartig gerecht wird, das liegt eben in seiner ächt dichterischen

Art und hat wahrlich mit irgend welchen das Stück beherrschenden besonderen Tendenzen nicht das Geringste zu
thun. Es ist keine leichte Aufgabe für den Schauspieler,
jenem dreifach zusammengesetzten Charakter Shylocks gerecht
zu werden: hinter dem dämonischen Christenhasser den hab-
süchtigen Wucherer nicht zurücktreten zu lassen, und dabei
den mildernden, wenn nicht versöhnenden Zug des tiefge-
kränkten Rechtsbewußtseins zur Geltung zu bringen, ohne
den verhärteten Unhold, in dem sogar die liebenswürdigste
Erbtugend seines Stammes, der Familiensinn, untergegangen
ist, zum erhabenen Märtyrer zu stempeln. Wir glauben aber,
daß die hier angedeutete Auffassungsweise es dem denkenden
Schauspieler erleichtern kann, diese Aufgabe zu lösen.

Cymbeline und das Wintermährchen, wie Maß
für Maß und der Sturm sind in den Jahren der Reife,
wenn nicht schon der Ermüdung des Dichters entstanden.
Jene beiden phantastisch-dramatischen Verherrlichungen der
geprüften und am Ende siegreichen Liebe und Treue tragen
in ihrer bequemen epischen Breite, in ihrem freundlichen,
ruhig betrachtenden Grundtone, in der idyllischen Auflösung
tragischer Anläufe deutlich die Signatur des reiferen, von
Illusionen, aber auch von Verbitterung ·zurückgekommenen
Alters. In beiden Gedichten verweilt Shakespeare's Auge
mit rechter Freude auf den unerschöpflichen Schätzen von Muth
und Geduld, Liebe und Entsagungskraft, welche die gütige
Natur in dem Herzen des Weibes, dieser eigentlichen Schatz-
kammer der Menschheit, aufbewahrt. Imogen, Hermione,
die Opfer thörichter Eifersucht, ebenso kühn als unschuldig
und gelassen, von jener Anmuth umflossen, welche nur die
Reinheit des Herzens ausstrahlt; Perdita, das graciöse, frische
Naturkind; Pauline, die streitbare und doch so herzensgute
Vorkämpferin der Frauenehre und des Frauenrechts: welch

eine Reihe wahrhaft adeliger Charaktere, welche glänzende
Genugthung, die der gereifte Dichter für die düsteren weib=
lichen Schreckgestalten und die mißliebigen Karrikaturen seiner
Sturm = und Drangjahre giebt; für die eifersüchtstolle
Adriane, die wilde Katharina, die kindischen Püppchen Hermia
und Helene, die dämonische Königin Margaretha und Lady
Gloster, die leidenschaftliche Constanze, oder gar die unnatür=
lichen Töchter Lears und Lady Macbeth! In der hier so
wohlthuend fühlbaren, sanfteren Seelenströmung liegt denn
auch wohl das verstärkte Hervortreten jenes bekannten Zuges
zur Natur, jener Abwendung von allem Gleißnerischen und
Affectirten, der sich durch Shakespeare's ganze Hinterlassen=
schaft hindurchzieht.   So erweist sich in Cymbeline die
Schilderung des Hoflebens und seiner maßgebenden Träger,
des plump=gemeinen Emporkömmlings Cloten, der hämischen
Schmeichler desselben, der gewissenlosen Königinn, des von
den Schlechten gemißbrauchten Königs als eine wahrlich nicht
gemilderte Wiederholung der ähnlichen Scenen in Hamlet.
Im Wintermährchen kommen die Hofleute besser fort; desto
schlimmer freilich ergeht es dem sinnlos=eifersüchtigen Leontes
mit seinen kraftlosen Tyrannenlaunen.   In beiden Stücken
aber ist dafür das mit sonderlicher Liebe ausgemalte einfache
Leben in Wald und Flur, dort phantastisch=idealisirt, hier
derb=realistisch, aber nicht roh dargestellt, augenscheinlich die
Lichtseite des Bildes. Man denkt unwillkürlich an Shakespeare
selbst, der von Erfolgen und Aufregungen gesättigt, sich „vor
der Welt ohne Haß verschließt" und den Lohn seiner Mühen
in dem sorgenfreien Stilleben des Heimathstädtchens findet,
um die Meinung der Leute so unbekümmert, daß er nicht
einmal daran denkt, seine Dramen gesammelt drucken zu
lassen!

Noch reicher für das Einleben in Shakespeare's Auffassung menschlicher Grundverhältnisse ist die Ausbeute, wenn
wir uns in den Gedankengang von „Maß für Maß" ver-
tiefen. Auch hier, wie im Kaufmann und im Cymbeline
wählte Shakespeare mit seiner bekannten Gleichgültigkeit
gegen den materiellen Inhalt der Handlung einen bis zur
Härte seltsamen Novellenstoff, um demselben nicht nur dra-
matisches Leben einzuhauchen, sondern ihn auch zum Träger
eines reichen Schatzes von Lebensweisheit zu machen. Der
Kern der Geschichte, wie sie bei Geraldo Cinthio und Belle-
forest vorlag, bleibt das düstere Abenteuer des ungerechten,
heuchlerischen Richters, der nach vollbrachtem Justizmord
schließlich durch die Fürbitte der von ihm entehrten Schwester
des Gemordeten gerettet, und am Ende gar noch belohnt
und glücklich gemacht wird. Den schlimmsten Zug in dieser
Anhäufung unwahrscheinlicher Gräuel hatte schon die Bearbeitung Whetstone's in „Promos und Kassandra" gemildert,
indem sie den Justizmord nicht zur materiellen Ausführung
gelangen ließ. Shakespeare schaffte auch das zweite tragische
Verbrechen fort, oder milderte es doch, indem er sich der
verstoßenen Braut des ungerechten Richters für einen frommen Betrug, wie in „Ende gut Alles gut" bediente. Er ließ
überdies die ganze Verwickelung von vorn herein durch den
verkleideten Fürsten überwachen und nahm ihr dadurch für den
Zuschauer den tragischen Stachel. So gestaltete sich ihm diese
dramatische Bearbeitung einer unliebsamen Schauergeschichte
zu einer glücklich benutzten Form für das lehrreichste sittliche
Glaubensbekenntniß, welches wir aus seiner Feder besitzen.
Die Intention des Dichters ist hier so deutlich, daß es Pedanterie wäre, sich ihr zu entziehen.

Wir wissen, daß während des letzten Jahrzehnts von
Shakespeare's Thätigkeit die heitere Sonne des alten, lustigen

England bereits über die Mittagslinie hinaus war. In dem
Maße, als der Hof Jacobs I. durch sein absolutistisches Gebahren das nationale Rechtsgefühl reizte, und durch seine
unschöne Schlemmerei das Gefühl des Mittelstandes verletzte,
gewann der Puritanismus Boden in der öffentlichen Meinung. Seine Märtyrer bereiteten, wie das zu gehen pflegt,
seinen tyrannischen Eiferern die Wege. Mehr und mehr
wendeten sich die Gemüther jener finstern Lehre zu, welche
der leberkranke, gallige Franzose Calvin, mit der dem celtisch-
romanischen Stamme eigenthümlichen formalen Consequenz
und organisatorischen Kraft den Bedürfnissen einer kleinen,
oligarchischen Republik angepaßt hatte; die von Genf ihren
Weg nach den Niederlanden, dann nach Schottland gemacht
hatte, und die nun von dort, wie ein die Nerven stählender,
aber die Blüthen tödtender Nordwind in das „lustige England“ eindrang. Eine tiefe Antipathie gegen dies unheim-
liche, die Welt zum Bet-, Arbeits- und Zuchthause machende
Treiben zieht sich durch das ganze Lebenswerk des Dichters,
dessen Kunst jene blassen, hochmüthigen Propheten eines selbst-
quälerischen Pharisäismus als ein Werk des Teufels ver-
dammten. Wir hören sie wiederklingen in John Falstaffs
Schilderung des „weißlebrigen, altklugen, politischen Prinzen“
Johann, „der niemals lacht, der stets Wasser trinkt“, und
die Prophezeiung, daß auf so saurem kaltgründigem Boden
nur Tücke und Verrath wächst, nicht Lügen straft. Dem
Hohngelächter giebt Malvolio die unerquicklichen Gesellen
preis: Malvolio, der an der Eigenliebe krankende Pedant,
der, „weil er tugendhaft ist, den Wein und die Kuchen
abschaffen möchte.“ Diese Angriffe sind aber nur Vogel-
bolzen im Vergleich zu der vernichtenden Satyre die „Maß
für Maß“ über jene ganze Richtung ausgießt. Bekanntlich
handelt es sich im Stücke um die ächt puritanische Maßregel

einer drakonischen Bestrafung von Schwächen und Fehlern,
welche eine humane Gesetzgebung stets der strafenden Natur und
dem Gewissen der Einzelnen überließ. Es geht dort in „Wien“ so
zu, wie es bald genug in dem puritanischen England eintraf.
Der Scharfrichter corrigirt die Verirrungen der Liebe, und
der Polizeimeister und Büttel bekämpfen die Gebrechen des
Herzens, wie der Bär die Fliegen auf dem Gesicht des
schlafenden Klausners. Der Erfolg ist der gewöhnliche. Die
wirklich Schlechten und Verdorbenen wissen sich zu verstecken
oder abzufinden; die Naiven, wenig oder gar nicht Schuldigen
fangen sich in den Maschen des Gesetzes. Ueber dem Ganzen
aber waltet, vom Dichter so recht con amore gezeichnet, der
Tugendritter von Profession, auf dessen Prüfung der weise
Herzog es absieht: Angelo, der Frömmigkeits- und Gelehr-
samkeits-Spiegel, „der Kerl, den eine Meernixe gelaicht haben
muß“, wie Lucio meint. Eitel wie Malvolio, kaltblütig wie
Prinz Johann, ist Angelo dabei anfangs aufrichtig ascetisch,
der Mann des Studiums, der Frömmigkeit, des exempla-
rischen Lebens und der harten, unbeugsamen Strenge. Der
ihm überlieferte Angeklagte, Claudio, mag mit seiner Julia
in einer ehrlichen Gewissensehe leben, Julia mag ihn lieben
und für ihn bitten, jener mag zu jeder nachträglichen Genug-
thuung bereit sein: das wird den Bekenner der Lehre „von
der Sühne“ nicht abhalten, ihm den Kopf vor die Füße zu
legen; und als nachher der Richter schuldiger wird als der
Verurtheilte, als der fromme Mann, der schon einmal aus
Hochmuth eine Braut sitzen ließ, nun aus der unnatürlichen
Askese in die unnatürliche Lust, und aus dieser in die unnatürliche Grausamkeit fällt (der bekannte Klimax), da trägt
der Dichter Sorge, ihm, zu besserem und vollerem Verständniß seiner Absicht, eines der schönsten Bilder ächten Seelen-
adels gegenüber zu stellen: die reine, keusche Sittlichkeit

13

unverfälschter Natur gegen die sich blähende Werkheiligkeit,
die schlichte Bescheidenheit gegen den frommen Hochmuth, die
humane, aber durchaus nicht schwächliche Herzensgüte gegen
den starren Zwang des Systems. Ich wüßte keine Shakespeare'sche Gestalt, welche das Charakterbild Isabellens in
rein empfundener und tief durchdachter Wahrhaftigkeit über-
träfe: die herbe Jungfräulichkeit der weltentfremdeten Novize,
das warme, werkthätige Mitleid der Schwester, der kategorische Imperativ des weiblichen Ehrgefühls, der auch nicht
einmal den Gedanken einer Wahl zwischen Mitgefühl und
Pflichtverletzung aufkommen läßt; und dann, nach dem bis
an die Grenze der Härte streifenden Paroxysmus des Sitt-
lichkeitsgefühls (wenn der Ausdruck erlaubt ist), das schöne,
ächt weibliche Zurücklebben in die naturgemäße Bahn der
helfenden, unermüdlichen Liebe: welche Fülle feiner, wahrer,
ächt menschlicher Züge! Und wie zieht sich durch das ganze
Gedicht das so ächt germanische und ächt protestantische, dem
Durchschnittsbewußtsein des Jahrhunderts so weit voraus-
eilende Glaubensbekenntniß des Dichters: die Zurückweisung
jeder Autorität, die ihr Recht nicht durch innere Würde be-
thätigt, die nicht vorangeht in treuer Hingabe an das Gesetz,
welches sie vertritt, und dessen Uebertretung sie straft, die
Verwerfung der rächenden Strafe zu Gunsten der bes-
sernden, die Versöhnung des Sünders (ganz wie in Goethe's
großem Lebensgedichte) nicht durch Leiden, sondern durch
würdige, heilsame Thaten! So hat Shakespeare aus der
härtesten romanischen Novelle, die vielleicht der Zufall ihm
entgegenbrachte, das, gewiß nicht schönste, aber gedanken-
reichste seiner Dramen gestaltet: das Drama des humanen,
modernen Rechtsbewußtseins, den nicht mißzuverstehenden
Protest gegen romanisch-veräußerlichtes und ebenso gegen
calvinisch-verhärtetes Schein- und Buchstabenwesen, an welche

Diejenigen sich halten mögen, welche nach der Lesung der
Historien und der Trauerspiele noch zweifelhaft sein könnten,
weß Geistes Kind der Mann ist und auf welche Seite er
im innersten Herzen sich stellt.

Und wie hier Shakespeare's Rechtsbegriff, der tief
humane und freie Grundzug seines Wesens, so tritt in seiner
vorletzten, wenn nicht letzten Arbeit, dem 1611 geschriebenen
„Sturm" seine Ansicht über Natur und Werth der geistigen
Schöpferkraft, des dichterischen Talents in nachdenklich=freund=
licher Symbolik zu Tage. Die Fabel, bekanntlich angeregt
durch Somers „Reise nach den Bermudas", den Inseln der
Stürme und Geister (sie erschien 1609) und überhaupt durch
das wachsende Interesse des Publikums an transatlantischen
Schauer= und Wundergeschichten, übertrifft an Einfachheit
und Uebersichtlichkeit die aller andern Shakespeare'schen Dra=
men. Die Einheit des Ortes, der Zeit, des Interesses ist ge=
wahrt, wie in einem correcten, französisch=classischen Trauer=
spiel. Die Handlung vollzieht sich auf einer kleinen, wüsten
Insel, dauert etwa drei Stunden, hat die Sühne eines be=
gangenen Frevels, die Wiedereinsetzung des verbannten Pros=
pero in seine Herrschaft, seine Aussöhnung mit seinen Feinden
zum Gegenstande. Wie Antonio, wie der Herzog von Wien,
wie Hamlet gehört Prospero mehr zu den Männern des Ge=
dankens als zu denen der That. Die Letzteren, wie wir wissen,
die Heinrich, Percy, Faulconbridge, Edmund, Macbeth,
Othello ꝛc. spielen, im Guten und Bösen, durchaus die Haupt=
rollen in der Shakespeare'schen Welt. Ihr Lob wird, wo die
Gelegenheit sich bietet, nicht gespart, und mit plastischer Ur=
kraft sind die Züge ihrer Riesengestalten überall heraus=
gearbeitet. Ob aber die eigentliche Liebe und Herzensneigung
Shakespeare's mit zunehmender Erfahrung und Geistesreife
nicht mehr und mehr den stillen, sinnigen Beobachtern des Welt=

13*

laufes sich zugeneigt hat (freilich ohne schwächliche Flucht vor dem thatkräftigen Leben) das wäre immerhin zu erwägen. Thatsache ist es, daß er mehrere ihrer freundlich-schwer-müthigen Gestalten mit einem ganz besondern Reichthum feiner und sinniger Züge geschmückt hat. Wie Hamlet in den Trauerspielen, so ist Prospero in den Dramen ihr Prototyp: nicht annähernd freilich mit jener Fülle und Wärme ausgestattet, wie die Gestalt des geistreich-launischen Prinzen, hier und da in nebelhafte Symbolik gehüllt, aber durchaus von einer ganz eigenthümlichen Würde und Hoheit getragen. Es ist, wenn immerhin gewagt, so doch verzeihlich, wenn viele Erklärer hier geradezu an ein Hervortreten des Dichters aus den Coulissen gedacht haben. Nach Art gelassener, idealistisch angelegter und ein wenig weicher oder weichlicher Naturen hat Prospero, edeln Studien hingegeben, die Regierung seines Landes fremden Händen überlassen, ist darüber verrathen, beraubt, verbannt worden. Der erhaben gleichmüthige Träumer empfing von den Männern des realen Erfolgs eine nach-drückliche Lehre: aber sie blieb auch nicht fruchtlos. In zwölf Jahren der Verbannung gewährten fortgesetzte Studien Herrschaft über die Elementargeister und über Caliban, das will sagen über die Kräfte der Natur und über den thierisch-rohen Menschenpöbel. Die unvermuthete Ankunft der Feinde findet ihn nicht wehrlos. Aber weit entfernt, an Rache zu denken, begnügt er sich, neu geplantem Frevel zu wehren, die verhärteten Gewissen zu rühren, sein Recht zurückzugewin-nen. Unschuldige Liebe der an den Sünden der Väter nicht betheiligten Kinder bahnt Versöhnung und Frieden an, und der nun siegreiche Weise — vergräbt seinen Zauberstab, verläßt seine Geister, kehrt als Mensch zu Menschen zurück, um in Förderung des allgemeinen Wohles fortan das eigene zu finden, und in Hingabe der gereiften Kraft an die früher

gering geachteten Aufgaben seines Berufes den Cirkel des
Lebens zu schließen. Ist es ein Wunder, wenn man da an
den zu den Penaten seiner Jugend, zu einfach bürgerlichem
Wirken in Stratford zurückkehrenden, von Kämpfen und Erfolgen gesättigten Dichter gedacht hat? Und wird man es
dem deutschen Shakespeare-Verehrer verdenken, wenn er sich
auch hier an den Helden unseres größten Gedichtes erinnert
fühlt, der den letzten Schluß aller Weisheit im täglichen
Kampf um Freiheit und Leben findet, nachdem er ihn in
allen Aufregungen und Entzückungen der Empfindung und
des Gedankens vergeblich gesucht hat? Das Höchste ist der
Friede des Herzens, und zu dem giebt es keinen andern Weg,
als die einfache Erfüllung der Pflicht! Dabei geht ein tief-
schwermüthiger Zug durch die wunderbare, hie und da selbst
wunderliche und an die Gaukelspiele des letzten Actes von
Cymbeline erinnernde Symbolik des „Sturms“. Wie ein
rein persönliches Bekenntniß des der Aufregungen seines
hauptstädtischen Künstlerlebens müde gewordenen Dichters
klingt die berühmte, plötzlich hervorbrechende Erinnerung an
die Vergänglichkeit aller irdischen Größe, mit der man, selt-
sam genug, in Westminster das Denkmal des unsterblichen
Dichters geschmückt hat. Aber mehr als Anlaß zu beschei-
denen Vermuthungen, allenfalls den Wiederhall einzelner,
vorübergehender Stimmungen des so unendlich vielseitigen
Mannes wird eine besonnene Beurtheilung denn doch mit
gutem Gewissen in dem Allen nicht finden können. Es bleibt
ein vergebliches Bemühen, zu unmittelbarer, persönlicher
Kenntniß des Dichters vordringen zu wollen, dessen ebenso
liebe und freundliche als hohe, gewaltige Gestalt uns so zu
sagen nur in schwankenden Umrissen unter dem reichen Falten-
wurfe seiner Werke erkennbar wird. Wagen wir es, in
wenigen Worten zusammenzufassen, was wir da zu erblicken

glauben, so haben wir in erster Linie von einer ächten, vollen
Künstlernatur zu sprechen, einem Manne, mehr der An=
schauung als des systematischen Denkens, voll Freude an
allem concreten Leben, dem Genusse, auch dem sinnlichen,
gewiß zugänglich und geneigt, mit den Mysterien der Leiden=
schaft, den verhängnißvollen, wie den beglückenden, gründlicher
vertraut als übereifrige Moralisten zugeben möchten, keinem
Kostverächter und Spielverderber, nicht ohne einen derb=
realistischen Zug, das Erbtheil des sächsischen Stammes, bis=
weilen unzart, aber dabei von tief innerlich gesunder Sitt=
lichkeit. Es ist doch wohl kein Zufall, daß, wie schon oben
berührt, alle 35 Stücke Shakespeare's zwar derbe Späße
und unfeine Redensarten genug, aber nur eine ans wirklich
Lüsterne streifende Scene enthalten (in Troilus und Cressida),
und auch diese nicht etwa beschönigt, sondern unmittelbar
darauf durch die bitterste Ironie in die richtige Beleuchtung
gesetzt. Nach Beweisen für irgend ein religiöses, politisches,
philosophisches System, welchem Shakespeare gefolgt wäre,
wird man in seiner Dichtung ebenso vergeblich suchen. Er
zeichnet katholische und protestantische Geistliche, Könige und
Usurpatoren, Fromme und Freidenker mit gleicher Liebe und
gleicher, oft genug durch Mark und Bein bringender Strenge.
Die Aeußerlichkeiten, Redewendungen, poetisch=phantastischen
Vorstellungsweisen der verschiedenen Culte werden als gegebene
Lebensformen poetisch verwerthet und durchaus mit ehrfurchts=
vollem, feinfühligem Anstande behandelt. Aber von einer
innerlichen Theilnahme des Dichters an theologischen Lehren
und Meinungen, von irgend einem Einflusse derselben auf
die Motive und Handlungen der dargestellten Personen, im
Guten oder im Schlimmen, zeigt sich in diesem ganzen, groß=
artigen Rundgemälde menschlichen Thuns und Leidens höchst
merkwürdiger Weise nirgends eine nachweisbare Spur. Selbst

da, wo solche Motive sich geradezu aufzubringen scheinen,
wie im Hamlet, im Kaufmann, in Heinrich VIII., in Maß für
Maß, sind sie nur als ganz äußerliche poetische Mittel, als
populäre Symbole verwerthet. Wir sehen, wie das Gespenst
des Vaters mit allen seinen grausigen Erzählungen vom
Fegefeuer nicht einmal über Hamlets Skrupel wegen des
traumlosen oder von Träumen gestörten Todesschlafes Ge=
walt hat; wie die große Masse der Christen, trotz aller
schönen Redensarten Porcia's über die christliche „Gnade",
sich gegen Shylock reichlich so herzlos beträgt, wie dieser gegen
Antonio, wie die katholische Dulderinn Katharina als un=
schuldiges Opfer selbstsüchtiger Leidenschaft verklärt, und wie
in demselben Stücke die Geburt der 'protestantischen
Heldenköniginn verherrlicht wird. Ueberall aber und durchaus
liegt in diesen wechselnden Gemälden aus den Höhen und
Tiefen des Lebens der Schwerpunct der sittlichen Welt nicht
im Dogma, nicht in der Ueberlieferung und Autorität, son=
dern im Gewissen, in dem natürlichen, allen unverdorbenen
Menschen, Ständen, Confessionen gemeinschaftlichen Gefühl
für Recht und Billigkeit, in der freien Entscheidung für Gut
und Böse. Der kategorische Imperativ, die ernste, männ=
liche Religion der verantwortlichen Freiheit, sollte erst zwei
Jahrhunderte später in dem zu geistiger Wiedergeburt sich
emporringenden Deutschland ihren Denker finden. Das
frühreife Erstlingskind der germanischen Völkerfamilie, das
vom Glücke so vielfach begünstigte England erzeugte schon im
Jahrhunderte des theologischen Zelotismus ihren Dichter,
wie die Blüthe der Frucht vorangeht. Der Literaturfreund
muß eine Reihe von Menschenaltern durchforschen, ehe er bei
den späten, durch lange Leiden, Erfahrungen und Arbeiten
geschulten Nachkommen des Shakespeare'schen Zeitalters, jener
Unbefangenheit und Klarheit des sittlichen Urtheils, jener

Unabhängigkeit und Billigkeit des Denkens wieder begegnet, in
der Shakespeare sich instinctiv bewegte, als in der natürlichen
Atmosphäre seines seelischen Lebens. Selbst wo er gegen
die herandringende Pest des puritanischen Pharisäismus seinen
Abscheu ausspricht, wird er nie zelotisch und ungerecht. Er
läßt auch den Malvolio, den Angelo ihre Verdienste unver=
kümmert (die äußere Pflichttreue, die Nüchternheit, Verständigkeit),
um sich nur gegen die Auswüchse ihrer einseitigen Richtung, gegen
ihre Einseitigkeit und Herzenshärte zu wenden. — Zweifel=
haft ist sein politischer Standpunct. Es darf nicht verkannt
oder geleugnet werden, daß er auch hier in erster Linie von
den Instincten des Künstlers bestimmt wird, dem die con=
crete Erscheinung immer näher liegt, als der abstracte Be=
griff. Eine Vorliebe für heldenhafte Persönlichkeiten, ein
romantisch=aristokratischer Grundzug, wie bei Goethe, ist nicht
zu verkennen. Shakespeare's Volksscenen, z. B. in Heinrich VI.,
in Coriolan, in Julius Caesar gehören bekanntlich zu dem
Schärfsten, Schlagendsten, was gegen die kurzsichtige Gemein=
heit und Unmündigkeit des großen Haufens jemals geschrieben ist.
John Cades Programm gilt für die heutigen Communisten
wie für die des funfzehnten Jahrhunderts. Hie und da
steigert sich diese dem Geistesaristokraten so natürliche Auf=
fassung selbst bis zu ächt englischer Härte. Die schwieligen,
schmutzigen Fäuste, die schweißigen Mützen, der übelriechende
Athem des „Volks" werden gelegentlich mehr und absichtlicher
betont, als es die dramatische Situation gerade verlangt.
Man hört deutlich genug den äußerlich wie innerlich rein=
lichen und saubern, mit feinstem Gefühl auch für das rein
sinnlich Schöne ausgestatteten Künstler heraus. Aber daß
man nur diesen Cultus des Heldenthums, diese schroffe Zu=
rückweisung des Pöbels, diese vornehme künstlerische Haltung
nicht mit romanisirendem Machtcultus, wohl gar mit der

Höflingspoesie des französischen „goldenen Zeitalters" ver-
gleiche! Man hat neuerdings in Deutschland gegen Shakespeare
den Vorwurf erhoben, daß er kein Herz für die Freiheit
habe, daß bei ihm von Constitution, von Bürgerrecht niemals ernstlich die Rede ist. Wie schon früher ausgeführt
wurde, vergißt man dabei, daß der Constitutionalismus (ohnehin eine sehr unpoetische Erscheinungsform des öffentlichen
Lebens, weil er die Persönlichkeit des Mannes auf allen
Seiten, wie die Liliputer den schlafenden Gulliver, mit einem
Netze von Formen und Rücksichten umgiebt) in England so
gut wie auf dem Continent zu Shakespeare's Zeiten noch
gar nicht erfunden war, daß die Parlamente der Tudors
zumal über vorsichtige Vertretung von Sonderrechten nicht
hinauskamen, wenn sie sich nicht geradezu der Macht zu
Füßen legten. Auf diesem Boden waren für den Dichter
keine Rosen zu pflücken. So ist es denn auch ganz richtig,
daß Shakespeare's Ideal vom Staat über die Vorstellung
einer von Humanität und Billigkeit geleiteten Ausübung alter
Gerechtsame von Seiten der Herrschenden, und treuer, persönlicher Anhänglichkeit der gut behandelten Unterthanen nicht
hinauskommt. Mit welch stolzer, innerlicher Freiheit, mit
welch souveränem sittlichen Bewußtsein er aber zu den Ordnungen dieser Gesellschaft seine Stellung nimmt, das lasse
man von seinen Fürsten= und Tyrannen=Bildern sich zeigen.
Wer seinem Volke von der Bühne herab den unter Gewissens-
bissen und Schande sich krümmenden König Johann zeigte,
den schwachen Betbruder Heinrich VI., den königlichen
Heuchler Heinrich IV., den rathlosen Phantasten Richard II.,
das Ungeheuer Richard III., und wer die volksthümliche
Heldengestalt Heinrichs V. schuf, der war wahrlich kein
Hofdichter, sondern eine in unantastbarer Freiheit der innern
Ueberzeugung den gegebenen, gesellschaftlichen Ordnungen der

Zeit vernunftgemäß sich fügende Seele. Und was den aristokratischen Hochmuth gegen die Geringen anbetrifft: wie verwandelt sich der sofort in liebevollstes Verständniß, wo jene dem Dichter in ihrer natürlichen Sphäre, als treue und bescheidene, aber nicht etwa sklavische Diener des gemeinen Wesens entgegentreten. Man hat es Shakespeare, wie schon oben erwähnt, zum Vorwurfe gemacht, daß er kein Auge und Verständniß gehabt für das mächtige Emporkommen des freien Mittelstandes im funfzehnten Jahrhundert, nicht einmal für dessen glänzende kriegerische Bewährung auf den englisch-französischen Schlachtfeldern, daß er über eine kindlich-phantastische Reproduction der Formen des Ritterthums (wohl gar seinen vornehmen Mäcenaten zu Liebe!) nicht hinauskomme. Und das sagen gelehrt thuende Deutsche von dem Dichter, der den wackern Hauptmann Flüellen und dessen wallisische Kameraden zeichnet, der uns die nächtliche Wanderung Heinrichs V. vor dem Schlachttage vor Azincourt malt! Mit welchem liebevollen Humor wird da selbst die fachmännische Pedanterie des bürgerlichen Berufssoldaten, um der hinter ihr steckenden Gediegenheit und Tüchtigkeit willen behandelt! Shakespeare faßt die Rechts- und Freiheits-Probleme eben in der politischen Sphäre wie in der sittlichen, als Künstler, nicht als systematischer Denker. Er verwirft, verspottet gelegentlich ihre unvollkommenen oder entarteten Vertreter; den gesunden und berechtigten aber bringt er ein eben so volles Verständniß entgegen, wie nur irgend einer glänzend heroischen Erscheinung des Herrscherthums. Von seiner eigenthümlichen Stellung zu der vorzugsweise dichterischen Leidenschaft der Liebe war schon bei Betrachtung der Lustspiele die Rede. Es wurde darauf hingewiesen, wie er sie gründlich, vielseitig, augenscheinlich aus eigenster Kenntniß und Erfahrung, in einer langen Galerie von Prachtbildern malt, ohne dennoch je in ihr aufzugehen, seine Geistesfreiheit an sie zu verlieren: wie er sie, mit einer einzigen Ausnahme, in den ernsten Stücken in den Hintergrund schiebt (gerade wie die Alten), dafür aber in den Lustspielen in unerschöpflichen Variationen ihre anmuthigen Schwächen zu Anschauung bringt. Es mag hinzugefügt werden, daß sie auch in den heitern Dramen, wo sie zum Theil den Ton angiebt und ihre eigentlichen Ehrenheldinnen, Porcia, Imogen, Perdita verklärt, nie unbedingt und rücksichtslos die Zügel ergreift, sondern sich so zu sagen, ein verfassungsmäßiges Zusammenleben mit Pflicht und Ehre gefallen lassen muß, ja selbst mit ihrer ernstern Schwester, der mehrfach in fast antiker Hoheit und Reinheit gefeierten Freundschaft. Als wahrhaft beherrschender und nirgends verkürzter, sicherlich aus dem tiefsten Grunde von Shakespeare's Charakter stammender Zug geht endlich durch die ganze Welt seiner Dichtung eine ehrliche, aufrichtige Hingabe an das Wahre und Wirkliche, der Abscheu vor Lüge und hohlem Schein, vor geschminktem, affectirtem Wesen in jeglicher Form. Gleich unerbittlich verfolgt er das Nichtige, Unwahre auf sittlichem Gebiete als Heuchelei, Trug, Verrath, auf ästhetischem als Affectation, Prahlerei, Gleißnerei jeder Art. Sichtlich aus der Tiefe der Seele strömt die Gewalt seiner Rede, wo immer er dieses Thema berührt. Ihm verdanken die Sonnette ihre ergreifendsten Stellen, in den Dramen leihen ihm kampffreudige Helden und einfache, von natürlicher Anmuth umflossene Mädchen (z. B. Perdita) gleich wirksamen Ausdruck, es bildet recht eigentlich die Signatur dieser ganzen, so vielgestaltigen Reihe von Bildern menschlichen Thuns, Denkens, Genießens und Leidens, ihren ganz individuellen und doch auch so nationalen, urgermanischen Grundzug. Man denke über Shakespeare's besondere Ansichten und

perſönliche Eigenſchaften mit Benutzung des ganzen, weiten
Spielraums, welchen die Lücken ſeiner Lebensgeſchichte und
die Objectivität ſeiner Kunſt, der Phantaſie des Betrachters
gewähren. Man ſtelle ihn ſich vor als ernſten Denker oder
als rüſtigen Mann der That, als lebensfrohe Künſtlernatur
oder als ſchwermüthigen Träumer, als Katholiken oder als
Proteſtanten, als Royaliſten oder als Republikaner. Jede
dieſer Auffaſſungen kann ſich auf Züge ſeiner Dichtung be-
rufen, welchen dieſe oder jene Seiten ſeiner wahrhaft univer-
ſalen Natur, dieſe oder jene Phaſe ſeiner Entwickelung ent-
ſprochen haben mögen. Was aber überall unveränderlich
gleich bleibt, und ſomit als der innerſte Kern des Mannes
ſich zweifellos kundgiebt, das iſt jene muthige Ehrlichkeit und
Unabhängigkeit des Gedankens und des Wortes, jenes ent-
ſchloſſene Vordringen zu dem Kern der Dinge, jene abſolute
Abwendung von allem Conventionellen, Halben, Gemachten.
Darin liegt denn auch zum beſten Theile das Geheimniß
der unverwüſtlichen Jugendfriſche ſeiner Dichtung, die übrigens,
wie gern zugegeben werden darf, weit weniger in conſequent
durchgeführter, einheitlicher Handlung, in imponirender Archi-
tektonik der künſtleriſchen Anlage ihre Stärke hat, als in
dem Reichthum und der Tiefe der Charakteriſtik, der unübertroffenen Pracht der Sprache und der Fülle des Gedanken-
inhalts. Da dieſe Dinge ſich nimmer nachahmen laſſen,
ſo hat Shakeſpeare als Muſter und Haupt einer poetiſchen
Schule nur negativ wohlthätig gewirkt, indem ſein Beiſpiel
Schranken niederriß und Vorurtheile beſeitigte. Leſſings
Wort, man könne dem Herkules eher ſeine Keule nehmen,
als dem Shakeſpeare einen Vers, trifft noch immer den
Nagel auf den Kopf. Wer aber ſeinen Shakeſpeare lieſt,
nicht um Regeln und Beiſpiele für eine Dramaturgie zu
ſammeln, ſondern um ſein Herz zu erfriſchen, ſeinen Blick

zu erweitern, sein Gefühl für das Wahre, Sittliche, Natürliche zu nähren, der wird nie unbefriedigt von ihm gehen.
Wolle Gott es zulassen, daß die germanische Völkerfamilie
in dieser reinen und starken Offenbarung ihres ureigensten
Wesens noch recht lange das treue Bild ihres Denkens
und Empfindens mit Freude erkenne!

Druck von Bär & Hermann in Leipzig.